Usbekistan

Entlang der Seidenstraße nach Samarkand, Buchara und Chiwa

Judith Peltz

Trescher Verlag

7., aktualisierte und erweiterte Auflage 2010

Trescher Verlag
Reinhardtstr. 9
10117 Berlin
www.trescher-verlag.de

ISBN 978-3-89794-174-8

Herausgegeben von Detlev von Oppeln und
Bernd Schwenkros

Reihenentwurf: Bernd Chill
Gesamtgestaltung/Satz: Bernd Chill
Lektorat: Sabine Fach
Stadtpläne und Karten: Johann Maria Just,
Martin Kapp, Bernd Schwenkros
Mitarbeit: Annegret Beier und Daniel Lepetit

Gedruckt auf chlorfrei gebleichtem Papier

Printed in Germany

Anhang

Essays

Vorwort

Die Gründe, nach Usbekistan zu kommen, sind vielfältig. Geschichte ist in Usbekistan erlebbar und wird lebendig. Auch das Zusammenspiel von Sonne, Hitze, blauem Himmel und moslemischer mittelalterlicher Architektur könnte schöner nicht sein. Obwohl die Moderne in Usbekistan längst Einzug gehalten hat, ist es gelungen, die Märchen aus 1001 Nacht zu bewahren.

Der Mythos von Samarkand und Buchara könnte auch zu einem literarisch motivierten Besuch führen, schließlich ist es Goethe gewesen, der diese Städte in seinem ›West-östlichen Divan‹ besungen hat.

Ein dritter Grund, Usbekistan zu besuchen, ist die legendäre Seidenstraße, die durch das heutige Usbekistan verlief, China mit Europa verband und dank derer viele blühende Wüstenstädte entstanden. Heute ist die Wiederbelebung der Seidenstraße eines der wichtigsten Themen des touristischen Marketings.

Im Zuge des Zerfalls der Sowjetunion ist 1991 die unabhängige Republik Usbekistan entstanden, die exakt das Gebiet der einstigen sozialistischen Unionsrepublik umfasst. Davor hatte es nie einen Staat mit diesen Grenzen und dem Namen Usbekistan gegeben. Vielleicht haben die Usbeken deswegen so wenige Probleme mit ihrer sowjetischen Vergangenheit, schließlich haben sie die sowjetischen Jahre genutzt, um eine eigene Identität herauszubilden.

Dank der bislang politisch stabilen Lage ist Usbekistan ein sicheres Reiseland. Dennoch gibt es auch Probleme, auf die ein Besucher, der sich nicht nur für Kunst und Kultur interessiert, stoßen wird. Dazu gehören die Menschenrechte, der Umgang mit der politischen Opposition und die ökologische Katastrophe des Aralsees – Themen, über die in Usbekistan nicht so gerne gesprochen wird.

Das touristische Leben ist in den letzten Jahren in Usbekistan allerdings schöner und unkomplizierter geworden. Neue Hotels und Privatpensionen entstehen, immer mehr ungewöhnliche und dem Touristen-Geschmack entsprechende Souvenirs werden produziert und angeboten, und auch schöne Ansichtskarten werden endlich verkauft. Der Flughafen von Taschkent ist im neousbekischen Stil fertiggestellt. Die Sehenswürdigkeiten werden komplett renoviert und ihre Umgebung verschönert. Und auch abseits der bekannten Routen beginnt sich der Tourismus zu entwickeln. Die usbekische Regierung tut viel für das Bekanntwerden des Landes und seiner Sehenswürdigkeiten. Immer mehr spürt man dabei auch die usbekische Identität, die in den ersten Jahren der Unabhängigkeit noch aufgesetzt wirkte.

Man fühlt sich sicher in Usbekistan und freundlich empfangen – auch wenn manchmal schon die typischen Begleiterscheinungen des Tourismus auftauchen.

Nach den ersten Jahren der Unabhängigkeit scheint jetzt Alltag in der Republik eingekehrt zu sein. Nichtsdestotrotz ist Usbekistan weiterhin ein spannendes und wunderschönes Reiseziel.

Die Xazrat-Xizr-Moschee in Samarkand

Hinweise zur Benutzung

Der erste Teil dieses Buches ist dem **Land und seinen Bewohnern** gewidmet. Da allgemeine Informationen über Usbekistan bei uns nur schwer zu bekommen sind, wird dieser Bereich im vorliegenden Reiseführer etwas ausführlicher behandelt.

Der zweite Teil des Buches beschreibt detailliert **Städte und Landschaften** Usbekistans. Am Ende eines jeden Kapitels sind alle wichtigen Adressen und Informationen zu Hotels, Verkehrsverbindungen, örtlichen Reiseveranstaltern, Einkaufsmöglichkeiten etc. zusammengefasst.

Ein kleiner **Sprachführer in Russisch und Usbekisch** hilft bei der Verständigung.

Die **Reisetips von A bis Z** am Ende des Buches bieten alle Informationen, die man zur Vorbereitung einer Reise nach Usbekistan benötigt. Literaturhinweise, ein Glossar sowie ein Register schließen sich daran an.

Die **Preise** sind in US-Dollar und in seltenen Fällen in Euro angegeben, da die usbekische Währung, der Sum, der Inflation unterliegt. Bezahlt werden muss jedoch in der Regel in Sum, touristische Angebote können aber häufig auch in Dollar oder Euro bezahlt werden. Bei den Taxipreisen für Überlandfahrten sind die Preise in der Regel pro Platz angegeben, da es üblich ist, dass die Taxis erst dann fahren, wenn alle Plätze besetzt sind.

Die **Schreibweisen von Eigennamen** im Land – sogar bei Städte- und Straßennamen – sind nicht einheitlich, eine Liste mit Beispielen findet sich auf S. 282.

Majolika-Kacheln in Samarkand

Zeichenlegende

- Allgemeine Informationen
- Flugverbindungen
- Zugverbindungen
- Busverbindungen
- Taxi
- Hotels und Pensionen
- Restaurants und Cafés
- Bars und Diskotheken
- Museen
- Einkaufsmöglichkeiten

	Andijan	Chiwa	Buchara	Fergana	Kokand	Namangan	Nukus	Samarkand	Shaxrisabz	Taschkent	Termiz	Urganch
Andijan		1387	919	73	115	67	1475	612	746	362	1050	1354
Chiwa	1387		470	1373	1272	1318	197	738	754	1025	853	35
Buchara	919	470		905	804	850	556	268	284	557	383	435
Fergana	73	1373	905		103	103	1461	600	637	348	931	1339
Kokand	115	1272	804	103		118	1360	497	631	247	981	1239
Namangan	67	1318	850	103	118		1406	615	705	293	1099	1285
Nukus	1475	197	556	1461	1360	1406		824	840	1113	939	166
Samarkand	612	738	268	600	497	615	824		90	293	384	703
Shaxrisabz	746	754	284	637	631	705	840	90		384	294	793
Taschkent	362	1025	557	348	247	293	1113	293	384		661	992
Termiz	1050	853	383	931	981	1099	939	384	294	661		818
Urganch	1354	35	435	1339	1239	1285	166	703	793	992	818	

Das Wichtigste in Kürze

Einreise
Für die Einreise benötigt man ein Visum, das bei der usbekischen Botschaft (Details: www.uzbekistan.de) erhältlich ist. Ein Touristenvisum kostet je nach geplanter Aufenthaltsdauer zwischen 60 und 80 Euro.

Reisezeit
April und Mai sowie September und Oktober sind die besten Monate zum Reisen. Im Sommer ist es sehr heiß und trocken.

Verständigung
Ohne Grundkenntnisse in Usbekisch oder Russisch stößt man schnell an Grenzen. In den Tourismuszentren wie Taschkent, Buchara, Samarkand und Chiwa trifft man jedoch Leute mit Englischkenntnissen. Geographische Namen werden oft uneinheitlich geschrieben.

Reisen im Land
Alle Städte werden von Sammeltaxis angefahren, die von zentralen Stellen abfahren. Auch die Zugverbindungen zwischen den Städten sind gut. Taxis, auch für Überlandfahrten, sind überall zu mieten.

Geld
Die Landeswährung ist der Usbekische So'm (UZS), wobei 1 Euro 2200 UZS entspricht. Während Euro und Dollar in größeren Hotels, von Taxifahrern und Souvenirhändlern akzeptiert werden, sind Kreditkarten noch nicht flächendeckend akzeptiert. Bargeld kann in Wechselstuben problemlos gewechselt werden. In Taschkent gibt es Geldautomaten, die internationale Kreditkarten akzeptieren, jedoch nicht immer funktionsfähig sind und häufig nur geringe maximale Auszahlungsbeträge anbieten.

Die Ulug'beg-Medrese am Registan in Samarkand

Gefahren

Usbekistan gilt als sicheres Reiseland mit einer niedrigen Kriminalitätsrate.

Gesundheit

Neben den üblichen Impfungen gegen Polio, Diphterie und Tetanus empfiehlt sich ein Schutz gegen Hepatitis A. Gesundheitsgefahren sind Dehydrierung aufgrund großer Hitze sowie Durchfallerkrankungen. Man sollte auf jeden Fall eine Reisekrankenversicherung haben, die auch die Kosten eines Rücktransportes abdeckt.

Telefonieren

Internationale Vorwahl: 00998.
Vorwahl Taschkent innerhalb Usbekistans: 8/371, aus dem Ausland oder mit einem ausländischen Mobiltelefon: 00998/71 (siehe auch S. 103).
Feuerwehr: 01.
Polizei: 02.
Krankenwagen: 03.
Bei Gasproblemen: 04.
Tashkent International Medical Clinic: 2910142; 1858481 (in Notfällen).
Deutsche Botschaft in Taschkent: 1208440 (Notfalldienst 1815406).
Zentrale Notrufnummer zum Sperren von EC-, Kredit- und Handykarten: 0049/116116.

Unterkunft

In Taschkent gibt es viele Hotels mit gutem Standard ab 40 USD für das Doppelzimmer. In Samarkand, Buchara und Chiwa kann man in kleinen Privatpensionen auch deutlich günstiger übernachten.

Orientierung in den Städten

Taxifahrer richten sich oft nach so genannten ›Orientiers‹ (Orientierungspunkte). Das sind Orte, die stadtbekannt sind, wie Straßenkreuzungen, beliebte Restaurants etc. Die Straßennamen ändern sich nämlich oft. Wo nötig, werden diese Punkte im Buch erwähnt. Wenn man in ein Taxi steigt und danach fragt, wird man hingefahren.

Im Rukhabat-Mausoleum in Samarkand

Die schönsten Reiseziele

Taschkent
Altstadt (S. 90), Basar (S. 90).
Samarkand
Registan (S. 131), Gur Emir (S. 136), Bibi Xanom und der Basar (S. 139), Shohizinda (S. 141).
Buchara
Samaniden-Mausoleum (S. 176), Altstadt und Labi Hauz (S. 183).
Chiwa
Altstadt (S. 217).
Naturschönheiten
Die Wüste bei Chiwa, Übernachtung in einem Jurtencamp (S. 232)
Sehenswerte Städte und Dörfer
Kokand (S. 116), Shaxrisabs (S. 156), Termiz (S. 204), Nukus und Aralsee (S. 237).

Ausführliche Hinweise in den Reisetips von A bis Z auf S. 251

Usbekistan ist ein junges Land mit langer Geschichte, das dabei ist, seinen Weg zwischen Tradition und Moderne zu finden.

Land und Leute

Usbekistan im Überblick

Die usbekische Nationalflagge

Name: Republik Usbekistan/O'zbekiston Respublikasi.
Status: Unabhängig seit dem 1. September 1991, vorher Sowjetrepublik.
Sprachen: Usbekisch (Amtssprache), Karakalpakisch, Tadschikisch, Russisch.
Alphabet: Usbekisch, seit 1991 wieder in lateinischer Schrift geschrieben, gelegentlich wird auch die kyrillische Schrift verwendet.
Fläche: 447 400 qkm (etwa so groß wie Marokko) davon weniger als 10 % Akkerland, 4,6 % Wasser, das restliche Territorium setzt sich aus Wüste (Kyzyl Kum) und Bergen zusammen.
Hauptstadt: Taschkent/Toshkent.
Weitere große Städte: Namangan, Andijan, Samarkand.
Staatsgrenzen: Afghanistan, Kasachstan, Kirgisistan, Tadschikistan, Turkmenistan.
Höchste Erhebung: Derzeit ohne Namen; früher: Pik der 22. Sitzung der Kommunistischen Partei (4643 Meter), an der Grenze zu Tadschikistan.
Längster Fluß: Amurdarja (usbek. Amudaryo), insgesamt 2539 km, versickert vor dem Aralsee.
Klima: Kontinentales Klima, mit geringem jährlichem Niederschlag (100 –200 mm). Die Durchschnittstemperatur im Sommer liegt bei 33 °C, im Winter um 0 °C . 303 Tage Sonne!
Einwohnerzahl: 27,6 Mio (2009).
Bevölkerung: Usbeken, Russen, Tadschiken, Karakalpaken, Kasachen, Krimtataren, Koreaner u.a.
Religion: ca. 90 % islamisch-sunnitisch, 8 % russisch-orthodox, 2 % andere.
Bevölkerungsdichte: 61,2 Einwohner pro Quadratkilometer.
Lebenserwartung: 68 Jahre (Männer) 75 Jahre Frauen (2009).
Alphabetisierungsrate: 99,4 Prozent.
Staatsform: Republik, Präsidialdemokratie mit Zweikammerparlament.
Präsident: Islom Karimov, seit 1991.
Parlament: Oliy Majlis; die untere, gesetzgebende Kammer hat 120 Abgeordnete, die für fünf Jahre gewählt werden. Die obere Kammer, der Senat, besteht aus 100 Senatoren, von denen 16 vom Präsidenten berufen werden; letzte Wahlen im Dezember 2009.
Mitgliedschaft in internationalen Organisationen: Vereinte Nationen, Weltbank, IWF, OSZE, SCO, EURASEC, OIC u.a.; Kooperations- und Partnerschaftsabkommen mit der EU, Teilnahme am NATO-Programm ›Partnerschaft für den Frieden‹.
Landeswährung: UZS (So'm).
Pro-Kopf-Eink.: 910 USD (2008).
Inflationsrate: 8,6 % (offiziell 2009).
Arbeitslosigkeit: 1 % (offiziell 2008, inoffiziell 7,8 %)
Zeitzone: MEZ + 4 Stunden.
Nationalfeiertag: 1. September (Tag der Unabhängigkeit am 31.08.1991, ›Mustaqillik‹).
Autokennzeichen: UZ.
Vorwahl: +998.
Internetkennung: uz.

Geographie

Usbekistan, auf usbekisch Oz'bekiston, bedeutet ›Land der Usbeken‹ (›stan‹ heißt Land oder Platz). Usbekistan ist eine von fünf ehemaligen mittelasiatischen Sowjetrepubliken. Unter Mittelasien wird das Gebiet vom Pamir bis zum Kaspischen Meer und von der Kasachischen Schwelle bis zum Hindukusch verstanden. Diese Definition ist insofern wichtig, als immer wieder Begriffsverwirrungen auftreten, weil das englische ›Central Asia‹, das dieses Gebiet umfasst, häufig als ›Zentralasien‹ übersetzt wird. Der deutsche Begriff ›Zentralasien‹ umfasst im Verständnis der europäischen Geographie jedoch die Hochländer und Becken zwischen dem Himalaya und den südsibirischen Gebirgen, dem Pamir und dem westchinesischen Gebirgsrand.

Wenn man über die mittelasiatischen Republiken spricht, fällt häufig der Begriff Turkestan, also das Land der Turkvölker. West-Turkestan oder Russisch-Turkestan entspricht etwa dem Gebiet, das oben als Mittelasien definiert wurde. Ost-Turkestan oder Chinesisch-Turkestan liegt östlich des Tienshan und entspricht der chinesischen Provinz Xinjiang.

Den größten Teil Mittelasiens beansprucht die Turanische Niederung, ein abflussloses Becken ohne Verbindung zu den Weltmeeren, mit zwei großen Wüsten und zwei mächtigen Flüssen – Amudarja und Syrdarja –, die dem einst viel größeren Aralsee zufließen, aber nicht mehr in ihn münden.

Usbekistan grenzt im Norden an Kasachstan, im Westen und Südwesten an Turkmenistan, im Süden an Afghanistan, im Südosten an Tadschikistan und im Nordosten an Kirgisistan.

Die Fläche des Staates beträgt 447 400 Quadratkilometer und ist damit nur wenig kleiner als Schweden. Von Osten nach Westen erstreckt sich Usbekistan fast über 1500 Kilometer und von Norden nach Süden 930 Kilometer.

Berge zwischen Taschkent und Samarkand

Der Tieflandanteil umfasst knapp drei Viertel, der Gebirgsanteil entsprechend etwas mehr als ein Viertel der Landesfläche. Die höchste Erhebung liegt mit 4643 Metern im Tienshan nahe der tadschikischen Grenze.

Einen von Sand umrahmten Diamanten nennt man das alte Usbekistan gerne – und der Reisende, der den üblichen Touristenrouten folgt, wird viel von grandioser Architektur, aber nicht viel von grandioser Landschaft zu sehen bekommen, denn Wüste und Steppe sind die Hauptmerkmale des auf Dauer etwas eintönigen Landschaftsbildes. Wer jedoch Zeit und Mut hat, sich abseits der ausgetretenen Pfade zu bewegen, sich ins Ferganatal oder in die Serafshan-Berge (usbek. Zarafshon) begibt, kann auch grüne Bergwelt erleben.

Die Wüsten und Oasen

Beherrschend in der usbekischen Landschaft ist die Wüste. Gleich zwei davon gibt es in Usbekistan: Im Süden gehört ein kleiner Teil der Wüste Karakum, was soviel bedeutet wie ›Schwarzer Sand‹, zu Usbekistan. Der Sand ist allerdings nicht schwarz, vielmehr bedeutet ›kara‹ auch ›bedrohlich‹. Die Bewohner müssen diese große Wüste (insgesamt ca. 350 000 Quadratkilometer) als bedrohlich aufgefasst haben. Im Norden liegt die Wüste Kizilkum, ›Roter Sand‹, die sich zwischen den Flüssen Amudarja und Syrdarja auf einer Fläche von ca. 300 000 Quadratkilometern erstreckt. Die Wüste Kizilkum schimmert zu bestimmten Tageszeiten tatsächlich rötlich. Beide Wüsten sind keine reinen Sandwüsten, sondern sie sind mit Pflanzen bewachsen, und nur an wenigen Stellen kann man kleinere Windrosen oder Sandverwehungen sehen. Da in den mittelasiatischen Wüsten bis zu 200 Millimeter Niederschlag im Jahr, hauptsächlich im Frühjahr, fallen, ist der Untergrund beider Wüsten gar nicht so

Tankstelle in der Wüste

Mit dem Zug durch die Wüste Kizilkum

wasserarm. Besonders im März ist das zu spüren, wenn das pflanzliche Leben der Wüste erwacht. Eine Decke von Gräsern, bestehend vor allen aus Sandried, Saxaulsträuchern, Tamarisken und Sandakazien, fängt an zu blühen. Die Pflanzen haben sich den extremen Bedingungen angepasst, so kann Saxaul, der meist strauchförmig, zuweilen aber auch baumförmig auftritt, mit seinen Wurzeln bis in zwanzig Meter Tiefe vordringen. Auch das stark verzweigte Wurzelsystem des Selingrases hat sich den Bedingungen angepasst: Es ist horizontal ausgebildet und hat einen Radius von fast zehn Metern. Diese durchschnittlich einen Meter hoch werdenden Grasbüschel sind direkt auf die Niederschläge angewiesen. Von den Wurzeln wird ein Sekret ausgeschieden, das den umgebenden Sand festigt. Auf diese Weise kann die Bodenfeuchtigkeit länger gehalten werden. Nicht nur die Pflanze selbst kann sich besser mit Wasser versorgen, ihr Wurzelsystem verhindert auch, dass der Wüstensand durch die heftigen Winde weggetragen wird. Die zwei bis drei Meter hohe Sandakazie ist wie das Selingras ein Bewohner kahler Sandflächen. Ihre senkrecht nach unten gerichteten Wurzeln verzweigen sich in verschiedener Tiefe stockwerkartig nach allen Seiten. Werden durch Sandverwehungen die oberen Wurzeln freigelegt, erfolgt die Versorgung über tieferliegende Wurzelstockwerke. Die Blätter der Sandakazie sind nur klein und mit einem zusätzlichen Verdunstungsschutz, feinen Härchen auf der Oberfläche, ausgestattet.

In der Wüste leben vor allem pflanzenfressende Kriechtiere wie Eidechsen, Warane und Schlangen, z. B. Sandvipern und die mittelasiatische Kobra, die übrigens nicht die für die anderen Kobras übliche brillenähnliche Zeichnung auf dem Kopf trägt. Mit etwas Glück kann man wilde Kamele und kleine Ziesel, die die Straße überqueren, sehen.

Der Amudarja bei Urganch

Da bereits geringe Mengen an Süßwasser genügen, um eine dünne Vegetationsdecke zu ermöglichen, hat sich in der Wüste eine bescheidene Viehzucht entwickelt. Unter dem Sand lagern in der Tiefe Erdöl und Erdgas. Im Zentrum einer der großen Erdgaslagerstätten wurden ab 1956 mitten in der Wüste Raffinerien und die Siedlung Gasli errichtet. Wenn man auf der Straße von Buchara nach Urganch fährt, kann man die mit Strohbündeln gekennzeichneten Erdgasleitungen sehen.

Die Kizilkum ist keine riesige Ebene. In ihrem Zentrum erheben sich alte Gebirgszüge bis zu Höhen von über 900 Metern (Tamyotau 922 Meter). Fliegt man etwa von Taschkent nach Urganch, kann man sehen, dass die völlig vegetationslosen Berge fast bis zu ihren Gipfeln in Löss verschwunden sind.

Um die Ebenen zu bewässern und die Oasen nicht an die Wüste zu verlieren, muss man seit jeher auf künstliche Bewässerung zurückgreifen. Durch Kanäle wird das Wasser von den drei größten Flüssen Amudarja, Syrdarja und Serafshan abgeleitet, die ihrerseits von den Gletschern der Tienshan-, Pamir- und Hindukusch-Gebirge gespeist werden.

Bereits seit dem Mittelalter wird in den Oasen hauptsächlich Baumwolle angepflanzt. Aber auch Hirse, Weizen und Gerste wurden damals schon angebaut. Bis heute berühmt sind auch die usbekischen Melonen, die im Mittelalter in extra dafür angefertigten und mit Eis gefüllten Bronzekesseln bis nach Bagdad an den Hof des Kalifen und zum persischen Schah exportiert wurden.

In sowjetischen Zeiten wurde vor allem der Baumwollanbau derart vorangetrieben, dass außer Baumwolle fast nichts angebaut wurde. Inzwischen wurden die Nachteile dieser Monokultur erkannt, und so bauen viele Kolchosen inzwischen auch Obst, Reis und Gemüse an. Fast in jedem Garten wachsen Weintrauben, und die usbekischen Aprikosen waren in der ganzen Sowjetunion berühmt.

Ein ernsthaftes Problem für die Pflanzenwelt Usbekistans ist die Versalzung des Grundwassers, die vor allem durch den hohen Verdunstungsgrad herbeigeführt wird. Wie überall enthält auch hier das Wasser einen geringen Anteil ge-löster Salze. Wenn es verdunstet, bleibt das Salz zurück.

In der Hitze Mittelasiens kommt es aber nicht nur zur Verdunstung auf offenen Wasserflächen, sondern auch das Grundwasser ist in den Sommermonaten bis zu einer Tiefe von drei bis vier Metern der Verdunstung ausgesetzt. Im Laufe der Zeit hat sich so der Salzgehalt des Grundwassers auf bis zu 250 Gramm pro Liter angereichert. Zum Vergleich: Der Salzgehalt der Ostsee beträgt zum Beispiel bei Rügen nur etwa drei Gramm, was uns ja schon sehr salzig vorkommt. Die Bodenversalzung muss bei der Bewässerung der Felder beachtet werden, da die Gefahr besteht, dass durch den ansteigenden Grundwasserspiegel der Salzgehalt des Bodens soweit zunimmt, dass der Anbau von Kulturpflanzen unmöglich wird.

Die Flüsse Syrdarja und Amudarja

Zwei große Flüsse gibt es in Usbekistan: den Grenzfluss im Süden, den Amudarja, auch Oxus genannt, und den nördlichen Syrdarja, Jaxartes in der Antike genannt. Um diese beiden Flüsse herum haben sich die Oasen mit den weitverzweigten Kanalsystemen gebildet. Der Syrdarja entsteht durch den Zusammenfluss von Naryn und Karadarja und fließt durch das Ferganabecken am Nordostrand der Wüste Kizilkum entlang. Er ist 2212, mit seinem Quellfluss Naryn sogar 3019 Kilometer lang. Der Amudarja entspringt im Hindukusch und ist 2539 Kilometer lang.

Kinder am Brunnen

Aber nicht nur das Wasser allein ist es, das die Gegend fruchtbar macht. Besonders der Amudarja hat einen hohen Schwebstoffanteil; er bringt Schlamm, Löss und Geröll aus den Bergen mit. Teilweise beträgt der Schwebstoffgehalt bis zu 3600 Gramm pro Kubikmeter. Durch die Ablagerung der gewaltigen Schlamm- und Sandmengen behindert sich der Fluss in seinem Lauf selbst und muss den selbst geschaffenen Barrieren aus Schlamm und Sand ausweichen und sich neue Wege suchen. Besonders im Frühjahr, zur Zeit der Eis- und Schneeschmelze, wird der sonst ruhige Amudarja zu einem reißenden Fluss. Er unterspült Ufer, entwurzelt Bäume, überschwemmt Ortschaften – und hat wahrscheinlich deshalb im Volksmund den Beinamen ›Dshaihun‹, der ›Tollwütige‹ erhalten. Ein Beispiel des Flussbettwechsels ist Konya-Urgench in Turkmenistan, die alte Hauptstadt des choresmischen Reiches, die einstmals unmittelbar am Ufer des Amudarja lag. Als sich der Flusslauf verändert hatte, wurde die Stadt aufgegeben, heute liegen ihre Ruinen vierzig Kilometer vom Amudarja entfernt.

Die Nebenarme des Amudarja und zahlreiche Kanäle sind die Voraussetzung dafür, dass in den wüstenähnlichen Gebieten so erfolgreich Landwirtschaft betrieben werden kann. Schon vor Jahrtausenden kannte man die fruchtbare Wirkung des Stromes, so nannten ihn die alten Ostiraner in der Avesta ›Aredvi‹. Dadurch symbolisierte er die Fruchtbarkeitsgöttin Ardvisura Anahita. Die Griechen nannten ihn Oxus.

In Nukus, der Hauptstadt der Karakalpakischen Autonomen Republik teilt sich der Amudarja in mehrere Arme auf und bildet im Süden des Aralsees ein nahezu 150 Kilometer langes Delta. Der Schlamm des Amudarja war einst sogar fruchtbarer als der berühmte Nilschlamm. Vor der ökologischen Katastrophe am Aralsee gab es im Deltagebiet dschungelähnliche Dickichte. In sumpfigen Niederungen wuchs über sechs Meter hohes Schilfrohrgestrüpp, in dem Schakale, Wildschweine, Dachse, Wölfe, Hirsche und Tiger lebten. Der letzte Tiger wurde 1972 geschossen.

Das Amudarja-Delta ist ein riesiges Bewässerungsgebiet, in dem insbesondere Baumwolle und Reis viel Wasser benötigen. Im 20. Jahrhundert stieg die zu bewässernde Fläche von drei Millionen Hektar auf acht Millionen Hektar, was zum allmählichen Verschwinden des Aralsees führte.

Der Aralsee und seine Flächenverluste

Ein Meer verschwindet

Vor dreißig Jahren war der Aralsee (usbek. Orol dengizi) der viertgrößte Binnensee der Erde, 120mal so groß wie der Bodensee. Die Dichter nannten ihn das ›Meer Mittelasiens‹. Inzwischen ist der Aralsee in drei kleinere Seen mit einer Wasseroberfläche von ca. 20 000 Quadratkilometer zerfallen. Administrativ liegt der Aralsee in der Republik Kasachstan im Norden und in Karakalpakstan im Süden.

Die beiden Flüsse Amudarja und Syrdarja, die einst in den Aralsee mündeten versickern jetzt kilometerweit vor dem Aralsee. Seit 1987 bestand der Aralsee aus zwei Seen, die nicht mehr miteinander verbunden waren. Bis 1999 hat es einen künstlichen Kanal gegeben, der einen Wasseraustausch zwischen dem kleinen nördlichen Aralsee und dem großen südlichen Aralsee ermöglichte. 2003 teilte sich der südliche Aralsee in das östliche und westliche Becken.

1996 war das erste Jahr, in dem die Aralseeinsel ›Barsakelmes‹, ursprünglich in der Mitte des Sees gelegen, mit dem Ufer verbunden war. Zwischen 1960 und 1996 sank der Wasserspiegel des Sees von 53,4 Meter auf 36,9 Meter. Jedes Jahr sinkt er um ungefähr einen weiteren Meter.

Durch einen Staudamm, der 2005 errichtet wurde, bleibt das Wasser des Syrdaja wieder im nördlichen Aralsee, dessen Wasserspiegel langsam wieder steigt. Für die kasachische Stadt Aralsk und ihre Fischer gibt es wieder Hoffnung. Weil aber in den südlichen See kein Flusswasser mehr kommt, trocknet er nicht nur aus, sondern versalzt auch. So lagen im Jahr 2007 47 000 Quadratkilometer des strukturlosen, salzigen Seebodens trocken. Die neuentstandene Wüste wird Aralkum genannt. Das Salz wird wegen des Nordostwinds in den Süden, in das fruchtbare Amudarja-Delta, ein wichtiges Ökosystem, getrieben – die Landwirtschaft wird unmöglich, und das Trinkwasser versalzt. Durch das Austrocknen des Sees sind ganze Städte, die vom Fischfang lebten, menschenleer geworden. Ein Fischer konnte einst ohne Probleme eine Großfamilie ernähren, inzwischen ist die Fischindustrie kollabiert. In einem Ort

Wo einst Häfen waren, liegt jetzt die Wüste Aralkum

wird importierter Fisch aus dem Kaspischen Meer in Konserven gepackt – das ist der letzte Rest der Fischindustrie.

Im einstigen Kur- und Fischerort Moynak toben Sand- und Salzstürme. Die Bevölkerung erkrankt überdurchschnittlich häufig an Blutkrebs, Asthma und Bronchitis. In der Nähe des Aralsees liegt das Unheil buchstäblich in der Luft. Zusätzlich kommt es aus den Wasserleitungen, denn das Trinkwasser ist durch Pestizide und Schwermetalle stark belastet. Früher konnte man aus den Süßwasserströmungen im Aralsee Trinkwasser gewinnen. Heute brennt die Sonne unbarmherzig, bis zu 50 Grad wird es heiß.

Karakalpakstan ist eine der ärmsten Regionen der Erde. In der Hauptstadt Nukus gibt es inzwischen Wasseraufbereitungsanlagen und Hilfe für die Bevölkerung, in den anderen Städten ist die Situation bedrohlich. Zwar gibt es Entwicklungsprogramme für das nächste Jahrtausend, aber kein geeignetes Soforthilfeprogramm. Insgesamt leiden durch die Aralseekatastrophe drei Millionen Menschen.

Hinzu kommt, dass auf einer der Aralseeinseln, die längst keine Insel mehr ist, sich ein Institut mitsamt Wohnhäusern für die Wissenschaftler befand, in dem an Biowaffen geforscht wurde. Erreger sollen Krankheiten verursacht haben, und in den 90er Jahren wurde das kleine Städtchen evakuiert. Anfang der 80er Jahre sollen Biowaffen unsachgemäß vergraben worden sein. Inzwischen haben aber die Amerikaner die Container erneut betoniert und vergraben. Inwieweit sich der Erreger ausbreiten konnte und ob wirklich alles unter Kontrolle ist, darüber gibt es keine öffentlich zugänglichen Quellen.

Inzwischen werden auch die Folgen für den Klimawandel in der Region deutlich. Während der Aralsee früher die kalten sibirischen Winterwinde abhielt und im Sommer die Hitze milderte, sind die Sommer nun besonders heiß und die Winter extrem kalt. Die führt zu weiteren Wasserverlusten in Usbekistan.

Schon in den 70er Jahren hatte man bemerkt, dass sich der Aralsee verkleinert. Man hatte gigantische Pläne und wollte die sibirischen Flüsse Irtysch und Tobol in den Aralsee umlenken. Die Gelder lagen bereit, doch dann begann der Afghanistankrieg, und das Projekt wurde nicht realisiert. Inzwischen haben die mittelasiatischen Staaten den ›Fonds zur Rettung des Aralsees‹ gegründet. Nachdem es in Sibirien in den letzten Jahren viele Überschwemmungen gab, sollen diese Pläne wieder aktuell sein.

Vor allem westliche Wissenschaftler vertreten die These, dass die intensive Bewässerung und die undichten Kanäle daran schuld sind. Dem widersprechen usbekische und russische Wissenschaftler, die behaupten, dass das Sinken des Meeresspiegels geologische Ursachen habe. Die unter der Turanischen Niederung liegenden Erdplatten sind ständig in Bewegung. Die Wissenschaftler nehmen an, dass sich die Erdplatten so verschoben, dass der Aralsee jetzt höher liegt und das ebenfalls in der Turanischen Niederung gelegene Kaspische Meer tiefer. Durch die Kapillarwirkung fließt das Wasser jetzt in das Kaspische Meer, tatsächlich ist hier der Meeresspiegel gestiegen. Das Versickern des Amudarja ist nach dieser These nichts ungewöhnliches, schließlich hat der Fluss häufig sein Flussbett gewechselt. Vermutlich ist eine Kombination beider Ursachen für die Katastrophe verantwortlich.

Experten sprechen davon, dass sich die ökologische Situation am südlichen Aralsee auf usbekischer Seite weiter verschlimmern wird. Den Menschen bleibt nur die Möglichkeit, die Gegend zu verlassen; nur fehlt dazu den meisten das Geld.

Wirtschaft und Gesellschaft

In Usbekistan ist die Marktwirtschaft bis jetzt nur ansatzweise eingeführt worden. Viele Preise, auch für bestimmte Lebensmittel und Baumwolle, werden staatlich festgelegt. Wenn Preiserhöhungen erwartet werden, verschwinden die begehrten Waren aus den Geschäften und tauchen erst wieder auf, wenn die Preise tatsächlich erhöht sind. Zwar konnte durch diese Politik ein dramatischer wirtschaftlicher Kollaps verhindert werden, dennoch zeigten sich die Auswirkungen deutlich, als im Jahr 2000 die Differenz zwischen dem staatlichen Devisenkurs und dem Schwarzmarkt 400 Prozent betrug. Offiziell wurde der Sum 2003 konvertierbar, außerhalb Usbekistans wird er jedoch kaum gehandelt. Seit der Weltwirtschaftskrise 2009 weicht der Schwarzmarktkurs des Sum wieder vom staatlich festgelegten Umtauschkurs ab. So bekam man für einen Euro Anfang 2010 auf dem Schwarzmakt ca. 3000 Sum, während die Banken nur 2200 Sum bezahlten.

Bislang sind nur einige große Unternehmen privatisiert, aber seit 2003 hat sich der Privatisierungsprozess beschleunigt. An den Rändern der Märkte dürfen die Kolchos-Bauern ihre im eigenen Garten gepflanzten Produkte verkaufen, in privaten Geschäften gibt es Alkoholika, DVDs und CDs zu kaufen. Nach Angaben der Weltbank bleibt das Geschäftsklima in Usbekistan unattraktiv, im Vergleich mit anderen GUS-Staaten hat Usbekistan einen der geringsten Anteile an Direktinvestitionen pro Kopf zu verzeichnen. Hinderlich sind neben der unübersichtlichen Gesetzgebung in Kombination mit Korruption die mangelnde Konvertibilität des Sum. So können ausländische Unternehmer ihre Gewinne nur unter Verlust in Fremdwährung umtauschen.

Die staatliche Preis- und Lohnkontrolle, die natürlich längst nicht mehr in allen Branchen greift, hat soziale Spannungen und die Verarmung bestimmter Teile der Bevölkerung bisher vermeiden können. Anders als in vielen anderen

Kleiner Laden in Shaxrisabz

Kunsthandwerk in Buchara

Transformationsstaaten wird der Übergang zur Marktwirtschaft hier langsam vollzogen. Es drängt sich sogar der Verdacht auf, dass ein großer Staatssektor erwünscht ist – schließlich entzieht sich in der Marktwirtschaft vieles der staatlichen Kontrolle. Trotzdem gibt es in Usbekistan bereits jetzt eine Wirtschaftsmafia, die jedoch wesentlich geringeren Einfluss hat als in manchen anderen Ex-Sowjetunionsrepubliken. Die Regierung machte den Versuch, durch Zölle und Einfuhrvorschriften den Import zu reglementieren und nur ›erwünschte‹ Waren ins Land zu lassen, also Waren, die nicht in Usbekistan produziert werden. Dazu gehören vor allem Maschinen und Ausrüstung für den Aufbau der industriellen Basis. So soll die Konkurrenz der internationalen Billigprodukte mit den usbekischen Produkten vermieden werden.

Durch die immer wieder geschlossenen Grenzen zu den Nachbarländern und die scharfe Kontrolle über private Kleinunternehmen werden viele Usbeken ihrer Chancen beraubt, wenigstens durch Handel ein Einkommen zu haben. Viele Fabriken sind geschlossen, und die Arbeitslosigkeit ist hoch. Nach offiziellen Angaben liegt sie jedoch unter einem Prozent. . Das Bruttoinlandsprodukt Pro-Kopf lag 2009 bei 2800 US-Dollar (Deutschland 34 200 US-Dollar).

Im Jahr 2009 betrug das Wachstum des Bruttoinlandsprodukts trotz der Weltwirtschaftskrise 6,2 Prozent. 2008 waren es noch 9 Prozent. Ein überdurchschnittliches Wachstum verzeichnet der Industrie- und Dienstleistungssektor, vor allem getragen von der Förderung von Energierohstoffen, der Telekommunikation und dem verarbeitendem Gewerbe.

Eine Inflationsrate von offiziell 8,6 Prozent (2009) – de facto sind jedoch die Verbraucherpreise 2009 um etwa 38 Prozent gestiegen –, mangelndes Vertrauen in das Bankwesen und Einschränkungen im Zugang zu Bargeld haben dazu geführt, dass der Tauschhandel gerade auch im privaten Bereich eine entscheidende Rolle spielt. Dank des relativ geringen Industrialisierungsgrades ist die Zahl der Altlasten aus der Zeit der Sowjetunion (marode Rüstungsbetriebe, ineffiziente Industriekonglomerate) gering.

Bodenschätze

Usbekistan ist reich an Bodenschätzen, die größtenteils erst in der Sowjetzeit erschlossen wurden und heute ein bedeutender Faktor für die relative wirtschaftliche Selbständigkeit Usbekistans sind. Besonders an die Erdöllager des Ferganabeckens, die schon früh entdeckt und genutzt wurden, knüpft sich inzwischen eine bedeutende Industrie an. Die wichtigste Erdgaslagerstätte befindet sich in Gasli, ca. 100 Kilometer nordwestlich von Buchara, wo ein zu 96 Prozent aus Methan bestehendes Gas gefördert wird. Weitere Bodenschätze sind Kupfer und Uranium. Neben anderen Edelmetallen finden sich in Usbekistan verschiedene Goldadern, vor allem in den Bergregionen und in der Wüste Kizilkum. Gerade für das unabhängige Usbekistan sind diese Goldvorkommen von großer Bedeutung; derzeit werden etwa 70 Tonnen Gold jährlich gewonnen. Man ist mit einer amerikanischen Firma ein Jointventure eingegangen. Von der amerikanischen Seite wird die Technologie gestellt, dafür bekommt die Firma über einen gewissen Zeitraum die Hälfte des abgebauten Goldes. Nach einigen Jahren geht die Technologie in usbekischen Besitz über.

Hauptsächliche Importgüter sind Erdöl und Erdgas, Eisen, Chemikalien, Maschinen, Nahrungsmittel und Textilien. Die bedeutendsten Exportgüter sind neben Baumwolle (Usbekistan ist der weltweit fünftgrößte Lieferant) Leichtindustrieprodukte und Rohmetalle. Wichtigster Handelspartner ist traditionell Russland mit einem Anteil von fast 20 Prozent des Außenhandels, gefolgt von China mit 11 Prozent. Dabei wächst der Handel mit China rasant. Während der russisch-usbekische Handel 2009 lediglich um ca. 9 Prozent anstieg, wuchs der Warenaustausch mit China 2009 um 43,5 Prozent.

Landwirtschaft

Wenn die Landwirtschaft und die dazugehörenden Bewässerungsprozesse hier ausführlich behandelt werden, so hat das den Hintergrund, dass diese Techniken lebensnotwendig für Usbekistan sind. Jeder Usbeke kann sie erklären, nimmt an ihnen teil und lebt – zumindest partiell – in einem Rhythmus mit der Baumwollpflanze. Zwar nimmt die Bedeutung der Baumwolle für die Volkswirtschaft immer mehr ab, da auch die Landwirtschaft immer stärker diversifiziert wird und der Anbau von Baumwolle zugunsten von Getreide, Obst und Gemüse zurückgedrängt wird, dennoch ist die Baumwolle immer noch der wichtigste landwirtschaftliche Exportartikel Usbekistans. In den Erntezeiten müssen alle mithelfen, die Baumwolle zu pflücken. Neulandgewinnung, Bewässerung, Baumwolle und Usbekistan sind nicht zu trennen. Auch wenn der Anteil der Landwirtschaft insgesamt abnimmt, macht sie etwa ein Drittel des Bruttoinlandsproduktes aus. Ewa ein Drittel der Deviseneinnahmen stammen aus dem Baumwollexport.

Schon vor der Oktoberrevolution war Usbekistan ein Land der Baumwolle. Die Bewässerungsanlagen und Felder gehörten den Großgrundbesitzern, den Beys. Nach der Eingliederung Usbekistans in die Sowjetunion erließ Lenin das

berühmte Dekret über die Bewässerungsanlagen in Turkestan. Damit setzte der intensive Kanalbau und industrialisierte Anbau von Baumwolle ein. Im Zuge der Sowjetisierung wurde die sogenannte ›Neuland-Gewinnung‹ mit hohem technischen Einsatz vorangetrieben.

Der Boden Mittelasiens ist außerordentlich fruchtbar. Er enthält auch in den Wüstengebieten erhebliche Anteile von angewehtem Löss und ermöglicht bei warmem Klima mehrere Ernten im Jahr. Die gute Wärmeversorgung ermöglicht den Anbau anspruchvoller Kulturpflanzen wie Baumwolle, Wein, Fruchtkulturen, im Süden sogar etwas Zuckerrohr.

Neben der Baumwolle und dem Getreidanbau spielt auch die Seidenraupenzucht eine Rolle in der usbekischen Landwirtschaft. Überall in den bewässerten Zonen der Ebenen und der Vorgebirge trifft man in Mittelasien Maulbeerpflanzungen an. Meist sind die Bäumchen entlang der Bewässerungskanäle gepflanzt worden und stellen das erste Grün in der sonst noch trostlosen Umgebung dar. In Gebieten, in denen Wasser in ausreichendem Maße zur Verfügung steht, hat man Maulbeerbäume auch auf großen Flächen angebaut. Besonders im Ferganagebiet ist es noch üblich, dass die Bauern Seidenraupen zu Hause züchten. Die Aufzucht beginnt im April und kann bis etwa Mitte Mai betrieben werden. Man kauft in der Regel zehn bis zwölf Gramm Raupen, die sorgfältig mit mehrmals am Tage gepflückten Maulbeerblättern gefüttert werden. Bei guter Pflege haben sich die Raupen schon nach sieben bis zehn Tagen versponnen. Von einem Kokon können, zumindest theoretisch, 800 bis 1200 Meter Seidenfäden abgerollt werden.

Auch die Karakulschafzucht ist ein wichtiger Zweig der usbekischen Landwirtschaft. Die Fettschwanzschafe können dank ihrer Fettreserven lange Dürrezeiten überleben und werden seit mehr als 1000 Jahren in der Umgebung von Chiwa und Buchara gezüchtet. Die Felle der Tiere wurden zunächst von persischen Händlern vertrieben und sind deshalb in Europa als ›Persianer‹ bekannt geworden.

Bewässerung

Die Bewässerung der extrem trockenen Gebiete ist weitaus komplizierter, als einfach Wasser auf die Felder zu leiten. Das schwierigste Problem, das dabei zu lösen ist, ist die Bodenversalzung. Ein Liter Grundwasser kann in Mittelasien bis zu 250 Gramm Salz enthalten. Bei oberflächennahem Grundwasserspiegel werden die gelösten Salze (Chloride, Sulfate und untergeordnet auch Nitrate) durch Kapillarwirkung in die oberen Bodenzonen getragen. Wenn das Grundwasser bis in eine Tiefe von zwei bis drei Metern unter der Erdoberfläche aufsteigt, beginnt es bei den hohen Temperaturen Mittelasiens zu verdunsten. Wenn aber das Wasser verdunstet, fallen die in ihm gelösten Salze aus. Dadurch ist die Ertragsfähigkeit des Bodens gefährdet. Manchmal, besonders in der Steppe, kann man die Salzkrusten am Boden gut sehen.

Herstellung von Seidenteppichen in Chiwa

Um der Bodenversalzung zu begegnen und um versalzene Steppen- und Wüstenböden überhaupt bewässern zu können, müssen zunächst, so paradox es in der Wüste erscheint, Entwässerungsarbeiten durchgeführt werden. Durch ein Netz von Kanälen wird der Grundwasserspiegel zwei bis drei Meter unter der Geländeoberfläche gehalten und dadurch auch ein Aufsteigen der Salze verhindert. Die im Boden verbleibenden Salze werden vom salzarmen Flusswasser ausgewaschen. Auf diese Weise kann der Salzgehalt im Boden so stark reduziert werden, dass er von den Kulturpflanzen verkraftet wird. Baumwollpflanzen sind beispielsweise in ihrem anfänglichen Wachstum bei einem Salzgehalt von 0,3 Prozent im Boden lebensfähig. Steigt der Salzgehalt aber weiter an, sterben die Pflanzen ab. Deswegen muss in Usbekistan der Salzgehalt des Bodens ständig kontrolliert werden. Steigt der Salzgehalt an, sind erneute Entsalzungen notwendig.

Wie diese Arbeiten erfolgen, ist gut zu erkennen, wenn man Taschkent anfliegt. Man staunt, dass plötzlich inmitten der Wüste rechteckige, von Gräben begrenzte Parzellen auftauchen, die aus Wüstensand bestehen. Je mehr man sich Taschkent nähert, um so grüner wird das Land. Zuerst wachsen nur niedrige Pflanzen, die das Salz aufsaugen und so die Entsalzung erleichtern. Dann werden die ersten spärlichen Baumwollsträucher sichtbar, die immer dichter werden. Im Frühjahr staut man auf den Parzellen Wasser. Das Salz wird ausgewaschen und das mit Salzen angereicherte Wasser durch ›Kollektoren‹, wie man die Sammelkanäle nennt, in Wüstensenken geleitet. Bevor Baumwolle oder Getreide angepflanzt werden kann, sind mitunter drei bis fünf Jahre währende Bodenwäschen nötig.

Daß die Bewässerung erfolgreich war, bemerkt man, wenn man einen usbekischen Markt betritt. In dem bunten Treiben und regen Stimmengewirr ist man von der Vielzahl der angebotenen Früchte überrascht. Aprikosen, Kirschen, Weintrauben, Äpfel, Pflaumen und Birnen – sie alle werden in einer erstaunlichen Fülle von Sorten angepriesen. Auch Feigen, Quitten und Limonen gedeihen gut. Wegen ihrer Heilwirkung werden schon seit Jahrhunderten Granatäpfel sehr geschätzt, und besonders berühmt sind die aromatischen und süßen usbekischen Honigmelonen. Honigmelonen aus Samarkand waren einst besonders wertvoll, man soll sie sogar gegen Sklavinnen eingetauscht haben. Früher wurde in Mittelasien vor allem Weizen, Hirse und Gerste angebaut. Aber spätestens nach Fertigstellung der Turksib 1930, als die Eisenbahn Russland mit Turkestan verband, gab man den Anbau dieser Getreidearten, die nun aus Russland und Sibirien eingeführt wurden, zugunsten des Baumwollanbaues im wesentlichen auf. Heute erinnert man sich an diese Zeiten und forciert den Getreideanbau. Besonders Reis wird verstärkt gepflanzt.

Die Früchte des Landes werden überall frisch verkauft

Baumwolle

Jeder Bewohner Usbekistans kann stundenlang über Baumwolle erzählen. Ganz genau werden die Berichte über Baumwollsaat und -ernte verfolgt. Wenn die Baumwolle im Herbst geerntet wird, müssen alle auf die Felder: die Studenten werden abkommandiert, Schulkinder aufs Land verfrachtet, in den Dörfern werden Bettenlager für die anreisenden Städter errichtet, Basare werden geschlossen, damit sich wirklich alle als Erntehelfer betätigen. Man kann Ende September ganze Buskonvois beobachten, die die Städter zur Ernte transportieren. Dabei ist Baumwollepflücken sehr mühsam, und außerdem gibt es eine Norm, die zu erfüllen ist. Und die Bezahlung ist miserabel. Aber die Baumwollernte ist eine nationale Angelegenheit, an der sich alle - ob gerne oder nicht - beteiligen. Es gibt allerdings die Möglichkeit, sich freizukaufen. Man bezahlt eine Person, die bereit ist, die eigene Norm mitzuerfüllen. Ganz Gewitzte eignen sich bereits gepflückte Baumwolle an, um sie als ihre eigene auszugeben, was natürlich illegal ist.

Die Baumwolle, die schon seit Jahrhunderten in Mittelasien beheimatet ist, nimmt einen Großteil der riesigen Flächen, die durch Bewässerung gewonnen werden, in Anspruch. Die zu den Malvengewächsen gehörende Pflanze braucht guten Boden, mindestens zweihundert frostfreie Tage im Jahr in ununterbrochener Folge und fünfhundert bis siebenhundert Millimeter Niederschlag im Jahr oder entsprechende Bewässerung. Das strauch- bis baumartige Gewächs, das zwischen einem halben Meter und sechs Meter hoch wird, benötigt ein tropisches oder subtropisches Klima, also Temperaturen zwischen 18 und 20 Grad und viel, viel Wasser: je Hektar 8000 Kubikmeter. Die bauschigen Früchte der Baumwolle wachsen an Sträuchern, die achtzig bis hundert Zentimeter hoch werden.

Die Aussaat der Baumwolle beginnt in den Monaten März und April. Während der Wachstumszeit werden die Felder entsprechend den klimatischen Bedingungen mehr oder weniger oft bewässert und gedüngt. Im September beginnt dann die Ernte, die sich bis in den Dezember hinzieht. Vor der eigentlichen Ernte besprüht man die Felder von Flugzeugen aus mit Herbiziden und entlaubt so die Sträucher. Zehn Tage dauert es im Durchschnitt, bis die Blätter abgefallen sind, erst danach kann die Ernte beginnen. Sie ist kompliziert und auch kostenaufwendig, weil die Kapseln zu verschiedenen Zeiten reifen. An einem Strauch sieht man gleichzeitig gelbe, weiße oder auch hellrosa Blüten neben überreifen Früchten. Sind die Blütenblätter abgefallen, beginnt die Fruchtkapsel schnell zu wachsen. Sobald sie reif ist, platzt sie auf, und dann quellen die watteweichen Fasern heraus, in die feine Samen eingebettet sind. Jetzt muss der Baumwollbausch sofort geerntet werden, denn schon nach wenigen Tagen lösen sich die Fasern von der vertrocknenden Kapsel und werden vom Wind davongetragen.

Bei der Baumwollernte

Die Baumwollindustrie ist ein wichtiger Wirtschaftszweig

Aber nicht nur die weißen Fasern aus der Kapsel werden verwendet, sondern auch Blätter und Stengel. Für über 200 Produkte liefert die Baumwollpflanze den Rohstoff, dazu gehören das Baumwollsamenöl, aber auch Möbel, Spiritus, Hefe, Zitronensäure und Papier.

Um eine Tonne Baumwolle zu ernten, muss ein Pflücker zweihunderttausendmal die gleiche Handbewegung machen – von der Kapsel zum Sammelsack und wieder zurück. Heute wird immer noch viel mit der Hand gepflückt, da die vorhandenen Maschinen die Baumwolle nicht sauber genug pflücken können. Ganze Familien kommen zur Erntezeit im September auf die Baumwollplantagen, das Staatsfernsehen berichtet über die Erfolge der Baumwollernte, an die Menschen wird, mittels großformatiger Plakate und manchmal auch durch Straßensperrungen, appelliert, sonntags nicht den Basar zu besuchen, sondern bei der Baumwollernte Hand anzulegen. Pro Tag erntet ein Mensch etwa siebzig bis achtzig Kilogramm, eine Maschine zwischen fünfzehn und zwanzig Tonnen des ›Weißen Goldes‹.

Die Baumwolle wird in den Dörfern zu hohen weißen Bergen gestapelt und dann gesäubert und weiterverarbeitet. Dazu gehört das heute maschinell durchgeführte Entfernen der Samenkörner aus der Rohbaumwolle. Aus hundert Kilo Rohbaumwolle gewinnt man im Durchschnitt vierzig Kilo Fasern, zehn Kilo Baumwollöl, das für die Zubereitung aller Nationalgerichte, aber auch für technische Zwecke verwendet wird, dreißig Kilo Samenpreßrückstände als wertvolles Viehfutter und zwanzig Kilo Kapselschalen.

Innerhalb der Sowjetunion nahm Usbekistan die Rolle des wichtigsten Baumwollproduzenten ein. Die entstandene Baumwollmonokultur erweist sich heute als Last, denn die usbekische Baumwollwirtschaft ist von einer tiefen Krise überschattet, die vor allem aus der Überlastung der Böden resultiert. Inzwischen wird der Baumwollanbau reglementiert. Die Kolchosen dürfen auf nicht mehr als 50 Prozent ihrer Anbaufläche Baumwolle pflanzen. So soll die Monokultur langsam einer variantenreicheren Landwirtschaft weichen.

Bevölkerung

Usbekistan hat 27,6 Millionen Einwohner (Stand Juli 2009), das Bevölkerungswachstum beträgt 1,7 Prozent pro Jahr. Wieviele der Einwohner Usbeken sind, ist schwer zu sagen. In den offiziellen Statistiken steigt der Anteil der Usbeken ständig. Waren 1998 drei Viertel der Bevölkerung Usbeken, sollen es 1999 schon über vier Fünftel gewesen sein. Der Anteil der anderen Nationalitäten geht aus unterschiedlichen Gründen zurück. Viele Russen haben Usbekistan verlassen. Zwar gibt es keine direkte, aber eine indirekte Benachteiligung der Russen. Beispielsweise sind die russischen Schulbücher, da sie eingeführt werden müssen, teurer als die usbekischen. Die zweite Ursache für das Wachstum der usbekischen Bevölkerung liegt in der Statistik selbst: viele Russen haben den neuen grünen Paß der Republik Usbekistan, sind also jetzt usbekische Staatsbürger. In den ländlichen Gebieten leben weit über 90 Prozent Usbeken.

Im Gebiet um Samarkand lebt eine große tadschikische Minderheit, deren Anteil an der gesamten Bevölkerung ungefähr fünf Prozent beträgt. Weitere Minderheiten sind die Kasachen und die Karakalpaken. Im Zuge der Sowjetisierung kamen die unterschiedlichsten Nationen nach Usbekistan, von denen viele bis heute dort leben.

Lediglich etwas mehr als ein Drittel der Bevölkerung lebt in Städten (in Deutschland sind es drei Viertel). Im Durchschnitt besteht eine Familie aus 5,5 Personen. Die Lebenserwartung ist deutlich niedriger als bei uns. Sie beträgt bei Frauen 75 Jahre, bei Männern 68 Jahre.

Eine sehr wichtige Rolle in der usbekischen Gesellschaft spielt die Großfamilie, die Kinder und Enkel umfasst und dem einzelnen immer Rückhalt bietet. Die verheirateten Söhne und ihre Familie unterstehen dem Schutz und dem Sorgerecht der Eltern, während die verheirateten Töchter den schwieger-

Besucher in der Gräberstadt Shohizinda in Samarkand

elterlichen Familien zugeordnet werden. Das Familienoberhaupt ist meistens männlich. Wenn möglich, wohnt die ganze Familie in einem Haus und nimmt die Hauptmahlzeiten gemeinsam ein.

Die Rollenverteilung ist traditionell: So ist die ›Familien-Mutter‹, also die Frau des Familienoberhauptes für die Kindererziehung, Haushaltsführung, Nachbarschaftspflege, aber auch für die Sammlung der Aussteuer zuständig. Sie wählte einst Braut oder Bräutigam aus, in manchen ländlichen Gegenden tut sie es noch. Was die Familienmutter anordnet, wird gemacht.

Für den Einzelnen ist die Familie keine lästige Institution, sondern jeder bemüht sich, der Familie nahe zu sein. Auch in der sowjetischen Periode hat sich daran wenig geändert. Hinter diesem Familienverständnis steht die Philosophie, dass eine Gesellschaft nicht auf Basis einzelner Personen existieren kann, sondern nur, wenn sich mehrere Familien zusammenschließen. Auch heute wird die politische Elite aus den Familienverbänden des Machthabenden rekrutiert.

Staatsstruktur

Die Republik Usbekistan ist eine Präsidentialdemokratie mit einem Zweikammernparlament. Der Präsident Islom Karimov ist das Staatsoberhaupt. Er hat als 1. Sekretär der Kommunistischen Partei Usbekistans die Lösung von Moskau betrieben, und sich dann im Dezember 1991 zum ersten Präsidenten des unabhängigen Usbekistans wählen lassen. Seine Partei, die ›Demokratische Volkspartei‹ hat sich zum Großteil aus ehemaligen Mitgliedern der KPdSU gebildet und machte seitdem eine vom Präsidenten verordnete ›Usbekisierungs‹- und Verjüngungskur durch. Karimov selbst soll ein paar Nachhilfestunden Usbekisch genommen haben. Der Präsident hat weitreichende Vollmachten.

Auf dem Heimweg vom Einkaufen

Hochzeitsgesellschaft in der Altstadt von Buchara

Karimov wird als autoritärer Präsident verehrt. Überall sind sein Portrait und seine ›Merksätze‹ – die stark an die sowjetischen ›Losungen‹ erinnern – präsent. Er zeigt sich gerne mit Blumenmädchen auf dem Arm und sieht sich selbst – in einer Tradition mit Tamerlan – als strengen und gerechten Herrscher. Sein Verdienst ist es, dass er Usbekistan ohne größere Unruhen, wie sie in einigen mittelasiatischen Nachbarrepubliken ausbrachen, aus dem alten System gelöst hat und in eine relative Stabilität überführt hat.

Karimov hat bereits zwei Amtszeiten hinter sich. 1991 wurde er der erste Präsident der unabhängigen Republik Usbekistan. Er ließ sich seine ursprünglich fünfjährige Amtszeit per Referendum verlängern, wurde dann erneut 2000 wiedergewählt – mit über 90 Prozent der Stimmen, wobei auch sein einziger Gegenkandidat erklärte, er habe Karimov gewählt. Diese Amtszeit wurde bis Dezember 2007 verlängert. Obwohl die usbekische Verfassung vorsieht, dass die Amtszeit des Präsidenten nur einmal verlängert werden kann, wurde Karimov im Dezember 2007 mit knapp 90 Prozent der Stimmen wiedergewählt. Seine immerhin drei Gegenkandidaten, die sich teilweise für Karimov ausgesprochen hatten, errangen jeweils ca. drei Prozent. Damit wurde Karimov für weitere fünf Jahre als Präsident bestätigt. Die Organisation für Sicherheit und Zusammenarbeit in Europa (OSZE) bemängelte, dass die Wahl zahlreiche demokratische Kriterien nicht erfüllt habe.

Im Parlament (›Oliy Majlis‹, neugewählt im Dezember 2009 bzw. Januar 2010) gibt es keine nennenswerte Opposition. Alle fünf im Parlament vertretenen Parteien unterstützen weiterhin die Politik des Präsidenten. Bis zu den Wahlen 2004 war das Oliy Majlis ein Einkammer-Parlament. Danach wurde ein Zweikammernparlament geschaffen. Die untere, gesetzgebende Kammer hat 1

Usbeke mit traditioneller Kopfbedeckung

20 Abgeordnete, die für fünf Jahre gewählt werden. Die letzten Wahlen 2009/2010 wurden von internationalen Beobachtern als fair bezeichnet, allerdings existiert im Land keine funktionierende Opposition.

Die obere Kammer, der Senat, besteht aus 100 Senatoren, von denen 16 von Präsidenten berufen werden. Zwar gehören die Berufsparlamentarier nicht nur der ›Demokratischen Volkspartei‹, sondern auch anderen Parteien an, dennoch unterstützen sie Karimovs Politik bedingungslos.

Auf dem usbekischen Wappen ist der legendäre Vogel Semurg – Symbol der usbekischen Wiedergeburt – vor der aufgehenden Sonne und über einem fruchtbaren Tal zu sehen. Er soll einst wie Phoenix aus der Asche aufgestiegen sein. Links umkränzen ihn Baumwollpflanzen, rechts eine Ähre Weizen. Der achteckige Stern oben symbolisiert die Einheit und Bestätigung der Republik. Innerhalb des Achtecks ist der Halbmond mit Stern, das Symbol der Moslems, abgebildet. Die Flagge besteht aus horizotalen Streifen, die blau, rot (schmal), weiß, rot (schmal) und grün sind. Außerdem sind ein Halbmond und zwölf Sterne abgebildet.

Verwaltung

Usbekistan ist in 12 Gebiete und die autonome Republik Karakalpakstan gegliedert. Die Karakalpaken können theoretisch jederzeit aus dem Verbund mit Usbekistan ausscheiden; de facto ist dies unmöglich. Sie erlassen ihre eigenen Gesetze und haben auch ein eigenes Parlament, jedoch gelten die usbekischen

Gesetze automatisch auch auf dem Gebiet der autonomen Republik. Usbekistan ist Mitglied der Gemeinschaft Unabhängiger Staaten (GUS) und seit 1992 in allen wichtigen internationalen Organisationen wie UNO oder IWF vertreten.

Es gibt in der lokalen usbekischen Verwaltung eine Besonderheit: die ›Mahalla‹. Jede Siedlung eines Stadtviertels verfügt über diese Selbstverwaltung, deren Institutionalisierung auf alte usbekische Tradtionen zurückgeht. Die Mahalla kümmert sich um die lokalen Angelegenheiten. Ein Beispiel: Wenn, wie in Samarkand geschehen, ein alter Wohnbezirk abgerissen wird, sorgt die Mahalla, mit ihrem für zweieinhalb Jahre gewählten ›Ak Sakall‹ (Ältester oder Weißbart) für die Vermittlung geeigneter neuer Wohnungen. ›Lebst du in der Mahalla, dann achte ihre Gesetze und nimm an ihren Angelegenheiten teil‹, lautet ein Sprichwort. In der Mahalla wird häufig die Gemeinschaftshilfe, Hashar genannt, praktiziert. Bis heute ist der Hashar ein wichtiger Bestandteil der usbekischen Gesellschaft. Wenn jemand Hilfe braucht, kann er die anderen Mitglieder der Mahalla bitten, ihm kostenlos zu helfen. Lediglich für die nötige Verpflegung hat er zu sorgen. Auch gemeinsame Interessen, z.B. die Renovierung der Stadtviertelmoschee werden so realisiert. Der Hashar passte ins Konzept der sowjetischen Wirtschaftspolitik, die mit dem Subbotnik etwas Ähnliches hervorgebracht hat.

Politische Opposition

An den Wahlen konnten die beiden Oppositionsparteien Erk (Freiheit) und Birlik (Einheit), deren Vorsitzende im Exil sind, nicht teilnehmen, da nur regierungstreue Parteien registriert wurden. In Taschkent gibt es nach UN-Angaben keine registrierte Oppositionspartei, die Massenmedien werden von staatlicher Seite kontrolliert, Journalisten beklagen sich über Einschränkungen und Bedrohungen in ihrer Tätigkeit. Nichtregierungsorganisationen, die sich im Bereich Menschenrechte oder Rechtssystem engagieren wollen, werden nicht zugelassen. Regierungskritische ausländische Webseiten werden in Usbekistan geblockt.

Anfang der 90er Jahre wurde Karimov (geboren 1938) wegen seines Wahlkampfs und den Umgang mit der damaligen Opposition, der Volkfront ›Birlik‹, kritisiert. Er hat Demonstrationen verboten und Oppositionsführer einschüchtern (bis zur Bombenexplosion) und in Arrest nehmen lassen – all das hat dazu geführt, dass Islom Karimov jetzt uneingeschränkt und von einer Opposition unbedrängt regieren kann. Gerechtfertigt wird dies von usbekischer Seite mit dem Hinweis, dass in dieser Region ein autoritärer Führer historisch verwurzelt und damit notwendig sei. Die politischen Herrschaftsstrukturen entsprechen den Familienclans. Vom westlichen Standpunkt aus hat das wenig mit demokratischen Prozessen zu tun. Auch liegen zwischen der republikanischen Verfassung und dem politischen Alltag in Usbekistan Welten. Aber der westliche Ideologieexport stößt nicht überall auf offene Ohren.

Oppositionsgruppen und unabhängige Muslimgruppen werden kontrolliert und ihre Mitglieder verfolgt, es gibt schätzungsweise 4500 bis 7000 politische und religiöse Gefangene. Das UN-Büro für die Koordinierung Humanitärer Angelegenheiten, Human Rights Watch und Amnesty International betonen iimmer wieder die Verletzung der Menschenrechte und die fehlenden demokratischen Reformen. Die Usbeken lieben ihren ›starken Mann‹ und kritisieren seine Politik allenfalls hinter vorgehaltener Hand. Ein Einschnitt für das bis dahin ruhige Usbekistan war das mißlungene Attentat auf Islom Karimov im Februar 1999 in Taschkent. Es hat dreizehn Tote und viele Verletzte gegeben. Die Attentäter, die einer proislamischen Gruppe angehören, wurden gefasst und verurteilt.

Im Jahr 2004 wurden, zum ersten Mal in der gesamten Region, Selbstmordattentate verübt, deren Ziele usbekische Sicherheitskräfte, die US-Amerikanische Botschaft und die Israelische Botschaft waren. Mehr als 50 Menschen starben, Dutzende wurden verletzt. Die Regierung hat die verbotene Hizb-ut-Tahrir-Partei, eine religiöse Vereinigung mit Sitz in London, der Anschläge beschuldigt. Diese bestreitet jedoch die Verantwortung. Seit dieser Zeit kommt es immer wieder zu kleineren Anschlägen. Im Gegensatz zum benachbarten Afghanistan oder Pakistan richten sich die Angriffe jedoch nicht gegen touristische Ziele oder Ausländer im allgemeinen.

Nach der gewaltsamen Befreiung von 23 Gefangenen, die angeklagt waren, islamische Extremisten zu sein, fand 2005 im Stadtzentrum von Andijan eine Demonstration statt, die von staatlicher Seite brutal mit Waffengewalt beendet wurde. Nach offiziellen Angaben starben 187 Menschen, einige Menschenrechtsorganisationen sprechen von über 500 Toten. Die Regierung rechtfertigte ihr Vorgehen mit der Niederschlagung eines religiös motivierten Umsturzversuchs. In Folge der Ereignisse wurden seitens der EU Sanktionen gegenüber Usbekistan verhängt. So durften die verantwortlichen Politiker der Andijaner Ereignisse nicht in die EU einreisen. Zusätzlich bestand ein Waffenembargo. Auf Betreiben Deutschlands, dem engstem Verbündeten Usbekistans in der EU, wurden die Sanktionen 2009 jedoch wieder aufgehoben.

Religion

Usbekistan ist bisher ein säkularer islamischer Staat. Zwar gewann der Islam neue Bedeutung für Usbekistan – 90 Prozent der Usbeken sind sunnitische Muslime –, und auch Präsident Karimov pilgerte nach Mekka, dennoch achtet der Gesetzgeber darauf, dass der Islam gemäßigt bleibt. So darf der Muezzin nicht mit einem Mikrofon zum Gebet rufen, und es sind auf den Straßen kaum verschleierte Frauen zu sehen. Allerdings gewinnt der Islam immer mehr an Boden, was besonders an den muslimischen Pilgerstätten zu beobachten ist. Wurde früher ausländischen Besuchern überall der Zugang gewährt, ist dies seit Ende der 90er Jahre manchenorts schon verboten. Auch die Kleidungsvorschriften in den Moscheen werden strenger. Nach dem Ende der Sowjetunion sind viele Moscheen neu eröffnet worden, und die islamischen Hochschulen erfreuen sich größer werdender Beliebtheit.

Moscheekuppeln

Begräbniszug in Samarkand

Auch die islamische Mystik, der Sufismus, ist seit Jahrhunderten und bis heute in Mittelasien populär. Die pilgernden Derwische mit ihren charakteristischen Mützen und ihren Stöcken waren bis zum Anfang des 20. Jahrhunderts in der Region präsent. Die mystische Frömmigkeit im Islam entstand schon früh neben der Gesetzesreligion. Ziel eines Sufis ist es, die Kluft zwischen Gott und Mensch zu überwinden. So begibt sich der Sufi auf den Weg, alles das zu überwinden, was ihn von Gott trennt. Die Liebe zu Gott muss das Bewußtsein, ein Individuum zu sein, völlig verdrängen, so kann er durch absolutes Gottesvertrauen (›tawakul‹) im Augenblick der Ekstase (›ghaiba‹) die Kluft überwinden.

Im Islam, wie er in Usbekistan praktiziert wird, finden sich Elemente von zwei weiteren Religionen, die einst in Mittelasien populär waren. Die eine Religion ist der Zoroastrismus. Im Pamirgebirge leben auch heute noch ›Feueranbeter‹. In Samarkand, in der Gräberstraße Shohizinda, werden in bestimmten Mausoleen kleine Feuer angezündet. Ähnliches kann man auch vor dem Samanidenmausoleum in Buchara beobachten. Zarathustra, vermutlich im Gebiet des heutigen Turkmenistan geboren, ist der Begründer des Zoroastrismus. Charakteristisch für diese Religion ist der Dualismus von gut und böse. Zarathustra stellt Ahura Mazda den Geist Angra Mainyu (später Ahriman) gegenüber. Der weise Gott hat Erde, Wasser, Licht und Finsternis geschaffen, der andere Krankheit, Tod und Finsternis. Zwei feindliche Kräfte stehen sich unversöhnlich kämpfend gegenüber. Dieser Dualismus findet sich auch – und vielleicht wurde er deswegen für die Religion so wichtig – in den schroffen Gegensätzen der mittelasiatischen Natur. Reiche Oasen und dürre Steppen, seßhafte Völker und nomadisierende Viehzüchter.

Der Buddhismus begann sich zu Beginn unserer Zeitrechnung verstärkt nach Nordwesten auszubreiten. Durch die Einverleibung Indiens in das gewaltige Imperium der Kuschan und deren Religionsfreiheit drang er auch nach Baktrien vor. Besonders in Termez sind Überreste buddhistischer Klöster erhalten geblieben. Buddhistische Einflüsse auf die usbekische Religiosität sind vor allen Dingen in Motiven der darstellenden religiösen Kunst zu finden.

Aberglaube - Amulette gegen den bösen Blick

Wenn man über die Basare schlendert, bemerkt man - wenn man den Blick etwas länger schweifen lässt - im Angebot der auf dem Boden sitzenden Frauen, inmitten von Nähnadeln und Schminkutensilien, kleine schwarzweiße Perlenketten, die wie Armbänder aussehen. Auch Glasaugen, die an einer Sicherheitsnadel befestigt sind, kann man finden. Beides sind magische Augen, die - so meint die Bevölkerung - gegen den bösen Blick schützen. Man befestigt sie beispielsweise an der Krageninnenseite - so dass sie nicht sofort sichtbar sind - oder an der Innenseite der Ohrläppchen. Die meisten Usbeken tragen ein solches oder ähnliches Amulett. Auch an Windschutzscheiben kann man die unterschiedlichsten Amulette sehen, häufig zum Beispiel ein bestimmtes getrocknetes Steppengras.

Seit Jahrhunderten müssen auch Gebäude gegen den bösen Blick und die bösen Geister geschützt werden. Deswegen ragen häufig Pfähle aus den schon mehrere Jahrhunderte alten Bauwerken völlig unmotiviert heraus. Am besten kann man das in Chiwa beobachten. Man hat den Eindruck, dass die Gebäude noch nicht fertiggestellt sind. Genau das ist auch der Sinn dieser waagerecht herausstechenden Pfähle, denn böse Geister nehmen nur fertige Bauwerke in Besitz. Eine andere Interpretation besagt, dass der böse Blick durch die ins Auge fallenden Pfähle zuerst auf jene, und eben nicht auf das eigentliche Bauwerk fällt, was zweifelsohne stimmt.

Überhaupt ist ein magisches Weltverständnis weit verbreitet. So werden zweifelnde Worte des öfteren für negative Ergebnisse verantwortlich gemacht. Das neidische Auge, das zweifelnde Wort, der böse Blick - all dies kann zum Beispiel bei einer Autopanne als Ursache genannt werden. Variationsreiche Amulett-Traditionen, die auf vorislamische Glaubensvorstellungen zurückgehen, findet man auch in den anderen mittelasiatischen Ländern.

Pfähle gegen Geister

Geschichte

Einen Abriß der Geschichte des Gebietes des heutigen Usbekistan zu schreiben ist ein recht kompliziertes Unterfangen. Erstens reicht die Geschichte weit über 3000 Jahre zurück – Ur- und Frühgeschichte noch nicht einbezogen – und zweitens haben viele der Nomadenvölker, die die Geschichte der Region bestimmten, keine schriftlichen Quellen hinterlassen. Hinzu kommt, dass der Raum des heutigen Mittelasien in früheren Jahrhunderten keineswegs so übersichtlich in Staaten eingeteilt war wie heute und Herrschaftsgebiete ständig ihre Grenzen änderten. Das Grundmuster der geschichtlichen Entwicklung ist allerdings einfach und bis heute gültig: die entstandenen Großreiche wurden immer wieder durch kleine, schlagkräftige Völker zerstört. Nomadenvölker machten der seßhaften Bevölkerung das Leben schwer – aus der unendlichen mongolischsibirischen Steppe drängten immer neue Völkerschaften nach Mittelasien.

Vier mächtige Invasoren haben im Laufe der Jahrhunderte das kulturelle Bild des heutigen Usbekistan geprägt: die Griechen, die Araber, die Mongolen und die Russen.

Die Achämeniden

Die ersten Funde des Homo sapiens stammen aus dem Jungpaläolithikum, also aus einer Zeit vor ungefähr 25 000 Jahren. Zeugen der frühen Geschichte der Region sind die zahlreichen Höhlenzeichnungen im Serafshangebirge. Um 700 vor Christus formieren sich die ersten Völkerschaften, zu denen die Baktrier, Sogden, die Massageten und Saken gehörten. Von den Saken sind Bestattungsriten bekannt, und ihre Waffen wecken bis heute Bewunderung.

Jurten waren die traditionelle Behausung der Nomaden

Geschichte im Überblick

1000 v. Chr. Einfluß der Lehre Zarathustras (Zoroastrismus).

700–500 v. Chr. Formierung iranischer Völkerschaften, u. a. Soghden, Baktrier, Perser, Choresmier; erste schriftliche Quellen.

550–486 Buddha.

522–479 Konfuzius.

559–330 Herrschaft der Dynastie der Achämeniden. Kyros II. gründet das achämenidische Reich.

559 Kyros' Tod und Untergang des Reiches.

336–323 Alexander III. (der Große) von Makedonien.

328/327 Winterfeldzug gegen Sogdien.

250–200 Aufstieg des griechisch-baktrischen Reiches.

141–226 Partherreiche. Hellenismus in Mittelasien, Eindringen des Buddhismus nach Mittelasien.

206 v. Chr. –125 Yüe-tschi in Parthien, Griechisch-Baktrien.

150 v. Chr. –300 Kuschanreich.

224–651 Herrschaft der Sassanidendynastie.

450–580 Hephtaliten.

520–700 Verstärktes Eindringen des Buddhismus nach Mittelasien.

500–680 Sogdien.

632–750 Eroberungen der Araber u. a. in Mittelasien.

874 Belehnung der Samaniden mit Buchara und Samarkand.

864–1005 Samaniden in Balch. Choresmien wird Teil des Samanidenstaates.

973–1046 Biruni in Choresm.

992–1212 Die Karachaniden herrschen in Buchara.

1122–1120 Die Choresmschahs/Blütezeit Choresmiens.

1206 Dschingis Chan wird Chan der Mongolen.

1218 ›Katastrophe von Otrar‹. Überfall Mohammeds II. auf eine Kaufmannskarawane Dschingis Chans.

1220 Eroberung Bucharas und Samarkands durch die Mongolen.

1256 Reich der Tschagatai in Mittelasien.

1370 Herrschaft der Timuriden in Mittelasien.

1370–1405 Timurs (Tamerlans) Feldzüge.

1500–1599 Schaibaniden in Buchara

1505 Eroberung Choresmiens.

1599 Zerfall des Reiches in mehrere Chanate.

1865 Die Russen erobern Taschkent.

1867 Russisches Generalgouvernement Turkestan mit Sitz in Taschkent.

1917 Gründung von Sowjets (Räten) in Buchara.

1918 Bildung der Republik Turkestan.

1924 Die Unionsrepublik Usbekistan wird gegründet.

1991 Austritt aus der Sowjetunion und Erklärung der Unabhängigkeit.

1992 Verabschiedung der Verfassung.

1995 Durch ein Referendum wurde die Amtszeit von Präsident Karimov bis zum Jahr 2000 verlängert.

2000 Wiederwahl Karimovs zum Präsidenten.

2005 Blutige Niederschlagung einer Demonstration in Andijan. Die EU verhängte Sanktionen.

2007 Wiederwahl Karimovs zum Präsidenten; die OSZE stellt fest, daß die Wahl nicht allen üblichen demokratischen Regeln entsprochen habe.

Das erste große Reich jedoch ist das Achämenidenreich, das von Kyros II. gegründet wurde. Kyros entstammte der altpersischen Achämenidendynastie, die nach ihrem Begründer Achaimenes benannt wurde. Kyros schüttelte die Meder ab, denen er bis dahin tributpflichtig war und eroberte nach Kleinasien auch Mittelasien mit grausamen Methoden. Die meisten Stämme unterwarfen sich ihm sofort, nur die Massageten mit ihrer Königin Tomyris waren nicht bereit, sich zu unterwerfen.

Anfang August des Jahres 530 vor Christus soll die tragische Begegnung von Kyros und Tomyris stattgefunden haben, ein Chronist schreibt: ›Nachdem Kyros Asien unterworfen hat, und der ganze Osten sich seiner Macht beugte, begann er den Kampf gegen die Massageten. Königin der Massageten war damals Tomyris. Sie fürchtete nicht, wie man es von einer Frau erwartet hätte, den feindlichen Überfall. Obwohl Tomyris das Übersetzen des Feindes über den Oxus hätte verhindern können, ließ sie die Perser den Fluss überqueren, rechnend, dass sie innerhalb der Grenzen ihres eigenen Landes gegen den Feind besser kämpfen könne, und dass so auch den Persern der Fluchtweg abgeschnitten sei.

Kyros schlug, nachdem er den Fluss überquert und ein Stück in das Land der Massageten eingedrungen war, die Zelte auf. Am folgenden Tag täuschte er nach der ersten Begegnung eine Flucht vor. Im Lager aber hatte er Wein und alles für ein Gelage Nötige zurückgelassen.

Als man davon Tomyris berichtete, schickte sie ihren Sohn, fast noch einen Jüngling, mit einem Drittel ihrer Streitmacht, um den Feind zu verfolgen. Der in Kriegsdingen noch unerfahrene Sohn der Königin zog in das verlassene La-

Ruinen der Bibi-Xanom-Moschee in Samarkand in den 30er Jahren

Die Sherdor-Medrese am Registan in Samarkand

ger ein, vergaß den Feind und erlaubte seinen den Weingenuß nicht gewohnten Barbaren zu zechen. Das maßlose Trinken aber besiegte die Soldaten noch eher als die Waffen.

Nachdem Kyros dies erfahren hatte, kehrte er nachts zurück, überfiel die betrunkenen Massageten und tötete alle, einschließlich Tomyris Sohn. Die Königin vergoß ob des Verlustes keine Träne, sondern suchte Trost in der Rache und antwortete mit ebensolcher Hinterlist. Sie wandte sich zur Flucht und lockte den Feind in eine Schlucht. Dort vernichteten die Massageten zweihunderttausend Perser zusammen mit ihrem König. Noch nicht einmal ein Augenzeuge blieb übrig, der die Nachricht von dieser schrecklichen Niederlage an den Hof der Achämeniden hätte bringen können. Tomyris befahl, das abgeschlagene Haupt des Kyros in einen mit Menschenblut gefüllten Burdjuk (Fellsack) zu werfen und soll zu ihm gesagt haben: »Vollsaufen kannst du dich jetzt mit Blut, nach dem du stets gedürstet und von dem du nie genug bekamst …«

Herodot berichtet noch weitere Einzelheiten, stellt manches auch anders dar. So soll Kyros zunächst um Tomyris Hand angehalten haben. Aber die Königin argwöhnte, dass es ihm nicht um sie, sondern um die Macht über die Massageten ging, und wies Kyros zurück. Über den Kampf selbst schreibt Herodot: »Diese Schlacht war die weitaus blutigste von allen, an denen jemals Barbaren beteiligt waren. Zu Anfang beschossen sich die beiden Heere mit Pfeil und Bogen auf bedeutende Entfernung. Dann, als die Pfeile verschossen waren, kam es zum Handgemenge, und man tötete sich mit Lanzen und Schwertern. Lange Zeit standen die beiden Heere einander gegenüber, und keines wich und wandte sich zur Flucht. Schließlich siegten die Massageten. Die meisten Soldaten der Perser fielen in der Schlacht, auch Kyros wurde erschlagen. Er war neunundzwanzig Jahre lang König gewesen …«

Durch den Sieg des mittelasiatischen Nomadenvolkes über Kyros II. wurde der Eroberungsdrang der Achämiden zunächst gestoppt. Doch schon unter Dareios I. (522–486 vor Christus) entstand ein Riesenreich: vom Indus bis nach Makedonien, vom Nil bis zum Jaxartes. Das Imperium wurde in zwanzig sogenannte Satrapien, Vizekönigreiche, die tributpflichtig waren, gegliedert. Auch wenn die zu zahlenden Tribute sehr hoch waren, brachte diese Zeit einen ersten großen wirtschaftlichen und kulturellen Aufschwung nach Mittelasien. Ein Straßennetz, das die einzelnen Satrapien verband, wurde angelegt und ein einheitliches Münzsystem geschaffen.

Alexander der Große

Wegen der riesigen Ausdehnung und der Ambitionen der Vizekönige war der Achämenidenstaat ein recht labiles Gebilde. Der junge Alexander trug seit 331 vor Christus die Krone der persischen Achämeniden und hatte sich sofort gegen Widersacher zu wehren. Besonders der Satrap (Vizekönig) von Baktrien, jenem Reich, das vom Hindukusch bis nach Fergana und von der Murgaboase bis zum Pamir reichte, war widerspenstig und wollte unabhängig werden. Alexander, inzwischen kampferprobt, überquerte im Mai 329 vor Christus den Hindukusch mit 32000 Mann und eroberte die baktrische Hauptstadt. Der Satrap wurde gefangengenommen, ihm wurden Ohren und Nase abgeschnitten und er wurde hingerichtet. Alexander zog weiter, jetzt wollte er auch die sogdische Hauptstadt Marakanda, das heutige Samarkand, erobern. Er unterwarf auch Sogdien. Die Versuche der ansässigen Völker, sich zu widersetzen scheiterten. Mit zweiundreißig Jahren war Alexander Herrscher über ein Weltreich, das vom Mittelmeer bis zum Indischen Ozean und vom Nil bis zum Jaxartes reichte. Nach seinem Tod 323 vor Christus entbrannte der Streit um die Nachfolge.

Die Griechen beherrschten die Region noch rund siebzig Jahre lang. Dann begannen die Parther, ursprünglich ein Reitervolk, Transoxanien zu erobern. Baktrien jedoch konnte zu einem unabhängigen, allerdings griechisch beeinflussten Staat werden. Erst um 130 vor Christus, als die Yüetschi, ein Nomadenvolk aus China, längst in Mittelasien eingedrungen waren, endete die Zeit des griechischbaktrischen Reichs.

Invasoren aus der Steppe

Ursprünglich kamen die Yüetschi aus Gansu und waren, als Gansu und Nordchina von den Hunnen angegriffen worden war – es ging um Weidegründe für das Vieh –, durch Kaschgar und Fergana nach Westen gedrängt worden. Sie besetzten Sogdien und Baktrien und vernichteten beinahe auch Parthien.

Das Minarett Kalta Minor in Chiwa

Der usbekische Staat sorgt mit viel Engagement für den Erhalt des kulturellen Erbes

Das Phänomen der Yüetschi zeigt eine Besonderheit dieser riesigen Steppe: Eine kleine Veränderung am Randgebiet setzte riesige Völkerwanderungen in Gang und führte zu völlig neuen Konstellationen. Fünf Yüetschi Familien teilten Baktrien unter sich auf, eine von ihnen bildet um Christi Geburt die Kuschan-Dynastie, ein mächtiges Herrscherhaus, das über Transoxanien, Afghanistan und Choresmien herrschte. Viele Fragen über die Kuschan-Dynastie sind bis heute offen, fest steht, dass unter Kanischka I. das Kuschanreich zu einer Weltmacht wird. Zu seiner Zeit kommt der Buddhismus nach Mittelasien, denn er war selbst zum Buddhismus übergetreten. Buddhistische Klöster entstanden, und Mönche warben um Anhänger. Letztlich führten nationale Vielfalt und die große Ausdehnung des Reiches zum Niedergang der Kuschan.

Die Weißen Hunnen

Nach dem Niedergang des Kuschanreiches im dritten Jahrhundert wurden Sogdien und Baktrien, allerdings nicht Chroresm, wieder persische Provinzen des Sassaniden-Reiches, das im Westen des Iran entstanden war und nach Sassan, dem Priester eines Feuertempels, benannt wurde. Aber schon nach 150 Jahren drang ein neues Volk in die östlichen Provinzen ein: die Weißen Hunnen.

Die nomadische Bewegung, auch ›Völkerwanderung‹ genannt, begann in den weiten Wüsten- und Steppenregionen Innerasiens durch den Zerfall und die Neubildung von Steppenreichen. Hier lebten Hirten und Jäger. Klima und Boden waren für Ackerbau ungeeignet, dafür boten endlose Grassteppen einige Monate im Jahr ausgezeichnete Weidegründe. Im Winter, wenn das Vieh kaum noch Futter fand und abmagerte und Seuchen den Herdenbestand verminderten, veranlassten Hungersnöte die einzelnen Stämme zu Raubzügen. Man verbündete sich, um stärker zu sein. So setzte sich irgendwann eine ungeheuer große Reitermasse in Bewegung, vertrieb auf ihrem Zug verschiedene andere Steppenvölker, die, ihrerseits auf der Suche nach neuem Weideland, schwächere Hirtenstämme bekämpften. Höchst anziehend für diese Nomaden waren stets die großen Kulturreiche mit ihrem intensiv betriebenen Ackerbau, ihren reichen Städten, mit ihrer handwerklichen Produktion und hochentwickelten Kultur. So bestimmte ein fast ununterbrochener Strom nach Westen ziehender Reitervölker ein volles Jahrtausend lang die Geschicke Mittelasiens.

Die Weißen Hunnen, oder Hephtaliten, hatten ihre Heimat wohl in der Nähe von Turfan. Vielleicht sind sie den Ostiranern zuzurechnen, ihre Abstammung ist aber nicht mit Sicherheit nachzuweisen, da ihre Kultur auch viele türkische Elemente enthält. Zeitgenössische Autoren berichten, dass es im Reich der Weißen Hunnen keine Städte gab, sondern die Menschen in Filzjurten lebten, sie also Halbnomaden waren. Jeden Morgen beteten sie zu ihren Göttern. Mit Verwunderung berichteten die Chinesen über die Vielmännerei der hephtalitischen Frauen. In späteren Aufzeichnungen liest man, dass die Hephtaliten zwischen Buchara und Samarkand von den Sogden nicht mehr zu unterscheiden waren – die wohlhabenden Städte auf der Seidenstraße hatten die Hephtaliten assimiliert.

Seit 457 besaßen die Hephtaliten große Teile des Sassanidenreiches. Sie kontrollierten die Wüsten und Steppen vom Syrdarja bis zum Aralsee und auch Ostturkestan mit Turfan und Kaschgar konnte erobert werden. Innerhalb von fünfzig Jahren stiegen die Weißen Hunnen zu einer Großmacht auf, eroberten Kabul und fielen in Indien ein. Für kurze Zeit schufen sie ein Reich, das noch größer als das Kuschanreich war.

Alte und neue Architektur in Buchara

Am Labi Hauz in Buchara

In der zweiten Hälfte des sechsten Jahrhunderts verschwanden sie plötzlich aus der Geschichtsschreibung. Denn aus den nördlichen Steppen war mit den Türken, deren Heimat ursprünglich die Mongolei und das östliche Sibirien war, ein ernsthafter Gegner herangewachsen. Gemeinsam mit den persischen Sassaniden überfielen sie die Weißen Hunnen und vernichteten sie. Perser und Türken teilten sich den Besitz. Die Türken bekamen Sogdien, die Sassaniden Baktrien. Allerdings war die Vereinbarung nur von kurzer Dauer, denn unverzüglich drangen die Türken auch in Baktrien ein.

Die arabischen Eroberungen

622 war das Jahr der Hedschra – als Mohammed mit seinen Getreuen aus Mekka fliehen musste. Mit diesem Jahr beginnen die Muslime ihre Zeitrechnung. Nach Mohammeds Tod im Jahre 632 wurden nach der Eroberung von Ysrien, Ägypten und Transkaukasien auch die Perser angegriffen und besiegt. Ziel der Eroberungen ist Transoxanien oder Mawaraannahr (eigtl. Ma waraa n-Nahr), wie es die Araber nannten, das Land jenseits des Flusses Oxus (Amudarja). Die ersten Überfälle 670 bis 675 waren Raubzüge. Erst 681 schlugen sie zum erstenmal ihr Winterlager am östlichen Ufer des Amudarja auf.

Der mächtigste Mann der Region, mit ihm ist die Islamisierung der Gegend verbunden, war Qutaiba Ibn Muslim. Er erbaute in Buchara, Samarkand und anderen Städten Moscheen. Mit seiner Ermordung im Jahre 715 begann das Ende des arabischen Vormarsches.

758 beschlossen die Araber, die gesamte Bevölkerung zum Islam zu bekehren. Das hatte einen allgemeinen Aufstand zur Folge, nur Samarkand blieb in arabischen Händen. Auch zwanzig Jahre später kam es zu erneuten Aufständen, die

die Chinesen für sich zu nutzen versuchten. Sie drangen 748 nach Fergana ein, wurden aber 751 von dem arabischen Befehlshaber Sijad Ibn Salih geschlagen. Während der nächsten tausend Jahre unternahmen die Chinesen keinen Versuch mehr, nach West-Turkestan einzudringen. Damit war diese Schlacht das entscheidende Ereignis, das über die Kultur dieser Region entschied.

Die Samaniden

»Ich betrat ein Haus mit vielen Zimmern. In jedem Raum gab es Bücherkisten, eine über die andere gehäuft. In einer Kammer waren arabische Bücher und Bücher zur Poesie, in einer anderen juristische Werke, und so in jeder Kammer Bücher zu anderen Wissenschaften. Ich sah Bücher, deren Namen den meisten Menschen unbekannt sind, ich habe nie eine solche Sammlung von Büchern gesehen. Ich las diese Bücher, lernte aus ihnen und erkannte die relative Bedeutung eines jeden Menschen in seiner Wissenschaft.«

Dies schrieb im Jahre 997 der siebzehnjährige Ibn Sinna (Avicenna) voller Bewunderung, als er die samanidische Hofbibliothek gesehen hatte. Mit den Samaniden begann am Ende des 9. Jahrhunderts ein goldenes Zeitalter für die Künste. Nach den starken Umbrüchen trat eine Zeit der Ruhe ein, die Völker hatten den Islam angenommen, und das kulturelle Erbe der persischen Reiche beeinflusste auch die arabischen Eroberer.

Als Stammvater der Dynastie gilt Saman, ein Adeliger aus Balch, der ein Nachkomme der Sassaniden gewesen sein soll. Ihm gelang es, mit Hilfe seiner Söhne ein Reich, das Mittelasien, Nordafghanistan und den Ostiran umfasste, zu gründen. Das Samanidenreich blühte auf, ihre Paläste waren prunkvoll mit

Dekorative Kacheln in Samarkand

Edelmetallen und Edelsteinen ausgestattet, sie hatten Handelsbeziehungen von China und Indien bis nach Vorderasien und Europa. Aber auch ihr Reich zerbrach an Erbstreitigkeiten und dem Vordringen neuer Steppenvölker. Ab 992 fielen von Nordosten die Karachaniden in das Reich ein, und aus dem Südosten drangen die Ghasnewiden vor. Aber ihre Herrschaft währte nicht lange, denn Dschingis Chan war auf dem Vormarsch.

Die Mongolen

Mehrere Nomadenstämme, die das Steppengebiet nördlich und nordöstlich der Wüste Gobi bewohnten, schlossen sich im zwölften Jahrhundert enger zusammen. Auf einer großen Versammlung aller Turk-Mongolen ließ sich 1206 ihr Führer Temudschin, besser bekannt unter seinem späteren Namen Dschingis Chan, als Kaiser oder Groß-Chan ausrufen. Die Mongolei war damit geeint, und die Mongolen begannen China zu erobern. 1215 wurde Peking ausgeplündert und niedergebrannt.Im zwölften und dreizehnten Jahrhundert konnte sich auch Choresmien, mit der Hauptstadt Konya-Urgensh, im heutigen Turkmenistan gelegen, zu einem großen Staat entwickeln. Kurzzeitig konnten die Nomadenvölker unterworfen werden und Persien sowie das Gebiet des heutigen Aserbaidschan erobert werden. Dann geschah 1218 die Katastrophe von Otrar. In diesem Jahr entsandte Dschingis Chan eine große Karawane in das Gebiet seines mächtigen choresmischen Nachbarn Mohammed II. Fünfhundert schwerbeladene Lastkamele mit erlesenen Kostbarkeiten, darunter aus China geraubtes Porzellan, Glas, Seide, vergoldete Götterstatuen, Edelsteine und Pelze, machten sich mit vierhundertfünfzig Begleitern auf den Weg zu den Märkten von Samarkand, Buchara und Urganch. Die Karawane hatte nicht nur kommerzielle Interessen, vielmehr sollte die eigene Stärke demonstriert werden und die politische Situation in Choresmien abgetastet werden. Heute würde man das Spionage nennen. Alles verlief zunächst gut. Die ganze Fracht wurde verkauft, anderes dafür erworben. Aber auf dem Rückweg ließ der Kommandant der Grenzstadt Otrar die gesamte Begleitmannschaft der mongolischen Karawane niedermetzeln – ob aus Geldgier oder weil er von der Spionage erfahren hatte, blieb unbekannt. Nur ein einziger Kameltreiber konnte dem Massaker entkommen und die furchtbare Nachricht den Mongolen überbringen. Dschingis Chan forderte eine Entschuldigung von Mohammed II. Der jedoch entschuldigte sich nicht, sondern ließ Dschingis Chan die Ermordung seines in die choresmische Hauptstadt entsandten Botschafters melden.

Die Rache des Chans war grausam. 1219 versammelte sich ein mongolisches Heer, bestehend aus 150 000 bis 200 000 Mann am oberen Irtysch, und der Sturm gegen Buchara brauste los. Ohne nennenswerte Abwehr ergab sich die Stadt. Die Eroberer trieben einen Teil der Einwohner zur Stadt hinaus, Greise, alte Frauen, Gebrechliche, Kranke wurden niedergemetzelt, die jungen Männer kamen in Gefangenschaft, alle anderen auf die Sklavenmärkte.

Palast in Buchara

Handwerker, Schreibkundige und Künstler wurden in die Mongolei verschleppt – eine gängige Praxis, der sich auch die nachfolgenden Herrscher bedienen sollten.

Auch Samarkand blieb nicht verschont. Nur wenige Tage dauerte die Belagerung, während der die Mongolen mit ihren von chinesischen Ingenieuren konstruierten Wurfmaschinen auf die Stadtmauern schossen. Brandpfeile und Wurfgeschosse mit bis zu achtzig Metern Reichweite, gefüllt mit entzündlichen Flüssigkeiten, hatten einen Teil der Stadt bereits in Brand gesteckt, als sich Samarkand, dessen Mauern und Türme als unbezwingbar galten, nach erbittertem Widerstand ergab.

Im Jahre 1221 war mit der Einnahme Choresmiens die Eroberung Mittelasiens durch die Mongolen abgeschlossen. Das ganze Land lag in Trümmern, in den Städten blieben sechs Millionen Tote zurück. »Seit der Erschaffung der Welt gab es für die Menschheit keine entsetzlichere Katastrophe, und bis zum Ende der Welt und bis zum jüngsten Gericht wird es nicht ihresgleichen geben«, schrieb der zeitgenössische Historiker Ibn al-Assyr über den Mongolensturm.

Die Timuriden

1370 beginnt mit Timur Lenk (auch Tamerlan genannt) die Zeit der Timuriden in Mittelasien. Timur, einer der größten und verheerendsten Eroberer der Geschichte, wurde 1336 bei Shaxrisabz geboren. Sein Vater war ein türkischer Emir und ein frommer Moslem. In seiner Jugend war er Führer einer Gruppe von Abenteurern, die sich eigentlich nicht von einer Gruppe Banditen unterschied. Aber er machte sich in dieser Zeit einen Namen als wagemutiger, einfallsreicher und intelligenter Führer. Wahrscheinlich hat er sich in dieser Zeit die Verletzung am Bein zugezogen, die ihm den Beinamen Lenk, der Lahme, gab. Gegen 1369/70 war Timur faktisch Herrscher über Mawaraannahr (Transoxanien), das er zum Zentrum seines Reiches machte.

Es liegt die Vermutung nahe, dass Timur danach strebte, das Reich Dschingis Chans – gerne betonte er seine (allerdings weit entfernte) Verwandtschaft zum einstigen Mongolenherrscher – wiederzuerrichten. Seine Methoden der Kriegsführung und seine Nomadentruppen glichen denn auch mehr einem mongolischen Chan als einem islamischen Herrscher. Timur eroberte mit unglaublicher Grausamkeit ein Weltreich, das über den Euphrat hinausging, den Kaukasus und den Iran beinhaltete und auch über den Indus hinausreichte. Die Vasallengebiete dieses Riesenreiches lagen im Gebiet der Goldenen Horde zwischen Don und Wolga, und auch Teile des osmanischen Reiches waren von den Timuriden abhängig.

Nach Timurs Tod brach sein riesiges, aber ungefestigtes Reich zusammen. Seine vier Söhne und die Verwandten zerstritten sich rasch und kämpften gegeneinander um die Macht. Statthalter entlegener Provinzen erklärten sich

Im Mausoleum Gur Emir in Samarkand wurde Timur begraben

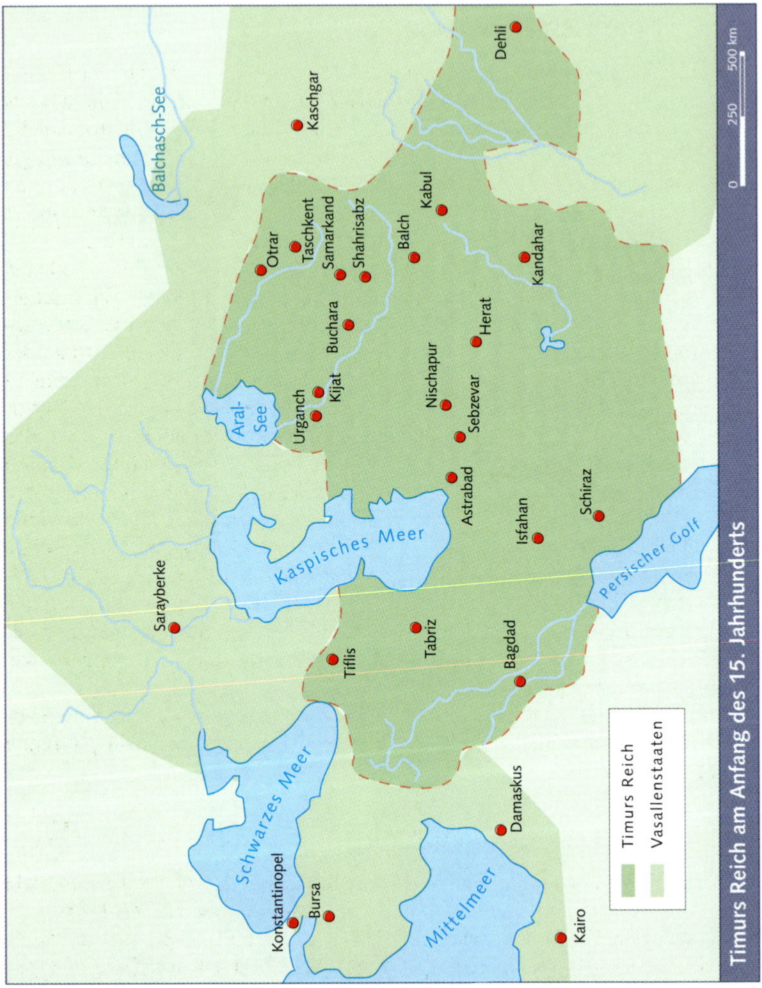

Timurs Reich am Anfang des 15. Jahrhunderts

kurzerhand für unabhängig. Das Reich war nur in seinem Kern erhalten geblieben. Den Süden regierte von Herat aus Timurs jüngster Sohn Scharuch von 1407 bis 1447; in Transoxanien, mit dem Zentrum Samarkand, regierte Scharuchs Sohn Ulug'bek als Vizekönig seines Vaters von 1409 bis 1449. Während ihrer Regierungszeiten herrschte eine Zeit der Stabilität und kulturellen Blüte. Unter dem wissenschaftlich orientierten Ulug'bek machte vor allem die Astronomie bedeutende Fortschritte, wovon man sich in Samarkand in den Ruinen seines Observatoriums überzeugen kann. Nach der Ermordung Ulug'beks durch seinen eigenen Sohn setzte sich der Zerfall des Reiches fort.

Die Zeit der Usbeken beginnt

Erst um 1500 begannen die eigentlichen Usbeken, die Geschichte der Region des heutigen Usbekistan zu prägen. Auch sie waren ein Nomadenvolk, das aus der Steppe kam. Benannt wurden sie nach Usbek (1312–1340), einem Chan der Goldenen Horde. Der Chan Muhammad Schaibani, ein Nachfahre Dschingis Chans, besetzte Buchara und Samarkand und erklärte sich zum Herrscher von Transoxanien. Buchara wurde seine Hauptstadt, und kurze Zeit später eroberte er auch Herat – damit waren Timurs Nachfolger endgültig geschlagen.

Das Usbekenreich erwies sich wirtschaftlich nicht als lebensfähig, und kein Chan schaffte es, es wieder in Schwung zu bringen. Es gab zu viele Handwerker ohne Arbeit, und es war nicht genügend Geld vorhanden, um die Bewässerungsanlagen zu erhalten. Logische Folge waren die geringeren Erträge der Landwirtschaft und damit auch geringere Staatseinnahmen, was wiederum zu Inflation und erhöhten Steuern führte. Mehrere Kriege, vor allem mit Babur, einem Timuriden, der versuchte, wieder an die Macht zu kommen, letztlich nach Indien floh und dort die Mogul-Dynastie begründete, schwächten die Position der Usbeken. Dennoch herrschte die Dynastie der Schaibaniden bis 1599, ihre Hauptstädte waren abwechselnd Samarkand und Buchara. Auch Taschkent wurde von Angehörigen der Dynastie beherrscht. Ein anderer Zweig der Familie setzte sich in Choresm fest und gründete dort einen Staat, das spätere Chanat von Chiwa, in dem die Schaibaniden bis 1920 regierten. Im 18. Jahrhundert gründete wiederum ein anderer Zweig der Familie das Chanat von Kokand, nachdem der örtliche Herrscher aus Fergana vertrieben worden war. Bis 1876 existierte das Chanat als selbständiger Staat.

Das ganze 18. Jahrhundert hindurch und bis ins 20. Jahrhundert hinein bestimmten das Emirat Buchara und die Chanate Chiwa und Kokand die politische Struktur des Landes.

Russland und die Sowjetunion

Nachdem Peter der Große und Katharina die Große Russland als imperiale Großmacht konstituiert hatten, fiel der Blick der russischen Kolonialexpansion auf Mittelasien. Der Handel wurde intensiviert, auf den Basaren konnten russische Waren gekauft werden, und die alte nördliche Route der Seidenstraße vom Unterlauf des Amudarja zur Wolga lebte wieder auf.

Damals begann die Zeit der Kolonien, in welcher die großen Reiche ihre Einflusssphären absteckten. Großbritannien hatte bereits Indien erobert und blickte nun über Afghanistan auch nach Turkestan. Zwischen Russland und Großbritannien begann das ›Great Game‹, das Taktieren um Einflussgebiete, das sich letztlich sogar noch im Afghanistankrieg fortgesetzt hat und auch heute noch nicht beendet scheint.

1865 eroberten die Russen Taschkent und schufen das Generalgouvernement Turkestan. 1868 nahmen sie Samarkand ein, und der Emir von Buchara unterstellte sich der Oberhoheit des russischen Zaren. Im Laufe von fünf Jahren

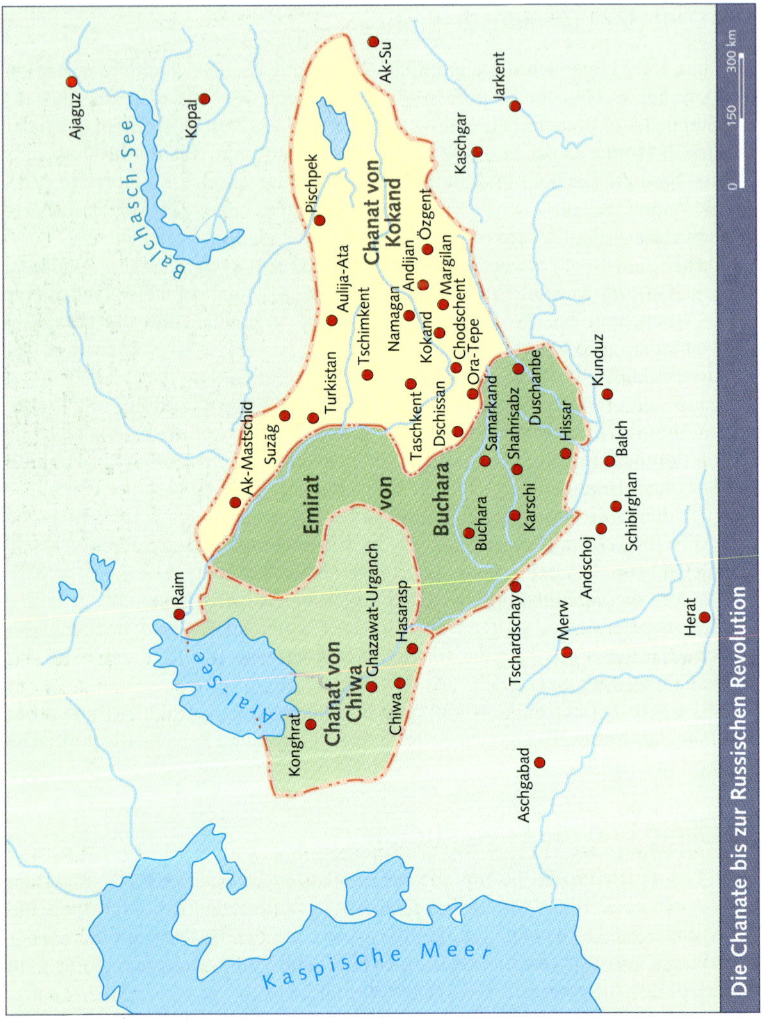

Die Chanate bis zur Russischen Revolution

wurden auch Kokand und Chiwa eingenommen. Mit der Eroberung der Oase Merw im Jahre 1884 war die Eroberung des ganzen Gebietes abgeschlossen, und man begann mit der Ansiedlung russischer Bauern in Turkestan

Im Jahre 1917 kam die Revolution auch nach Turkestan, und in Buchara wurden erste Sowjets gegründet. 1920 wurden der Emir von Buchara und der Chan von Chiwa verjagt und die ›Volksrepublik Buchara‹ und die ›Volksrepublik Choresm‹ ausgerufen. 1924 gründete sich auf Anraten des Volkskommissars für Nationalitätenfragen, Jossif Stalin, eine Usbekische Unionsrepublik, die bewußt andere Grenzen hatte als die hier vorher existierenden Chanate, denn nichts mehr sollte an die alten Zeiten erinnern.

In der Sowjetzeit wurde Usbekistan in die Modernisierungspläne einbezogen. Zunächst verbrannten die Frauen ihre verhaßten Schleier, eine Alphabetisierungskampagne begann, und die Großgrundbesitzer wurden enteignet. Bewässerungsprojekte, anläßlich derer Arbeiter aus allen Teilen der Sowjetunion kamen, wurden realisiert und Usbekistan entwickelte sich zum Hauptbaumwollproduzenten der Sowjetunion. In der Republik hielten die genormten sozialistischen Errungenschaften Einzug: Plattenbauten und Einheitsmöbel, die man genauso in Russland und in den baltischen Staaten finden kann. Dennoch pflegten die Usbeken in dieser Zeit ihre nationale Folklore, kunsthandwerkliche Techniken wurden weitergegeben, die historischen Bauwerke wieder aufgebaut, und selbst die Taschkenter Metro wurde mit usbekischen Motiven gestaltet. In der sowjetischen Zeit entstand eine Art usbekisches Nationalgefühl, das es vorher nicht gegeben hatte.

Der letzte Emir von Buchara

Die Unabhängigkeit

1991 erklärte Usbekistan seinen Austritt aus der Sowjetunion, selbst Russland war zu diesem Zeitpunkt schon aus der Sowjetunion ausgetreten. Eine Verfassung wurde verabschiedet, Wahlen fanden statt – die Republik Usbekistan, die es vor der sozialistischen Zeit nie gegeben hatte, entstand. In den acht Jahren der Unabhängigkeit veränderte sich Usbekistan schnell. Zunächst orientierte man sich an der Türkei. Nachdem diese dem Oppositionsführer Asyl gewährt hatte, erkalteten jedoch die Beziehungen. Jetzt muss man sich gegen die Islamisierung zur Wehr setzten und rückt wieder näher an die GUS und Russland, denn auch die zwischenzeitliche Annäherung an die USA ist nicht geglückt. Wie auch seine Nachbarländer wird Usbekistan von einem Präsidenten regiert, der das Amt wohl auf Lebenszeit ausüben wird und qua Amt die fast vollständige Kontrolle über die staatlichen Strukturen hat. Auch mehr als 15 Jahre nach der Unabhängigkeit gibt es in Usbekistan kein unabhängiges Rechtssystem, keine freie Presse und keine freien und transparenten Wahlen. Die Geschichte der unabhängigen Republik Usbekistan hat erst begonnen.

Die Seidenstraße

Der 1877 von dem deutschen Geologen und Geographen Ferdinand Freiherr von Richthofen geprägte Begriff der ›Seidenstraße‹ ist leicht irreführend, denn der 10 000 Kilometer lange Weg war nur teilweise befestigt wie eine Straße und folgte auch nicht immer nur einer Strecke. Der Großteil des Weges musste auf Trampelpfaden, Wüstenpisten und durch Schlammfurten zurückgelegt werden. Überfälle von Nomadenvölkern und Überschwemmungen oder Erdrutsche zwangen die Karawanen, immer neue Routen zu finden. Auch wurde nicht nur Seide auf dieser Strecke transportiert, sondern fast alles, was denkbar ist.

Die Anfänge dieses interkontinentalen Fernhandels lassen sich auf das späte sechste Jahrhundert vor Christus datieren, als Seide auf einer nördlichen Route vom nördlichen Tienshan-Gebirge durch die asiatischen Teile der ehemaligen Sowjetunion bis zur Donmündung am Asowschen Meer und von dort aus nach Mitteleuropa gelangte. Hauptvermittler waren in der Zeit die Skythen, die, so zeigen es ihre Grabbeilagen, rege Handelsbeziehungen zu Griechen und Chinesen hatten.

Bereits seit dem dritten Jahrtausend vor Christus stellten die Chinesen Seide her. Im Laufe der Zeit wurde die Seide zu einer Art Währung, mit der Beamte entlohnt, Pferde von Nomaden gekauft wurden und mit der das Wohlwollen der ›Barbaren‹ erkauft

In einer Seidenweberei

werden sollte. So waren bald auch die Nomadenstämme im Besitz von Seide, deren Überschuß sie an westliche Völker auf der nördlichen Route weiterverkauften, bis die Seide schließlich nach Europa gelangte.

Nach der Einheit der Chinesen 221 vor Christus wurde die nördliche Route plötzlich aufgegeben. Dies mag mit den gewaltigen Völkerwanderungen, die in jener Zeit in diesem Gebiet stattfanden, zu tun gehabt haben, ist aber auch mit dem Machtzuwachs der Chinesen zu begründen. Die Chinesen wollten aktiver am Handel beteiligt sein, und es entstand die südliche, die klassische Seidenstraße. Begünstigend kam hinzu, dass sich das Abendland durch Alexanders Feldzüge mit dem hellenistischen Königreich von Baktrien und Sogdien bis an die Grenze des Tienshan-Gebirges ausgedehnt hatte. Die südliche Route führte von Changan in Zentralchina in die westchinesische Provinz Gansu, teilte sich vor dem Tarimbecken in eine nördliche Strecke über Turfan und Aksu und eine südliche über Miran und Khotan, die beide in Kaschgar wieder zusammenliefen. Über die Gipfel des Pamir ging es weiter über Samarkand und Buchara oder Baktra nach Merw und Bagdad bis nach Palmyra in Syrien, dem Endpunkt der Seidenstraße. Hier wurden die Waren in den gesamten Mittelmeerraum verschifft.

In der Zeit des Hellenismus war der internationale Fernhandel bereits sehr rege, denn es gab von Sizilien bis nach Fergana ein einheitliches Münzsystem. Außerdem existierte eine Oberschicht, die Bedarf an orientalischen Luxusgütern wie Seide, Diamanten und Rosenöl hatte. Das Goldene Zeitalter der Seidenstraße begann in der Römischen Kaiserzeit. Etwa zur Zeit der Alleinherrschaft Caesars wurden die Römer regelrecht süchtig nach Seidenstoffen. Damit auch das gemeine Volk an der Seideneuphorie teilhaben konnte, wurden mehrfach rein seidene Sonnensegel über dem Circus Maximus installiert. Der Preis für die Seide war immens: Die Römer bezahlten die Chinesen nicht nur in klingender Münze, sondern auch mit Gold, Weihrauch, Glas, Wolle und Negersklaven, die im damaligen China sehr begehrt waren. Der Preis der Seide stieg immer mehr. Um 270 konnte sich zum Beispiel der Kaiser Aurealian kein Seidenkleid für seine Frau leisten, denn in jener Zeit musste man für ein Pfund purpurgefärbter Seide so viel bezahlen, wie 6000 Landarbeiter an einem Tag verdienten.

Der Preis ließ sich nicht nur mit dem langen Transportweg erklären, schließlich musste fast ein Viertel des gesamten Erdumfangs zurückgelegt werden, sondern hing auch mit der Steigerung des chinesischen Ausgangspreises zusammen. Außerdem wollten auch die an der Seidenstraße ansässigen Völker von dem Handel profitieren und erhoben Zölle. Teilweise mussten 36 Herrschaftsgebiete durchquert werden; dabei waren Zölle bis zu 25 Prozent keine Seltenheit. Besonders gerne blockierten die persischen Parther die Handelswege, um nach erneuter Öffnung noch höhere Preise fordern zu können. Eine Praxis allerdings, die die Römer nicht widerspruchslos hinnehmen wollten, und so versuchten sie, die fernöstlichen Waren auf dem Seeweg in ihr Reich zu bringen. Was allerdings keine wirkliche Alternative war, da die Ladekapazität der Schiffe vergleichsweise gering war und durch Schiffbruch oder Piratenüberfälle häufig empfindliche Verluste entstanden.

Im Jahre 100 vor Christus berichtete eine chinesische Quelle, dass zwölf große Seidenkarawanen das Reich der Mitte verlassen hätten. Neben diesen offiziellen Karawanen gab es allerdings noch private Händler, und so hieß es in einer anderen Quelle: ›Das Karawanennetz war so dicht geknüpft, dass sich ihre einzelnen Glieder nie aus den Augen verloren.‹ Auch wenn diese Schilderung etwas übertrieben sein mag, sicher ist, dass auf der Seidenstraße reger Verkehr herrschte.

Die Größe der Karawanen variierte. Häufig waren um die hundert menschliche Begleiter und mehrere hundert Lasttiere in einer Karawane. Mit 150 Kilogramm konnte ein Kamel für einen zwölftägigen Marsch beladen werden. Die Karawanenführer waren meist keine Chinesen, sondern Sogdier oder Parther. Für die Hin- und Rückreise benötigte man sechs bis acht Jahre; befestigte Straßen gab es nur auf chinesischem und römischem Boden, es war also eine mörderische Reise. Ein chinesischer Augenzeuge berichtet von der Überquerung des bei Fergana gelegen ›Eisernen Bergs‹: »Dieser Berg ist steil und gefährlich und ragt bis in die Wolken. Seine Gletscher schmelzen weder im Winter noch im Sommer. Wenn man sie anschaut, erblindet das Auge wegen des gleißenden Lichtes, so dass man nicht lange darauf blicken kann. Schnee liegt zuweilen quer über der Straße, manchmal ist er zehn Fuß (über drei Meter) hoch. Wegen der Winde und des von ihnen aufgewirbelten Schnees ist es schwierig, den Körper vor der herrschenden Kälte zu schützen, obwohl er in mehrere aus Fell gefertigte Gewänder gewickelt ist. Wenn man essen oder schlafen will, so gibt es keinen trockenen Platz, wo man es aushalten könnte. Nach sieben Tagen kamen sie über den Berg hinüber. Zwölf oder vierzehn Mann von der Reisegesellschaft waren verhungert oder erfroren, während die Zahl der Ochsen und Pferde noch größer war.« Neben den klimatischen und geographischen Schwierigkeiten machten auch die ständigen Überfalle das Unternehmen gefährlich. Nicht nur Wegelagerer, sondern auch Nomadenfürsten störten den Weg der Karawanen. Mehrfache chinesische Strafexpeditionen machten dem Raubrittertum jedoch ein Ende.

Im Jahre 420 schmuggelte eine chinesische Prinzessin bei ihrer Hochzeit Eier der Seidenraupe aus dem Reich der Mitte heraus. Damit war das chinesische Seidenmonopol beendet, und Seidenstoffe entstanden auch in Persien, Indien und Byzanz. Sogar im Ursprungsland der Seide wurden bald auch importierte Stoffe getragen.

Das Ende des Seidenmonopols war keineswegs das Ende der Seidenstraße, auf ihr blühte der Handel weiter. Der Bedarf an Parfums, Perlen, Keramik, Metallen, Weihrauch und Gewürzen war weiterhin enorm. Hinzu kam der Austausch geistiger Güter. Auch Missionare, Priester und Mönche zogen die Seidenstraße entlang. Die erste Religion, die sich entlang der Seidenstraße verbreitete, war der Buddhismus. Im vierten Jahrhundert war es die Erlösungslehre des persischen Religionsstifters Mani, die auf der Seidenstraße bis ins römische Reich drang und später über Turkestan nach China gelangte. Aber auch Naturreligionen waren präsent. Dokumente belegen die allgemeine Toleranz, die auf der Seidenstraße herrschte und dazu führte, dass alle Bekenntnisse gleichzeitig nebeneinander existieren konnten.

Der weite Raum zwischen China und Europa glich einem Ozean mit anrollenden und sich zurückziehenden Menschenmassen. Völker kamen und gingen. Große Reiche entstanden und zerfielen. Bestehen blieben, trotz des Wirrwarrs der unterschiedlichen territorialen Besitztümer, die Städte entlang der Seidenstraße. Durch den jahrhundertelangen Handel entstand in ihnen, trotz regionaler Besonderheiten, eine einheitliche, durch eben diesen Handel geprägte Kultur. Ob in Turfan, Samarkand oder Palmyra, überall fand sich ein ähnliches Bild: Der Wohlstand war im Stadtbild deutlich sichtbar. Die Karawansereien und Basare hatten internationales Flair, hier tummelten sich Menschen aus den unterschiedlichsten Ländern. Die Karawanenhändler genossen, nach den entbehrungsreichen Wochen und Monaten auf der Seidenstraße, in den Städten die angenehmen Seiten des Lebens.

642 zerschlugen die Araber das persische Sassanidenreich, damit begann die Ausdehnung des Islams nach Osten, was letztlich das Ende der Seidenstraße bedeutete. 751 erlitten die Chinesen ihre ersten Niederlage gegen ein muslimisches Heer. Zwar blühte auch danach der Handel zwischen Abend- und Morgenland, aber die Welt der Seidenstraße hatte sich durch das Vordringen des Islams stark verändert. Religiöse Toleranz gab es nicht mehr, und kaum ein Europäer gelangte mehr in das Innere Asiens. Marco Polo war eine der wenigen Ausnahmen.

Nach dem Fall von Konstantinopel war der Weg über die alte Handelsroute endgültig versperrt. In Europa suchte man neue Länder und andere exotische Güter. Das Zeitalter der Entdeckungen ließ die Seidenstraße, die über Jahrhunderte den Mittelmeerraum mit dem Fernen Osten verbunden hatte, in Vergessenheit geraten.

Auch Gewürze waren ein begehrtes Handelsgut

Kunst und Kultur

Architektur

In der usbekischen Architektur gibt es bestimmte allgemeine Entwicklungen, die im Überblick aufgezeigt werden können. Gleichzeitig werden hier auch einige immer wieder auftretende Fachbegriffe der islamischen Architektur erläutert.

Das älteste erhaltene Bauwerk ist das Samanidenmausoleum in Buchara aus dem 10. Jahrhundert. Dennoch ist unbestritten, dass bereits vor dieser Zeit in der Region viel und prachtvoll gebaut wurde. Daß diese Bauten nicht erhalten sind, liegt an ihrem Baumaterial. Der ungebrannte, häufig gestampfte Lehm verwitterte, wenn er nicht regelmäßig erneuert wurde. Das außerdem verwendete Holz – meistens Säulen – wurde, da es kostbar in der Wüstenregion ist, für neue Bauwerke benutzt. Die Regelmäßigkeit, mit der Historiker über Brände berichten, die Unachtsamkeit im Umgang mit Feuer, häufige kriegerische Auseinandersetzungen, geben zusätzliche Erklärungen dafür, dass in Samarkand und Buchara heute kaum noch islamische Gebäude existieren, die früher als aus dem 14. Jahrhundert zu datieren sind.

Im 10. bis 12. Jahrhundert fand ein jäher Umschwung in der Kunst statt, antike Traditionen gerieten in Vergessenheit, und eine Periode des intensiven Städtebaus, beeinflusst vom inzwischen etablierten Islam, begann. Islamische Kultbauten wie Moscheen, Minarette, Medresen (islamische Lehranstalten) und Chanakas (Herbergen für pilgernde Derwische) bestimmten nun das Bild der Städte. In dieser Zeit fand der gebrannte Ziegel oder Backstein erstmals Verwendung. Damit wurde nicht nur die Lebensdauer der Gebäude länger, sondern es konnten auch neue dekorative Möglichkeiten entstehen. Das beste Beispiel für diese Bauepoche ist das Samanidenmausoleum in Buchara, das Anfang des 10. Jahrhunderts errichtet wurde.

In dieser Zeit entstanden auch erste geometrische Ornamente, ›girich‹ genannt. Mit Ornamenten ist in Usbekistan bis zum heutigen Tag alles bedeckt – vom Minarett bis zur Tabaksdose. Der Aufschwung der Mathematik, besonders der angewandten Geometrie, der in jener Zeit stattfand, ermöglichte die Berechnung des ›girich‹ und seine theoretische Begründung. Aber auch das Schriftornament entwickelte sich in dieser Zeit. Arabische Inschriften haben häufig einen religiösem Inhalt, geben aber auch oft Auskunft über das Baujahr, manchmal sogar über den Baumeister. Der Kalligraph hatte die nicht leichte Aufgabe, den Text in dem vorgegebenen Raum portional zu verteilen und die arabischen Schriftzeichen harmonisch und formschön wiederzugeben. Im 10. Jahrhundert entstand die stark geometrisierte strenge Kufi-Schrift. Etwas später entstehen eine komplizierte, florale Kufi-Schrift und eine weiche Zierschrift, die ›naskhi‹ genannt wird.

In Samarkand

Islamische Bauwerke

Moschee: Die Moschee war und ist das wichtigste islamische Bauwerk. Sie fehlte in keinem Dorf und in keiner Stadt. Neben der Hauptmoschee, auch Freitagsmoschee (›jummi‹) genannt, gab es die Vorstadtmoschee (›namazga‹), die sich vor den Toren der Stadt befand und nur im Sommer und zu besonderen Anlässen genutzt wurde. Häufig bestand sie nur aus einer Mauer mit Gebetsnische. In den Wohnvierteln wurden lokale Moscheen für die täglichen Gebete errichtet. Die Hauptmoscheen wurden am prächtigsten gestaltet. Sie verfügten über ein großes Portal und eine den geräumigen Innenhof umlaufenden offene Gewölbehalle, den sogenannten Säuleniwan.

Ayvon: Mit diesem Begriff (auch Liwan, Aiwan, Iwan) wird eine zum Hof hin offene Halle bezeichnet. Sie bot im Sommer Schatten und milderte im Winter die kalten Winde. Häufig befinden sich in einem Gebäude mehere Ayvone. Im Innenhof konnten auch die rituellen Waschungen stattfinden, häufig ist das Wasserbecken oder ein Brunnen noch zu sehen. Das Gebet fand in einer von Pfeilern oder Säulen gestützten Halle statt. Wichtig war auch damals die nach Mekka ausgerichtete Gebetsnische, der Mihrab. Als ›Pforte des Himmels‹ ermöglichte sie dem Gläubigen, Allah wahrzunehmen. Unmittelbar daneben befindet sich der Minbar, ein erhöhter Platz, eine Art Kanzel. An einer Ecke der Außenwand erhebt sich das Minarett.

Medrese: Die sogenannte Medrese ist eine muslimische Hochschule. Zunächst wurde hier nur der Koran unterrichtet, später auch andere Fächer. Sie besteht in der Regel aus einem rechteckigen, manchmal auch quadratischen Innenhof, um den in zwei Stockwerken die Hörsäle und die Zellen der Studenten gruppiert sind. Fenster und Ausgänge gehen nur zum Innenhof. Das Eingangsportal ist häufig sehr prachtvoll, und an den Ecken sind Schmuckminarette platziert.

Im Inneren des Samaniden-Mausoleums in Buchara

Die Dekorationen der Gebäude des 11. und 12. Jahrhunderts bestanden aus Ziegelsteinen, Holzschnitzereien sowie Stuck- und Terrakottaschnitt. Im 12. Jahrhundert entstanden hellblaue Glasurziegel und Platten mit geometrischen Mustern. Kalligraphische Mosaik- oder Majolikabänder waren verbreitet.

Die heute dominierende Monumentalarchitektur stammt aus der Timuridenzeit. Sie übersteigt in Ausmaß und Reichtum alles vorherige. Die von Timur zwangsversetzen Handwerker und Baumeister aus verschiedenen Ländern brachten neue Impulse und Techniken in die Architektur. Die Glasurdekoration der Gebäude wurde polychrom: glasierte Ziegel, geschnittene, glasierte Terrakotta, Majolika und Mosaike schmückten die Bauten. In den Innenräumen dominierte vielfarbige Wandbemalung mit üppiger Vergoldung. Der ornamentale Holz- und Alabasterschnitt konnten sich entwickeln. Auch der Stil der Ornamente veränderte sich: die bislang geometrischen Muster wichen zunehmend floralen Gestaltungen. An den Außenwänden der Bauten erschienen in kalligraphischen Mosaik- und Majolikabändern moslemische Sprüche. Die verwendete Ligaturschrift wird ›tsuluts‹ genannt.

Im 16. und 17. Jahrhundert veränderte sich die Innenausstattung der Gebäude, die nun mit Netzdekors und Stalaktitengewölbe ausgeschmückt wurden, die die Illusion erweckten, als würden die Kuppeln der Gebäude schweben.

Erst Ende des 18. Jahrhunderts kam es erneut zur Errichtung von Monumentalbauten – vor allem in Chiwa, der Hauptstadt des gleichnamigen Chanats. Auch in der sowjetischen Stadtplanung fanden die traditionellen Verfahren und Dekors weitere Verwendung. So wurden viele Wohnhäuser mit den vor Wind, Sand und Sonne schützenden Gittern (Pandschara) ausgestattet, die auch in vielen Medresen zu sehen sind. Das Navoiy-Theater und der Palast der Völkerfreundschaft in Taschkent sind architektonische Mischungen aus nationaler Romantik und sozialistischer Funktionalität, die inzwischen allerdings etwas heruntergekommen wirken.

Malerei

Südlich von Samarkand, in Sarautsai, existieren Feldzeichungen aus dem Paläolithikum, sie sind also 25 000 Jahre alt. Bemerkenswert sind die sogdischen Fresken aus dem 6. bis 8. Jahrhundert, die im Museum von Afrosiyob in Samarkand zu besichtigen sind. Die Malerei aus Sogdien stellt Mythen, Sagen, Fabeln und Volksmärchen dar, keine Szenen aus dem alltäglichen Leben. In der islamischen Epoche verschwand die figürliche Malerei, da bekanntlich der Islam keine figürlichen Darstellungen gestattet. Seit dieser Zeit dominiert das Ornament.

Besonders beachtenswert ist die Miniaturmalerei. Die Anfertigung von Handschriften war ein eigener Zweig der Kunst, jeder Herrscher hatte an seinem Hof mehrere Kalligraphen und Miniaturmaler. Die Miniaturen wurden auf einem vom Kopisten freigelassenen Blatt oder Feld angeordnet – ›vermalen‹ durfte man sich nicht, sonst hätte das Buch neu kopiert werden müssen. Besonders unter Timur erlebte die Miniaturmalerei einen Aufschwung. Man kann zwischen einer romantischen und einer narrativen Stilrichtung unterscheiden. In beiden

Miniaturmalerei

ist die Bildlichkeit stereotyp und hat auf diese Weise viel gemeinsam mit der orientalischen Poesie, in der zum Beispiel eine ›schlanke Zypresse‹ ein junges, schönes Mädchen symbolisiert, ›Bogen und Pfeil‹ sind ihre Augenbrauen und ihr bezaubernder Blick, ›Perlen‹ ihre Zähne. Ähnliche poetische Andeutungen, quasi Chiffren, durchziehen die Miniaturmalerei, auch wenn sie manchmal direkt in keinem Zusammenhang mit dem eigentlichen Sujet stehen. Als im 19. Jahrhundert der Buchdruck auch nach Mittelasien kam, kam auch die Miniaturmalerei zum Erliegen.

Literatur und Musik

Die folkloristische Literatur ist vor allem eine mündliche. Viele Epen durchziehen – mit Abwandlungen – den ganzen turksprachigen Raum. Sie handeln vom Leben, Leiden, Kampf, Heldentum und der Liebe und werden von Epenerzählern, die es bis heute gibt, dargebracht. Epenerzähler zu werden ist nicht leicht. Das Epos muss wortwörtlich so vorgetragen werden, wie man es von seinem Lehrer oder Meister gelernt hat. Außerdem wird die Erzählung durch schauspielerische Einlagen und Musik aufgelockert. Bevor man selbst als Epenerzähler gilt, muss man seinen Meister ungefähr zehn Jahre begleiten und in dieser Zeit auch die Musikinstrumente erlernt haben.

Auch die mündliche improvisierte Dichtung gehört zur usbekischen Literatur. Regelmäßig finden Wettbewerbe statt – wer nicht zuerst sinnvoll in Versform antworten kann, hat verloren.

Rudaki, der um 940 geboren wurde, war einer der berühmtesten Dichter des frühen Mittelalters. Er soll über eine Million Verse verfasst haben, von denen aber nur einige tausend überliefert sind. Auch Rumi (1207 bis 1273), der Begründer des Ordens der tanzenden Derwische, war nicht nur Mystiker, sondern auch Dichter. Seine Werke, die mehrfach übersetzt wurden, erinnern an biblische Psalmen. Eine gute deutsche Übersetzung gibt es von Cyrus Atabay. Er charakterisiert Rumis Dichtung folgendermaßen: »Poesie ist für Rumi die Aufhebung der Beschränkungen, die Wahrheit liegt nicht im rationalen Bereich, sondern in dem der Phantasie. Thema seiner Dichtung ist die Verherrlichung der Dinge unter der Sonne, der Dinge, die uns heimsuchen, und der Dinge, die uns ein Rätsel bleiben.«

Die usbekischen Gegenwartsdichter sind leider nicht übersetzt und deswegen dem ausländischen Leser kaum zugänglich. Übersetzt sind jedoch die Werke von Sadriddin Aini (1878 bis 1954). Er lebte lange in Samarkand und gilt als der Begründer der tadschikischen Literatursprache. Seine historischen Romane, zu denen auch ›Buchara‹ und ›Der Tod des Wucherers‹ gehören, sind elegisch und dramatisch, manchmal nahe am Kitsch.

Auch Musik gehört zum Leben und zur Kultur der Usbeken. Bis zum 19. Jahrhundert waren die Melodien nicht in Notenform erfasst, die Musiker spielten nach Gehör. Diese Tradition ist in der Folklore bis heute erhalten geblieben. Nur europäische Musik wird nach Noten gespielt, alle Volksmelodien, werden – auch auf der Bühne – auswendig gespielt. Die meisten Melodien beruhen auf dem Sechstonsystem (Schachmaqam) und haben einen eigenartigen Rhythmus, der für das europäische Ohr nur schwer zu erfassen ist.

Musiker mit traditionellen Instrumenten

Alisher Navoiy

»Wer sich nicht beeilt, verhält sich richtig – der macht aus Maulbeerblättern Seide und aus Blüten Honig«

Alisher Navoiy

Auf den Namen Alisher Navoiy wird der Besucher Usbekistans immer wieder treffen. Diverse Straßen, Theater, Denkmäler und sogar eine nach ihm benannte Stadt gibt es in Usbekistan. Sogar die Erstklässler hören von ihm am Anfang ihrer Leseausbildung (wer hört von uns in der ersten Klasse schon von Goethe?). Navoiy gilt als der Vater der usbekischen Literatur, denn er dichtete nicht in der damals dominierenden persischen Sprache. Seine in klassischem Usbekisch verfassten Gedichte und Schriften begründeten seinen Ruhm in Mittelasien. Lange vor Herder, der ja bekanntlich das Interesse an den Literaturen der kleinen Völker weckte, schreibt Navoiy: »Der Reichtum der usbekischen Sprache ist durch vielerlei Wahrheiten bereits bewiesen, somit der Dichter, dessen Talente aus diesem Volk hervorgegangen, nicht des Persischen zum Ausdruck seiner Fähigkeiten bedarf, ja selbst wenn ihm Werke in beiderlei Sprachen gelängen, so wünschte er sich, dass die Zahl der in seiner Muttersprache niedergeschriebenen jene bei weitem überrage.«

Nizamadin Ali Shir, der spätere Alisher Navoiy, was der ›Melodiöse‹ bedeutet, wurde 1441 in Herat als Sohn einer türkischen Adelsfamilie geboren. Früh kam er mit Kunst und Dichtung in Berührung und dichtete selbst. Er ging in die Politik und wurde 1472 zum Großwesier ernannt. Dank seiner konnte Herat, obwohl es 1222 durch die Mongolen und 1383 durch Tamerlan zerstört wurde, kultureller Mittelpunkt Mittelasiens werden, denn Navoiy ist ein aktiver Förderer der Künste, des Handwerks und der Wissenschaft. 1487 sank jedoch sein Stern als Politiker, und er wurde in eine abgelegene Grenzstation verbannt. Seine Gedichte wurden aber unterdessen immer bekannter. Als er nach zwei Jahren aus der Verbannung nach Herat zurückkehrte, widmete er sich nur noch der Literatur. Anfang Januar 1501 brach Navoiy auf einer Siegesfeier plötzlich tot zusammen. Er ist im afghanischen Herat begraben. Seine Werke sind nicht nur in Usbekistan bekannt, sondern im gesamten an Usbekistan angrenzenden Kulturraum, besonders auch in Afghanistan. Seine Dichtung ist sehr poetisch, blumenreich, ganz in der Tradition orientalischer Dichtung. Übersetzt wirkt sie leicht kitschig. Berühmt ist seine ›Chamsa‹ (›Fünffaches‹), zu der auch die Poeme ›Leila und Medschnun‹, ›Sieben Planeten‹ und ›Farchad und Schirin‹ gehören.

Vorführung für Touristen

Seidenblatt von Samarkand

Der Name Samarkand hat in der deutschen Literatur schon lange einen Platz, vor allem war es Johann Wolfgang von Goethe, der den Zauber des Orients in seinem ›West-östlichen Divan‹ besang. Spätestens seit Goethe sind für viele Deutsche die Namen Samarkand und Buchara Synonyme für etwas Romantisches, ›Süßes‹, Prunkvolles.

Während der Napoleonischen Kriege hatte Goethe den ›Divan‹, also die Gedichtsammlung des persischen Dichters Hafis (ca. 1320–1389) – von Joseph von Hammer ins Deutsche übersetzt –, gelesen. Hafis litt unter den ständigen Kriegen und despotischen Maßnahmen des Weltbeherrschers Timur, dichtete aber unerschütterlich heiter, »wie ein Vogel singt«, über die ewigen Dinge. Hinter scheinbarer Sinnlichkeit verbirgt er höhere Weisheit. Ihn muss Goethe als wahlverwandt verstanden haben, denn er grüßt ihn durch Raum und Zeit hinweg, mit den Zeilen:

Und mag die ganze Welt versinken
Hafis, mit dir, mit dir allein
will ich wetteifern!
Lust und Pein
Sei uns, den Zwillingen, gemein
Wie du zu lieben und zu trinken
Das soll mein Stolz, mein Leben sein.

Nun töne, Lied, mit eignem Feuer!
Denn du bist älter, du bist neuer.

Auf seiner Traumfahrt in den Orient, der schon seit Kindertagen eine Zuflucht seiner Wünsche ist, verarbeitet er sein Wissen über Dichtung, Landeskunde, Geschichte und Religion Persiens, Arabiens und Indiens. Wie der Titel andeutet, verbindet Goethe das Westliche und das Östliche; er muss die orientalische Denkweise und Formensprache als anschmiegsam im Gegensatz zu seiner strengen, klassischen Dichtkunst empfunden haben. Auch ›Suleika‹, deren Buch eines der zentralen im Divan ist, hat ›reale Wurzeln‹ in einer unerfüllten Liebe Goethes. Mit dem Namen ›Suleika‹ benennt der Islam die Frau des Potiphar als der ›Entsagung Zierde‹ – nicht die sinnliche Liebe, sondern die geistige Liebe ist ihr zu eigen. An seine geliebte Suleika schreibt das lyrische Ich:

Dir sollten Timurs Reiche dienen,
Gehorchen sein gebietend Heer:
Badakschan schenke dir Rubinen,
Türkise das Hyrkansche Meer.

Getrocknet honigsüße Früchte
Von Bochara, dem Sonnenland,
Und tausend liebliche Gedichte
Auf Seidenblatt von Samarkand [...]

مرغ و هم را نبود قوت عروج انجا که باز همت او سازد اشیان

هی که شد ز طلعتش افروخته زمین شاهی که شد بهمتش افروخته زمان

و ز خیال چرخ فتد عکس تیغ او از یکدیگر جدا شدا جزای توامان

Hätt ich irgend wohl Bedenken,
Balch, Bochara, Samarkand
Süßes Liebchen, dir zu schenken,
Dieser Städte Rausch und Tand?

So war es wohl Goethe, dessen Erwähnung von Samarkand und Buchara die Deutschen von diesen fernen Orten träumen ließ. Er legt Suleika Timurs Reiche zu Füßen, die sich immerhin von Indien bis Kleinasien und Ägypten erstreckten, erwähnt Badakschan, eine Stadt irgendwo zwischen Kaspischem Meer und Indien gelegen, in deren Umgebung die schönsten Rubine gefunden worden sein sollen, er spricht von den Türkisen, jenen Edelsteinen von himmelblauer bis grüner Farbe, die vornehmlich in Persien entdeckt wurden, und er erwähnt das Kaspische Meer, dessen antiker Name Hyrkansches Meer lautete. Goethe, so scheint es, wußte auch von wohlschmeckenden getrockneten Früchten, die der Besucher auch heute noch genießen kann, und es war ihm bewußt, dass Samarkand für die Herstellung von Seidenpapier berühmt war.

Neben den faszinierend klingenden Städtenamen, war es vor allem die Gestalt Timurs, die die Phantasie der Europäer anregte.

Der englische Dramatiker Christopher Marlowe (1564–1593) schrieb das Stück ›Tamerlane‹; er beschreibt darin aber keineswegs einen blutrünstigen, unheimlichen Despoten, sondern einen Mann der Tat, der ein Reich begründet, es gegen Bajazid, den Osmanen, den man auch in Europa fürchtete, verteidigt und dieses Reich organisiert. Bis weit ins 17. Jahrhundert erlebte das Stück zahlreiche Aufführungen. Georg Friedrich Händel schrieb die Oper ›Tamerlan‹ und unterhielt 1724 damit das englische Publikum.

Für Goethe wurde Timurs mißlungener Winterfeldzug gegen China, dessen Schilderung von Ibn Arabschah er als Übersetzung kannte, eine Parallele zu Napoleons verheerendem Rückzug aus Russland 1812. Er beschreibt in ›Timur name‹, dem Buch des Timur, (ebenfalls im ›West-östlichen Divan‹) ein Zwiegespräch des kalten Winters mit dem ›kalten‹ Despoten.

Der Winter und Timur
So umgab sie nun der Winter
Mit gewaltgem Grimme. Streuend
Seinen Eishauch zwischen alle,
Hetzt' er die verschiednen Winde
Widerwärtig auf sie ein.
Über sie gab er Gewaltkraft
Seinen frostgespitzten Stürmen,
Stieg in Timurs Rat hernieder,
Schrie ihn drohend an und sprach so:
Leise, langsam, Unglücksel'ger!

Diese Miniaturmalerei stammt aus einer Ausgabe von Hafis ›Divan‹ aus dem 18. Jahrhundert und zeigt den Vogel Semurg mit einem Elefanten im Schnabel

Wandle du Tyrann des Unrechts;
Sollen länger noch die Herzen
Sengen, brennen deine Flammen?
Bist du der verdammten Geister
Einer, wohl! ich bin der andre.
Du bist Greis, ich auch, erstarren
Machen wir so Land als Menschen.
Mars! du bists! ich bin Saturnus,
Übeltätige Gestirne,
Im Verein die schrecklichsten.
Tötest du die Seele, kältest
Du den Luftkreis – meine Lüfte
Sind noch kälter als du sein kannst.
Quälen deine wilden Heere
Gläubige mit tausend Martern –
Wohl, in meinen Tagen soll sich,
Geb es Gott! was Schlimmres finden.

Nicht nur Goethe, auch andere deutsche Dichter liebten den Mythos des Orients, so widmet Friedrich Rückert (1788–1866) ein Gedicht aus seinen ›Morgenländischen Sagen und Geschichten‹ einem islamischen Philosophen, der aus dem Gebiet um den Syrdarja stammte:

Alfarabi aus Farab
an den Grenzen Turkestans ...,
Wunderbarer Philosoph,
der den Menschen ganz verstand!
Lachen, Weinen, und davon
müde schlafen, ist das nicht
eines Menschen Lebenslauf?

Ebenso wie Goethe bezieht sich Rückert auf Hafis und seine nur scheinbar vordergründig sinnliche Dichtung:

Hafis, wo er scheinet Übersinnliches
Nur zu reden, redet über Sinnliches;
Oder redet er, wo über Sinnliches
Er zu reden scheint, nur Übersinnliches?
Sein Geheimnis ist unübersinnlich;
Denn sein Sinnliches ist übersinnlich.

Wenn auch die Faszination des Orients möglicherweise nicht mehr so stark ist, wie sie Anfang des 19. Jahrhunderts war, so hat doch wohl vor allem Goethe dazu beigetragen, dass die Namen Samarkand und Buchara im europäischen kulturellen Gedächtnis einen märchenhaften, faszinierenden und romantischen Klang haben.

Angewandte Kunst

Die Kunst, Teppiche zu weben und zu knüpfen entstand in den Jurten der Nomaden, und bis heute sind die Bucharer Teppiche, die ja eigentlich gar nicht in Buchara hergestellt wurden, sondern dort nur verkauft wurden, über die Grenzen Mittelasiens hinaus berühmt.

Wie Seidenteppiche hergestellt werden, kann man sich in Samarkand zeigen lassen und dort auch ein wunderschönes Objekt erstehen. Der römische Dichter Catull bemerkte: »Obgleich es sich um eine Barbarenstadt (Samarkand) handelt, findet man Teppiche von einem Purpurrot, das sich höchstens mit einem in der Sonne funkelnden Glas Wein vergleichen ließe. Sie sind so dicht, dass man beim Darüberschreiten auf einer Galeere zu Schaukeln vermeint.«

Daneben gibt es die bestickten, dekorativen Wandteppiche, Susani genannt. Eine große Auswahl von ihnen ist im Museum für angewandte Kunst in Taschkent zu sehen.

Aber nicht nur im Museum, sondern in ganz Usbekistan wird der Besucher Handwerkskunst entdecken können. Eine Besonderheit ist die Bucharaer Goldstickerei. Ihre Blütezeit hatte sie im 19. Jahrhundert. Nur Männer durften samtene Chalate (Umhänge, Kaftane), manchmal auch Hosen und Gürtel mit Gold- und Silberfäden besticken. Diese Fertigkeit erlernte der Sohn von seinem Vater. Die bestickten Kleidungsstücke wurden als Hochzeitsanzüge oder zu anderen festlichen Gelegenheiten getragen.

Susani im Museum für angewandte Kunst in Taschkent

Die usbekische Küche

»Haben Sie schon Plov probiert?« – dies ist eine Frage, die Touristen häufig gestellt wird. Mehr als 90 verschiedene Varianten der usbekischen Nationalspeise Plov oder Pilav gibt es. Der Legende nach soll er von Köchen Alexander des Großen erfunden worden sein. Als Alexander den Feldzug nach Mittelasien plante, befahl er seinen Köchen, eine Speise zu erfinden, die sowohl sättigend sei als auch den Magen nicht zu sehr belasten sollte. Reis und Hammelfett waren die ersten Ideen der Köche – nach und nach entstand das Reisgericht mit Hammelfleisch. Pilav wurde ein Leibgericht der Völker des Orients.

Es gibt ihn in zahlreichen Varianten, die den Anlässen entsprechend ausgewählt werden. Eine Art etwa für Hochzeitsfeiern, eine für den Leichenschmaus, wieder eine andere zur Geburt des Sohnes. Außerdem gibt es regionale Unterschiede, die Bucharer kochen ihn anders als die Ferganer oder Samarkander. Er kann mit Erbsen, Rosinen, getrockneten Aprikosen, Kürbis und Quitten, mit Leinöl oder mit Baumwollöl zubereitet werden. Wichtig ist auch, die Reissorte richtig auszuwählen, denn sie bestimmt den Geschmack. Die Zubereitung ist Männersache – jeder Mann muss Plov zubereiten können. Besonders in der Teestube kann man beobachten, wie Männer gemeinsam Plov kochen. Zuerst muss der Kessel erhitzt werden, dann wird das Hammelfett hinzugegeben, die Fleischstücke werden angebraten und schließlich werden in Scheiben geschnittene Zwiebeln hinzugefügt, später auch geschnittene Möhren. Während des Bratens können Gewürze hinzugefügt werden: Paprika, Berberitzen, zerstoßene und getrocknete Tomaten. Dann kommt Wasser dazu sowie Salz, und der Reis wird in das kochende Wasser gegeben. Wenn der Reis genügend Flüssigkeit aufgesogen hat, wird der Kessel abgedeckt, der Inhalt kann ungefähr 20 bis 25 Minuten garen. Wenn Plov unter freiem Himmel zubereitet wird, schmeckt er besser!

Kinder bei einem Festmahl

Brot darf bei keiner Mahlzeit fehlen

Beliebt sind auch ›Manty‹, mit Fleisch gefüllte Teigtaschen, die man als usbekische Variante von Ravioli bezeichnen könnte. Die Füllung ist allerdings anders als die der Ravioli und unterscheidet sich auch leicht von den ähnlichen russischen Pelmeni: verschiedene Gewürze, viel Zwiebel, Pfeffer und Fleisch und, was zumindest für den usbekischen Geschmack wichtig ist, Hammelfett. In einem besonderen Kochtopf, dem Kaskan, werden die Manty im Dampf gegart.

›Lagman‹ ist sowohl Suppe als auch Hauptgericht, es ist quasi eine dicke Nudelsuppe mit kleingeschnittenem gebratenem Fleisch, Kartoffeln und verschiedenen Gemüsesorten. Es können Möhren, Rote Beete, Kohl, Rettich, Tomaten, Knoblauch, Paprika und Zwiebeln hinzugefügt werden. Kompliziert ist eine gelungene Herstellung des Nudelteiges, denn die Nudeln müssen zart, dünn und schmackhaft sein. Manchmal kann man die Köche bei ihrer virtuosen ›Lagman-Show‹ beobachten: sie jonglieren mit den Teigstücken, ziehen sie auseinander, drehen sie und zerteilen sie in dünne Fäden.

Schaschlik (bekannt auch unter den Namen Schisch-Kebab und Kawab) muss man unbedingt probieren. Am offenen Feuer wird Kalb- oder Hammelfleisch gegrillt. Das Fleisch wird gewürfelt, gesalzen, mit Pfeffer und Paprika gewürzt und in Weinesssig eingelegt. Es werden kleingeschnittene Zwiebeln und Korianderkörner hinzugefügt. Alles wird gut gemischt und in einem Gefäß (in Usbekistan wird betont, dass es ein Emaillegefäß sein soll) mit einem Tuch bedeckt kalt gestellt. Nach ungefähr einem Tag, wenn das Fleisch mariniert ist, werden acht bis zehn Stücke auf einen Eisenstab gespießt. Über einem nicht zu starken Feuer wird der Spieß langsam gedreht. Wenn kein Saft mehr aus dem Fleisch tropft, kann der Spieß serviert werden. Es bietet sich an, dazu mit Weinessig gewürzten Zwiebelsalat oder Tomaten-Gurkensalat zu speisen.

Auch zahlreiche Fleisch- und Milchsuppen gehören zur nationalen Küche, vor allem ›Shurpa‹ und ›Mastava‹. Shurpa besteht aus Hammelfleisch und verschiedenen Gemüsesorten, Fadennudeln und Suppengrün. Statt Hammelfleisch kann auch Rind- oder Hühnerfleisch verwendet werden. Mastava ist eine Reissuppe mit vielen kleingeschnittenen Zwiebeln, Möhren, Tomaten, Erbsen und wilden Pflaumen.

Brot zu backen gehört zu Fertigkeiten, die gerade die ländlichen Familien beherrschen. Die klassischen Brotarten werden alle ganz dünn in kleiner und rundlicher Form gebacken. Gut zu beobachten ist das in Vabkent. Vor der Bäckerei hängen gut sichtbar Fladenbrote. Wie in vielen anderen Ländern ist Brot fast eine heilige Nahrung. Es wird nicht weggeworfen, und wenn jemand ein Stück Brot auf dem Boden liegen sieht, muss er es aufheben und an einen Ort legen, an dem es nicht zertreten werden kann. Übrigens, gleichgültig, welches Gericht serviert wird, Brot wird immer dazu gereicht. Generell ist die usbekische Küche immer noch von russischen Einflüssen geprägt. Auch das lokale Eis schmeckt köstlich, sein Genuß widerspricht aber allen ärztlichen Ratschlägen!

Getränke

Die wichtigsten Getränke sind Tee, Milch, oft als Kefir getrunken, und Säfte. Im Winter wird vor allem schwarzer Tee getrunken, im Sommer grüner. Der grüne Tee wird auch nach einem opulenten Mahl getrunken, da er die Verdauung erleichtert. Tee wird übrigens statt Wasser getrunken. ›Kumus‹ (usb. Qimiz) ist alkoholisierte Stutenmilch. In fließendem Flusswasser wird die Milch mehrere Monate in einem Ledersack gegoren. Sie hat einen gewöhnungsbedürftigen Geschmack und soll gegen Schlaflosigkeit wirken. Kumus trägt auch zur Heilung von Tuberkulosekranken bei. Es ist allerdings in Usbekistan nicht so weit verbreitet wie in anderen Ländern der Region.

Alkohol, abgesehen von ausländischen Weinen, ist in Usbekistan überall zu bekommen. Dabei ist zu beachten, dass die eingeführten Waren mindestens dreimal teurer sind als bei uns. Deswegen empfiehlt sich der Genuß einheimischer Alkoholika. Das lokale Bier ist leichter und süßer, als wir es gewohnt sind. Mittlerweile gibt es auch lokale Sorten, die dem europäischen Geschmack entsprechen. So sind die Biere der Marke ›Sarbast‹, die in einem usbekisch-dänischen Joint Venture produziert wird, überall zu bekommen.

Grüner Tee wird zu jeder Gelegenheit getrunken

Ebenfalls in Samarkand wird in einer noch vorrevolutionären Winzerei Wein gekeltert. Dennoch sind die Herstellungsverfahren völlig andere, als der deutsche Weinliebhaber es gewohnt ist – deswegen werden die Weine nicht immer den europäischen Geschmack treffen. Außerdem versteht man unter Wein, also ›Vino‹, in der Regel süße, schwere Liköre. Bestimmte Rotweine, zum Beispiel ›Go'la Qandoz‹ (süß und samtig) oder ›Shirin‹ (schmeckt nach Honig), ein trockener Weißwein (›Bogi Maydon‹), aber auch der Balsam, eine Art Magenbitter aus über 30 Kräuterextrakten und über 40 Prozent Alkohol bestehend, sind sehr empfehlenswert. Auch der usbekische Sekt ist, wenn man es lieblich mag, nicht zu verachten.

Melonentransport auf usbekisch

Wer Wodka schätzt, sollte darauf achten, dass er das ›Wässerchen‹ nur mit ungeöffnetem Verschluss und Banderole in einem seriösen Geschäft kauft, denn auch in Usbekistan wird Wodka häufig gepanscht. Der Genuß eines solchen Wodkas kann fatale gesundheitliche Folgen haben. Empfehlenswert sind die Sorten ›Stoletov‹ und ‹Pjatj Kapel‹. In Nukus wird der beste Wodka Usbekistans, der Qara-Taw hergestellt. Leider kann man ihn nur in Karakalpakstan kaufen.

Rezept: Plov – eine Variante

400 Gramm Hammelfleisch
300 bis 400 Gramm Reis, je nach bevorzugtem Mischungsverhältnis
250 Gramm Möhren
150 Gramm Zwiebeln

Das Hammelfleisch wird in kleine Stücke geschnitten und im stark erhitzten Öl in einer Pfanne angebraten, dann werden Zwiebeln und Möhren hinzugegeben. Gewürzt werden sollte – vor allem mit Salz und Peffer – nach eigenem Geschmack. Dann werden vier Gläser Wasser hineingegeben und das ganze zum Kochen gebracht. Man füge den gewaschenen Reis hinzu, wobei das Wasser zwei Zentimeter über dem Reis stehen sollte. Ohne zu rühren lässt man das Gericht auf niedriger Stufe langsam kochen. Wenn das Wasser verdampft ist, schließt man den Deckel und lässt das Gericht auf kleinster Stufe zwanzig Minuten garen. Nach öffnen des Topfes wird einmal kräftig durchgerührt. Fertig. Dekorieren kann man den Plov mit verschiedenen Zutaten wie Eiern oder Tomaten. Wichtig ist, dass der Reis körnig ist.

Die Sprache

Die Amtssprache ist Usbekisch, Russisch ist für den nicht Usbekisch sprechenden Reisenden immer noch die Lingua franca, mit der in Usbekistan am meisten zu erreichen ist. Obwohl Usbekistan erst relativ spät russifiziert wurde, ist Russisch doch die Sprache gewesen, ohne die man nicht leben konnte und die vor allem den wissenschaftlichen Austausch dominierte. Viele Intellektuelle haben so ihre usbekischen Wurzeln (und Sprachkenntnisse) neu entdecken müssen, was nicht immer einfach war. Viele technische Begriffe sind nach wie vor nur auf russisch gebräuchlich. Einige Sätze in Usbekisch helfen jedoch immer das Eis zu brechen und eröffnen die Herzlichkeit einheimischer Gastfreundschaft. In einigen Landesteilen und in der jüngeren Generation wird kein oder nur wenig Russisch gesprochen, auch dort helfen elementare Usbekisch-Kenntnisse. Es gibt in Usbekistan allerdings mehrere Dialekte, und ein Sprecher des choresmischen Dialektes versteht beispielsweise den Taschkenter Dialekt nicht unbedingt.

Usbekisch gehört zu der östlichen Gruppe der Turksprachen und hat sich von anderen mittelasiatischen Turksprachen im frühen vierzehnten Jahrhundert abgespalten. Bekannt als Chagatai oder Altusbekisch, wurde der Wortschatz der Sprache durch den berühmten Poeten Alisher Navoiy (1441–1501) sehr erweitert und hob sich als Literatursprache vom Arabischen und Persischen ab. Der Buchdruck gelangte erst in der zweiten Hälfte des 19. Jahrhunderts nach Mittelasien, bis dahin waren Bücher jahrhundertelang von Hand kopiert worden. Usbekisch ist, wie das Türkische, eine agglutinierende Sprache. An ein Wort wird also alles – z. B. Präpositionen – angehängt. Wer Türkisch kann, wird auf viele Gemeinsamkeiten treffen.

1923 wurde eine moderne usbekische Sprache mit leicht modifiziertem arabischen Alphabet verschriftlicht. Aus politischen Gründen sollte die islamische Vergangenheit Usbekistans verdrängt werden, und so führte man 1927 das lateinische Alphabet ein. Im Zuge der Sowjetisierung wurde usbekisch ab 1940

Das Puppentheater in Samarkand ist kyrillisch beschriftet

in kyrillischen Buchstaben mit speziellen Sonderzeichen geschrieben. Dieser Prozess wird jetzt rückgängig gemacht. 1993 wurde die Rückkehr zur lateinischen Schrift, ähnlich der türkischen Variante, im Parlament beschlossen. In den Medresen, den Koranschulen, wird auf arabisch unterrichtet.

In diesem Buch wurde die lateinische Schreibweise gewählt, da nur noch wenige kyrillische Schilder zu finden sind und auch diese in Kürze verschwunden sein werden. Auf Straßenschildern und Karten ist die Umstellung auf lateinische Buchstaben fast abgeschlossen. Die Schulkinder lernen bereits das neue Alphabet, viele ältere Usbeken wissen aber nicht immer, wie die kyrillischen Buchstaben zu transliterieren sind. Deswegen werden Städte und Straßen häufig in verschiedenen Varianten geschrieben. Im vorliegenden Buch wird versucht, die korrekte Transliteration zu verwenden – häufig sind jedoch die Sehenswürdigkeiten nicht mit der korrekten Umschrift beschriftet. In diesem Fall wird diese Umschrift verwendet. Städtenamen, die auf deutsch geläufig sind, wurden nicht in ihrer usbekischen Variation verwendet. Dazu gehören Taschkent (Toshkent), Samarkand (Samarqand), Buchara (Buxoro) und Chiwa (Xiva).

Im lateinischen Usbekischen gibt es zwei Sonderzeichen: Tirnoq (') und Tutuq belgisi (ʹ). Tirnoq gibt es nur bei den Buchstaben O und G. Es dient dazu, Buchstaben, die es im Kyrillischen als Sonderzeichen gibt, auch im Lateinischen darzustellen. Das G' entspricht dem kyrillischen Ғ (im Türkischen als ğ dargestellt). Das Zeichen bewirkt, daß der Buchstabe G guttural (also hinten im Hals) gesprochen wird. Das O'entspricht dem kyrillischen Ў und wird im usbekischen Standard als dunkles O gesprochen. In Dialekten hört man auch häufig ein Ö. Das Zeichen Tutuq belgisi (ʹ) entspricht dem Härtezeichen im Kyrillischen (ь). Dieses Zeichen findet sich in Wörtern, die aus dem Arabischen stammen, da es in der Funktion dem arabischen Hamza entspricht. Der nachfolgende Buchstabe wird dann mit einem Glottisschlag ausgesprochen. Die Usbeken beachten in ihrer Schreibung den Unterschied häufig nicht.

Während im Ferganatal schon lange in lateinischen Buchstaben geschrieben wird, bleibt in Samarkand die kyrillische Schrift vorherrschend. Hier gibt es eine große tadschikische Minderheit – und die Tadschiken schreiben weiterhin in kyrillischen Buchstaben. Die Situation ähnelt dem Durcheinander auf den orientalischen Basaren und ist genauso bunt, denn immer entdeckt man neue lateinische Schreibvarianten. Da aber alles lesbar und verständlich ist, gibt es in der Praxis keinerlei Probleme.

Grundkenntnisse in Usbekisch helfen auch, sich in den Nachbarrepubliken zu orientieren. Kasachisch, Turkmenisch und Kirgisisch sind dem Usbekischen verwandte Turksprachen. Tadschikisch allerdings unterscheidet sich von diesen Sprachen stark, da es eine auf dem Persischen beruhende Sprache ist.

Englisch findet immer mehr Sprecher, allerdings vor allem in den großen Hotels der touristisch erschlossenen Orte. Für Indiviualtouristen jenseits der ausgetreten Pfade sind elementare Russischkenntnisse sehr von Vorteil, es lohnt sich, einen Sprachführer Russisch-Deutsch im Gepäck zu haben. Einen Sprachführer mit hilfreichen Wörtern und Redewendungen auf russich und usbekisch finden Sie auf S. 245.

Souvenirs

Wer exotische Mitbringsel liebt, der wird in Usbekistan mehr als genügend Gelegenheiten haben, Geld auszugeben. Allerdings dürfen Gegenstände, die älter als 50 Jahre sind, offiziell nicht ausgeführt werden.

Zunächst reizen die vielen verschiedenen farbenprächtigen Seidenstoffe, die allerdings oft nicht dem westeuropäischen Geschmack entsprechen. Häufig, etwa im Museum von Afrosiyob in Samarkand, sind sogar noch alte Seiden zu bekommen.

Auch die gestickten Teppiche, Susani, die sich übrigens hervorragend als Bett- oder Tischdecke eignen, sind in allen Variationen zu bekommen. Besonders schöne alte Stücke werden im Sommerpalast des letzten Emirs in Buchara und in den Geschäften in Samarkand verkauft.

Weltweit berühmt sind die Buchara-Teppiche, die allerdings nie in Buchara hergestellt, sondern dort lediglich verkauft wurden. Auch heute kann man die typischen rotgemusterten Teppiche auf dem Markt von Buchara bekommen.

Wunderschöne Seidenteppiche, sie sind natürlich teurer als Wollteppiche, werden in Samarkand hergestellt. Wer nicht in die Seidenteppichfabrik fahren möchte, kann in der zur Fabrik gehörenden Galerie am Registanplatz fündig werden.

Außerdem locken Schachspiele, Lackminiaturen und Majoliken in den zahlreichen zu Souvenirgeschäften umfunktionierten Medresen. In Buchara finden sich fein gearbeitete Juwelierarbeiten, z. B. kleine Scheren mit Vogelschnäbeln. Kupferschmiede fertigen filigrane Teller und Schalen.

Wer alte Bücher liebt, kann diese in Buchara finden – war hier früher doch ein berühmter Buchmarkt –, Gebetsbücher und Korane aus dem 18. Jahrhundert werden zu zivilen Preisen verkauft. Sehr schön sind auch die aufklappbaren hölzernen Koranständer.

Antiker Silberschmuck wird in Samarkand unterhalb der Nekropole Shohizinda verkauft, hier kann man auch andere interessante Dinge günstig erwerben, beispielsweise russische Löffelchen aus dem 18. Jahrhundert.

Teppichverkauf in Buchara

Gold kauft man auch am besten in Samarkand. In unmittelbarer Nähe des Unabhängkeitsplatzes, an der Amir Timur ko'chasi, befindet sich ein kleiner Juwelier, bei dem man alten und neuen Goldschmuck kaufen kann, allerdings entsprechen die Designs nicht immer unseren Vorstellungen.

Exklusiv und ›ausfuhrberechtigt‹ sind auch die Arbeiten der Messerschmiede von Buchara. In der Altstadt von Buchara arbeiten mehrere Meister.

Günstige und dennoch schöne Mitbringsel sind die traditionellen Kopfbedeckungen, die Tjubetejkas, Gürteltücher, bestickte Westen oder Messer aus dem Ferganatal.

Die usbekische Hauptstadt Taschkent ist eine moderne Großstadt, die sich jedoch an einigen Stellen ihr orientalisches Flair bewahren konnte.

Von Taschkent aus sind Ausflüge ins landschaftlich reizvolle Tienshan-Gebirge bei Chimgan sowie ins Ferganatal möglich.

Taschkent und Umgebung

Taschkent

Die Hauptstadt Usbekistans mit ihren 2,4 Millionen Einwohnern ist noch immer eine russische Stadt, geprägt vor allem durch die sowjetische Architektur der 70er Jahre. 1966 musste Taschkent (usbekisch Toshkent) nach einem verheerenden Erdbeben wieder aufgebaut werden. Durch die Bauprojekte der letzten Jahre wird versucht, der Stadt ein modernes und usbekisches Gesicht zu geben. In Taschkent ist die Spannung zwischen Europa und Orient am besten spürbar. Hier beobachtet man verschleierte und knappe Designermode tragende junge Frauen nebeneinander. Nicht weit von den Lehmhäusern der Altstadt

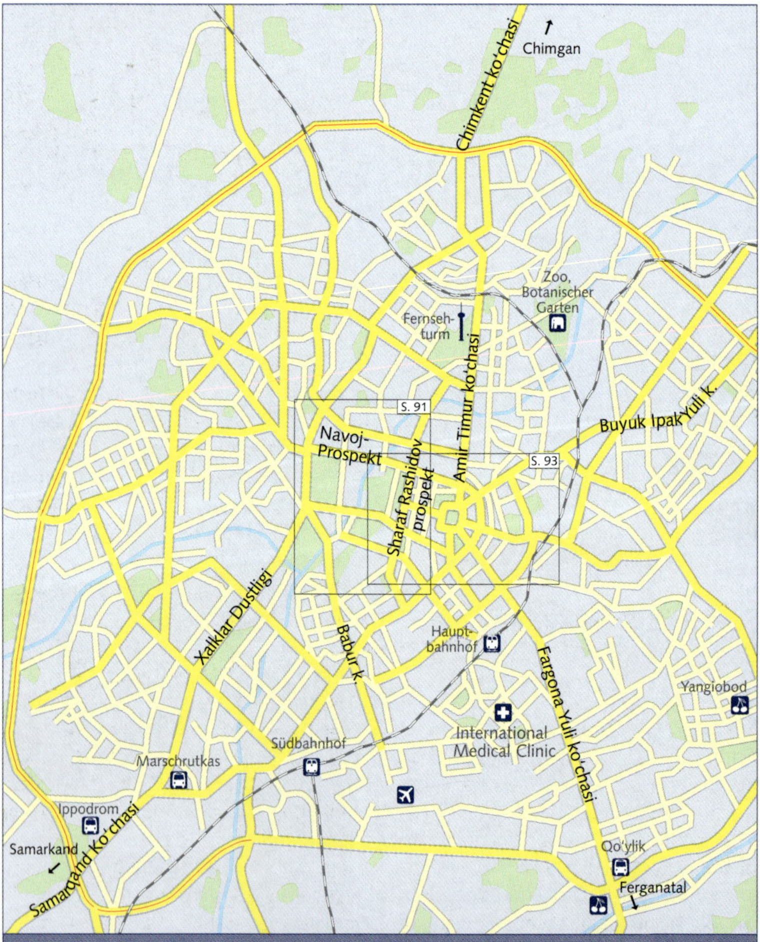

Taschkent, Übersicht

Kinder in der Altstadt

steht der neue gläserne Sportkomplex des Präsidenten.

Taschkent liegt in den westlichen Ausläufern des Tienshan – bei klarem Wetter kann man die schneebedeckten Gipfel sehen – in der vom Fluss Chirchiq bewässerten Oase und dehnt sich auf 220 Quadratkilometern aus. Es ist eine warme Stadt, sieben Monate gibt es keinen Frost, auch nur wenig Schnee. Die Temperaturen erreichen Höchstwerte bis zu 44°C, im Winter aber auch Tiefstwerte bis zu –30°C. Die meisten Niederschläge fallen im Winter und Frühling.

Stadtgeschichte

Schon im 4. bis 3. Jahrhundert lebten auf dem Gebiet des heutigen Taschkent – wörtlich: Stadt (kent) aus Stein (tash) – Menschen. In den unterschiedlichen historischen Quellen trifft man auf verschiedene Ortsnamen: Dschadsch, Tschatschkent, Schaschkent, Binkent. Im 11. Jahrhundert wird der Ort in geographischen Handschriften zum erstenmal Taschkent genannt. Timur errichtete hier eine mächtige Festung, nach ihm regierten verschiedene Herrscher.

Während der Herrschaft der Schaibaniden, die das erste usbekische Staatswesen begründeten, gelang Taschkent der Aufstieg zum Handels- und Handwerkszentrum. Nach dem Sturz der Dynastie wurde die Stadt zum Streitobjekt verschiedener kasachischer Chane, bis sie schließlich im Jahre 1723 von Nomaden aus der westlichen Mongolei, den Dschungaren, unterworfen wurde.

Taschkent konnte jedoch seine wirtschaftliche Stärke bewahren und intensivierte seine Beziehungen zu Russland. Nach der Befreiung von den Dschungaren wurde Taschkent 1796 Hauptstadt eines gleichnamigen Staates. Dieser Staat unterhielt ein eigenes Heer, prägte eigene Münzen und betrieb eine eigene unabhängige Innen- und Außenpolitik. Damals war Taschkent nach Buchara die zweitgrößte mittelasiatische Stadt. Auf

12 Quadratkilometern lebten 40 000 Einwohner. Es gab unterschiedlichste Handwerksbetriebe: Spinnereien, Seidenstoffherstellung, Kunsthandwerke, Schmiedehandwerk, Goldstickerei. Auf mehreren Basaren wurden auch Erzeugnisse aus Indien, China, Buchara, Afghanistan, Russland und Persien gehandelt.

Im Jahre 1814 verlor Taschkent seine staatliche Unabhängigkeit und gehörte von nun an zum Besitz des Chanats von Kokand. Aber immer wieder gab es Aufstände gegen die Kokander Statthalter. Der Weber Jussuf entfesselte einen vierzehntägigen, besonders hartnäckigen Aufstand, der aber niedergeschlagen wurde.

1865 schloß sich Taschkent dem russischen Reich an und befreite sich somit von Kokand. Am 30. Juni 1865 wurden die Schlüssel der zwölf Stadttore feierlich dem Militärgouverneur des Gebietes Turkestan überreicht. Alle Schlüssel waren aus reinem Gold, ihre Nachbildungen sind heute im Museum der Geschichte der Völker Usbekistans zu sehen. Die Stadttore sind nicht mehr erhalten.

Zwei Jahre später wurde Taschkent Verwaltungszentrum des Generalgouvernements Turkestan mit 80 000 Einwohnern. Der wichtigste Basar lag in der Stadtmitte auf dem Registan: eine regelrechte Handelsstadt mit 2292 Läden. Die Gänge zwischen den Läden hatten wegen der heißen Sonne ein Schutzdach, eine Besonderheit des Taschkenter Basars. Der Hauptbasar ist bis heute so erhalten geblieben. Ende des 19. Jahrhunderts wurde Taschkent von einem Reisenden so beschrieben: »Den Zentralteil der Stadt nahmen ausgedehnte überdachte Basare mit Tausenden Läden ein. Rings um die Läden erstreckten sich eng bewohnte Quartale, die von schmalen unregelmäßigen Gassen durchschnitten waren. Auf diese Straßen ging kein einziges Fenster, so dass sie äußerst langweilig und trostlos aussahen.«

▶ Karte S. 86

Durch die Angliederung an Russland wurde nicht nur der Handel belebt, sondern es begann auch eine Industrialisierung. Im Jahre 1912 hatte die Stadt 210 000 Einwohner, und in der Altstadt standen 21 000 Lehmziegelhäuser an schmalen Straßen: ein verwirrendes Labyrinth. Die russische Stadtplanung ist dagegen einfach: sternenförmig, symmetrisch, überschaubar laufen die Straßen auf ein Zentrum zu. Alles ist großräumig und klassizistisch angelegt.

Im März 1917 wurde Taschkent die erste Stadt in Turkestan, die einen Sowjet einsetzte. Als die Nachricht von der Oktoberrevolution – um zwei Wochen verspätet – eintraf, wurde sofort ein Aufstand organisiert und im April 1918 die Turkestanische Autonome Sowjetrepublik gegründet. Nach der Beendigung des Bürgerkriegs wurde 1924 die Usbekische Sozialistische Sowjetrepublik gegründet, deren Hauptstadt im Jahre 1930 Taschkent wurde. Im September 1931 wurde die erste sowjetische Baumwollerntemaschine produziert, von da an konnten 70 Prozent der Rohbaumwolle damit geerntet werden. In der für die Sowjetunion der 30er Jahre typischen Euphorie ging man sofort davon aus, dass die mühselige Handpflückerei nun beendet sei und Baumwolle in unbegrenzten Mengen gewonnen werden könnte. Die Neulandgewinnung um Taschkent nahm dadurch immer größe-

Im Museum für angewandte Kunst

re Dimensionen an; die Stadt wurde zu einem wirtschaftlichen Zentrum Mittelasiens, das Menschen aus der ganzen Region anzog.

Am 26. April 1966 wurde Taschkent von einem schweren Erdbeben heimgesucht, in dessen Folge es während eines ganzen Jahres tausend weitere Erdstöße gab. Etwa hunderttausend Wohnungen waren unbewohnbar geworden und etwa dreihunderttausend Menschen obdachlos. Taschkent wurde nach einem Generalbebauungsplan neu errichtet; um den heutigen Unabhängigkeitsplatz (Mustaqillik Maydoni, Ex-Leninplatz) und um dem Amir-Timur-Platz, entstanden viele Grünanlagen und Springbrunnen.

Nach der Unabhängigkeit wurde Taschkent zur Hauptstadt der neuen Republik. Repräsentative gläserne Bauten entstanden, Parlament, Rathaus und Timuridenmuseum wurden ganz traditionell mit blauer Kuppel gebaut. Mit dem Navoiy-Park entstand 1998 ein kleiner Vergnügungspark im Zentrum der Stadt, die ihr sowjetisches Gesicht beibehielt – weit ausgedehnte Parkanlagen, viele Springbrunnen und breite Straßen. Seit Frühjahr 1999 ist aus Angst vor weiteren Attentaten das Regierungsviertel gänzlich abgesperrt.

Die Altstadt

Im Vergleich zu der islamischen Architektur, die der Besucher in Samarkand, Buchara und Chiwa sehen wird, sind die Baudenkmäler der Altstadt in Taschkent bescheiden anzusehen, deswegen werden sie hier auch nur kurz beschrieben. Die heutige Altstadt breitet sich um die **Metrostation Chorsu** aus. Zwischen breiten Straßen sind die alten, langsam zerfallenden Lehmhäuser zu sehen, die Gasleitungen verlaufen überirdisch, und das Abwasser ist ein Problem. An der Metrostation Chorsu liegt auch der **Taschkenter Basar**.

▶ Karte S. 91

■ Kaffal-Shashi-Mausoleum

Einige sakrale Gebäude befinden sich nördlich des Basars an der Zarkaynar ko'chasi auf dem neu errichteten Xasti-Imom-Platz. Das älteste stammt aus dem 16. Jahrhundert, und in seinem Inneren ruht der im Jahre 926 verstorbene Verfechter des Islams in Taschkent, Abu Bakra Kaffal Shashi. Das schlichte Backsteinmauerwerk mit einer kleinen Kuppel wirkt unauffällig, obwohl die stellenweise an den Mauern erhaltenen Majolikareste und Mosaike davon zeugen, dass das Mausoleum einst ornamentiert war.

■ Medrese Barak Chan

Ganz in der Nähe des Mausoleums befindet sich die Medrese Barak Chan. Die Medrese wurde in der ersten Hälfte des 16. Jahrhunderts vom Kokander Chan Barak, aus dem Geschlecht der Schaibaniden, errichtet. Der Grundriß ist herkömmlich: ein rechteckiger Hof, auf den die Türen von 30 Wohnzellen sowie der Hörsäle führten. Bis vor einigen Jahren hatte hier die geistliche Verwaltung der Moslems ihren Sitz. Heute ist sie auf der gegenüberliegenden Seite des Platzes, in den neu errichteten Gebäuden untergebracht. In der Nähe liegt die islamische Hochschule Imam al Buchari, an der man studieren kann, wenn man das siebenjährige Studium an einer Medrese abgeschlossen hat.

■ Basar

Zu Fuß gelangt man von der Medrese zum Taschkenter Basar. Zuerst sollte man sich die Handwerkergasse im Norden des Basars anschauen. Hier kann

Taschkent, Zentrum

man die typischen Wiegen mit dem praktischen ›Abflussloch‹ und das dazugehörende Equipment bewundern. Für die Babys sind diese Wiegen gar nicht so schön, denn sie werden festgebunden – sonst wäre ja der praktische Abfluss nutzlos. Über den Taschkenter Basar sollte man sich treiben lassen und

In der Handwerkergasse auf dem Basar

das Angebot in vollen Zügen genießen. In dem geschlossenen Gebäude werden getrocknete Aprikosen, Granatäpfel, Rosinen, hellgelbe Möhren, Pistazien und Mandeln verkauft. Auf die Devisentauschaktionen, die durch ein halblautes ›Dollar, Dollar‹ angeboten werden, lässt man sich besser nicht ein, da erstens gerade auf den Basaren Zivilfahnder unterwegs sind und zweitens die Gefahr, betrogen zu werden, recht groß ist.

Medrese Kukeldash

Direkt am Basar liegt die Medrese Kukeldash, die im 16. Jahrhundert errichtet wurde. Mit indischen Bauarbeitern baute der grausame und mächtige Wesir Kukeldash 38 Wohnzellen, nur zwei Meter lang und breit. Darin standen keine Möbel, und in einer Zelle lebten zwei bis drei Schüler. Durch die verschiedenen Erdbeben hat die Medrese Schaden genommen, nur noch eins der ursprünglich zwei Stockwerke ist erhalten. Es existieren auch hier wieder grausame Legenden, z. B. dass in der Medrese ehebrecherische Frauen hingerichtet wurden – wobei schon ein falscher Blick genügen konnte. Man steckte sie angeblich in einen Sack, nähte diesen zu, schleppte sie auf die Medrese und warf sie aus 20 Meter Höhe auf die vorbeiführende Straße.

▶ Karte S. 91

Rund um den Istiqlol-Platz

Etwas weiter südlich trifft sich das moderne, unabhängige Usbekistan am Istiqlol-Platz, dem ehemaligen Platz der Völkerfreundschaft (Metro Bunyodkor). Am Eingang des Platzes, vor dem Kulturpalast, stand einst ein Denkmal für den Taschkenter Schmied Shachmed Shachmahmudov und seine Frau Bahri. Das Ehepaar hatte während des 2. Weltkrieges, als über eine Million evakuierte Menschen in Usbekistan untergebracht werden mussten, 15 verwaiste Kinder adoptiert. Seit der Umbenennung des Platzes im Jahre 2008 befindet sich dieses Denkmal am Stadtrand Taschkents an der Straße in Richtung Samarkand. Hinter dem Palast liegt die **Medrese Abdul Qosim**, in dem Kunsthandwerk und Schnitzarbeiten angeboten werden. Weiterhin sind auf dem Gelände das neugebaute, blaukupplige **Parlament**

Kuppel des Denkmals für den Dichter Navoiy im gleichnamigen Park

und eine Art **Vergnügungspark** zu sehen, der den Namen des Dichters Navoiy trägt. Auf einem künstlichen See kann man Boot fahren, oder man steigt die Stufen zu einer Rotunde hinauf, von der aus Alisher Navoiy das Geschehen beobachtet.

Die Neustadt

Amir-Timur-Denkmal

Das Zentrum des neuen Taschkent ist der Amir-Timur-Park. Inmitten eines kreisförmigen Parks steht seit 1993 das neue Symbol des usbekischen Nationalbewußtseins: Tamerlan (1336–1404) oder, wie ihn die Usbeken nennen, Amir Timur. Er vollzog von Mittelasien aus eine der größten Reichsbildungen in der Geschichte des Orients und gilt heute in Usbekistan als der bedeutendste mittelasiatische Herrscher. Das Reiterdenkmal, an dessen Stelle zu Sowjetzeiten Marx und Engels einträchtig standen, passt sicherlich besser zur usbekischen Geschichte als die beiden Deutschen.

Taschkent, Neustadt

Timur-Denkmal am Beginn der Fußgängerzone

Dennoch demonstriert dieser Denkmaltausch beispielhaft den Identitätsfindungsprozess und Wertewandel des jungen Staates. Allerdings hat dieser Ort schon manchen Denkmalwechsel erlebt: Seit 1880 war hier der zaristische Gouverneur Kaufmann zu sehen, ihm folgte eine Skulptur ›Befreiung der Arbeit‹, die ab 1940 durch Stalin ersetzt wurde, dem 1967 Marx und Engels folgten.

Pünktlich zum Unabhängigkeitstag, dem 1. September 2009 wurde der weiße Palast im Hintergrund von der ambitionierten Tochter des Präsidenten eingeweiht. Da die über hundertjährigen Platanen die Sicht auf das neue Prunkgebäude störten, wurden sie kurzerhand gefällt. Der Platz wirkt heute dadurch leblos.

Ein Detail am Rande: Zwar ist Timur die neue Identifikationsfigur des Landes, genaugenommen war er aber gar kein Usbeke. Die ersten Usbeken, die Schaibaniden, kamen erst 200 Jahre nach Timur in diese Region. Auf das Denkmal laufen acht Straßen sternförmig zu.

Vom Amir-Timur-Denkmal führt eine **Fußgängerzone** Richtung Westen, die Saiyilgoh ko'chasi, auch als ›Broadway‹ bekannt.

▶ Karte S. 93

Museum für die Geschichte der Timuriden

Unweit vom Reiterstandbild Timurs, an der Amir Timur ko'chasi 6, durch seine Größe und Farbkraft unübersehbar, liegt das Museum für die Geschichte der Timuriden. Das Museum, erst 1997 fertiggestellt, gehört zu den Gebäuden, mit denen das neue selbstbewußte usbekische Nationalgefühl gefestigt werden soll. So ist es auch auf dem 1000-Sum-Schein abgebildet. Der neuentdeckten Identifikationsfigur Timur ist hiermit ein durchaus beeindruckender Tempel errichtet worden. Das Museum ist ein großzügig angelegtes und von Springbrunnen umgebenes rundes Gebäude. Außen ist es von einer weißen Säulenkolonnade geprägt, die eine türkisblaue rippenförmige Kuppel trägt.

Betritt man das Museum durch die prächtig geschnitzten Türen, gelangt man in einen riesigen bis in die Kuppel geöffneten Raum. Das **Kuppelgewölbe** ist verziert mit einem vergoldeten ornamentalen Muster und kalligraphischen Aufschriften, die die wichtigsten Aussagen Timurs wiedergeben. In der Mitte hat man eine verkleinerte Kopie des berühmten steinernen Koran-Halters, der auf dem Hof der Bibi-Xanom-Moschee in Samarkand steht, aufgestellt. Auf ihm liegt eine aufgeschlagene Kopie des Osman-Korans. Eine orientalische Miniatur stilisierend, zeigt das Gemälde

an der Hauptwand eine Empfangsszene im Palast von Timur.
Auch wenn die eigentlichen Exponate erst auf einer zweiten Ebene, man hat den Eindruck sogar nur auf den zweiten Blick, zu sehen sind, so ist diese prunkvolle Imitation vergangener Architektur ein beeindruckendes Erlebnis; wobei für westeuropäische Besucher möglicherweise der Grat zwischen Pracht und Kitsch schwer zu finden sein wird. Ob den in- und ausländischen Besuchern ein ›sakrales Gefühl‹ vermittelt wird oder ob ihnen gar eine ›besondere geistige Kraft‹ geschenkt wird, wie es von der Museumskonzeption angestrebt ist, möge jeder selbst beurteilen.
Das Museum verfügt über **1500 Exponate aus der Timuridenzeit**, von denen 452 gezeigt werden. Neben Münzen, angewandter Kunst und Manuskripten sind vor allem Modelle der mittelasiatischen Städte interessant. Das Leben und der Alltag werden dem Besucher durch riesige Wandgemälde, die nach damaligen Miniaturen angefertigt wurden, nähergebracht.
Bemerkenswert sind noch **Handschriften**, die von den Feldzügen Timurs berichten (›Safar name‹/›Buch der Siege‹), die ›Bestimmungen Tamerlans‹ über den Staatsaufbau und die Gesellschaft, ein Faksimile des Briefwechsels zwischen Timur und dem französischen König Karl VI. sowie einige Manuskripte berühmter Dichter jener Zeit. Außerdem wird versucht, die Bedeutung der Timuriden für ihre Nachfolger aufzuzeigen, in dem auch ausgewählte Gegenstände aus dem 17.–19. Jahrhundert in die Ausstellung aufgenommen wurden.
Dem Museum gegenüber liegt ein Teich, an dessen Ufern sich einige kleine Cafés befinden. Da außerdem noch Springbrunnen in der Nähe stehen, ist es hier

Am Unabhängigkeitsplatz

selbst an heißen Tagen angenehm frisch. Auch einige Mitarbeiter des benachbarten Energieministeriums verbringen hier ihre Mittagspause, so dass die Chance, einen interessanten englischsprechenden Gesprächspartner zu treffen, mittags recht groß ist.
Öffnungszeiten: Di bis So von 10 bis 18 Uhr (Metro Amir Timur).

Opernhaus

Zehn Minuten Fußweg sind es vom Reiterstandbild zu einem anderen Platz der Innenstadt. Zwischen der Buchara ko'chasi und der Oz'bekiston ko'chasi liegt das Navoiy-Opern- und Balletttheater. Das von Aleksej Ščusev, dem Erbauer des Leninmausoleums auf dem Roten Platz, errichtete Theater ist im typischen Baustil der Stalinzeit errichtet worden. Früher befanden sich hier instabile, wakkelige Lädchen, im nassen Herbst konnte man diesen Stadtteil nur mit Stiefeln betreten, da man im Schlamm stecken-

Majolika im Museum für angewandte Kunst

blieb. Das Viertel hieß Pjan-Basar, was soviel wie ›Trinker-Basar‹, bedeutet, weil so viele Weinhändler hier ihre Läden hatten. 1933 wurde ein Wettbewerb ausgeschrieben, den Ščusev gewann (auch der Kazaner Bahnhof in Moskau stammt von ihm).

Außen mischt sich Neoklassik mit Elementen mittelasiatischer Architektur. Als die Kunst noch ›dem Volke‹ gehörte, wurde ein Theater errichtet, das die Werktätigen an ihre Arbeit und Herkunft erinnern sollte: begonnen 1940 und vollendet 1947 – unter Mitarbeit japanischer Kriegsgefangener.

Durchs Hauptportal gelangt man ins **Vestibül**, dessen Fußboden mit dunklem Marmor ausgelegt ist. Es folgt der **Paradesaal** mit einer breiten Marmortreppe und Platz für 1400 Zuschauer. Der Kronleuchter erinnert an eine edelsteinbesetzte Tjubetejka (Do'ppi).

Die **sechs Foyers**, zwei auf jeder Etage, die Taschkent, Samarkand, Buchara, Termiz, Chiwa und Fergana gewidmet sind, sind sehenswert. Aus jedem dieser Gebiete kamen Meister, die nach alten lokalen Traditionen die Räume mit Alabasterschnitzereien ausgestalteten. Das **Taschkenter Foyer** ist mit großen Sonnenscheiben, wie man sie auch auf der Susani-Stickerei findet, verziert. Das **Bucharer Foyer** erinnert an den weißen Saal des letzten Emirs von Buchara und trägt ein subtiles Pflanzenmuster. Im Termiz-Foyer wurden mittelalterliche Ornamentmotive aus dem Palast des Herrschers von Termiz verwendet. Im **Chiwaer Foyer** finden sich geschnitzte Stuckpaneele und Ornamente der Kachelverkleidungen und Holzschnitzerei Chiwas.

Ein landestypisches Erlebnis bietet ein Besuch der mit bunten Stoffen und sozialistischrealistischen Spiegeln ausgestatteten Damentoilette. Daneben befindet sich die günstige Variante des Buffets.

▶ Karte S. 93

Eintrittskarten werden zwischen den Säulen vor dem Theater verkauft. Billiger als hier kann man nirgendwo Aida sehen. Die Inszenierungen sind klassisch - nicht immer Weltklasse, aber absolut sehenswert.

In der Mitte des Platzes vor dem Opernhaus steht ein **achteckiger Springbrunnen** aus dunklem Marmor, dessen Umriß an ein traditionelles usbekisches Muster erinnert, als Sinnbild Usbekistans ragt in der Mitte eine offene Baumwollkapsel empor. Direkt gegenüber befindet sich das **Hotel Taschkent**, etwas südlicher das **Kaufhaus Toshkent Univermagi**, das ehemalige ZUM. Geht man geradeaus am Hotel Taschkent vorbei, kommt man auf den Sharaf Rashidov Prospekt, der in nördliche Richtung zum Unabhängigkeitplatz führt.

■ Romanov-Palast

Hinter einem schmiedeeisernen Gitter am Sharaf Rashidov Prospekt ließ sich 1833 der russische Großfürst N. Romanov ein Palästchen bauen. Er hatte seine Mutter bestohlen und war deswegen nach Taschkent geschickt worden. Es handelt sich um ein im eklektischen Stil errichtetes zweistöckiges Backsteingebäude, das an eine mittelalterliche Burg erinnert, aber auch Elemente orientalischer Baukunst besitzt. Am Paradeeingang begrüßen den Besucher zwei Plastiken: ein schöner steinerner Hund und daneben ein Hirsch mit ausladendem Geweih. Im Garten befindet sich ein großer Springbrunnen, der lange der einzige in Taschkent war. Heute gehört das Gebäude dem Außenministerium Usbekistans, weshalb es nicht besichtigt werden kann.

Neben dem Unabhängigkeitsplatz (Mustaqillik maydoni), zu dem man gelangt, wenn man nördlich der Straße folgt, fließt der Kanal Anchor, die einstige Grenze zwischen Altstadt und Neustadt.

Museen

■ Kunstgalerie

Seit 2004 hat Taschkent ein Museum für moderne Kunst (Art Gallery of Uzbekistan), das in Wechselaustellungen vor allem Gemälde usbekischer Maler des 20. Jahrhunderts ausstellt (Buyuk Turon ko'chasi 2, Di bis Sa von 11 bis 17 Uhr, Metro Mustaqillik Maidoni ▸ Karte S. 93).

■ Historisches Museum

Früher hieß das ›Staatliche Museum für die Geschichte der Völker Usbekistans‹ Leninmuseum. Die Exponate stammen aus dem ersten mittelasiatischen Museum, das 1876 in Taschkent eröffnet wurde. Es besitzt eine numismatische Sammlung und archäologische Fundstücke verschiedener Epochen, Keramik, Teppiche, Stoffe, Gewänder, Juweliererzeugnisse, Stickereien und die einzige

Seidenteppich im Museum für angewandte Kunst

vollständig erhaltene usbekische Buddhafigur aus dem 1. Jahrhundert. (Sharaf Rashidov Prospekt 3, südlich des Unabhängigkeitsplatzes, Tel. 239 10 83, Di bis So 10 bis 17 Uhr, Metro Mustaqillik Maidoni ▸ Karte S. 93).

Museum für angewandte Kunst

Alle Gattungen der nationalen angewandten Kunst sind hier vertreten: Schmuckstücke für Frauen, dekorative Teppiche, Goldstickereien, Gewebe, kunstvolle Stickereien, Metallkunst, Keramik, Porzellan, Musikinstrumente sowie Geschenkartikel. Das Museum befindet sich in dem sehenswerten Polovzev-Haus, einem wunderschön ausgestatteten Adeligenhaus. (Rakatboshi ko'chasi 15, täglich 9 bis 18 Uhr. Führungen werden auf Deutsch angeboten. Metro Kosmonavtlar, Tel. 253 40 42 ▸ Karte S. 91).

Tamara-Xanum-Museum

Dieses Museum befindet sich in der letzten Wohnung von Usbekistans größter Tänzerin. Tamara Xanum war armenischer Abstammung und wurde 1905 in Margilan geboren. Sie widmete ihr Leben der Kultur Mittelasiens und der Befreiung der Frau. Früher konnten Frauen nur zu Hause singen und tanzen, die weiblichen Rollen in den Theatern wurden von jungen Männern gespielt. Tamara Xanum war eine der ersten, die selbst öffentlich auftrat. In dem Museum sind Fotos, Gemälde und sehr viele ihrer prächtigen Kostüme ausgestellt. (Tamara Hanum ko'chasi 41, Wohnung 14, Mo bis Fr 11 bis 17 Uhr, Tel. 267 86 90, Metro Xamid Olimjon. Von der Metrostation geht man die Asaka ko'chasi Richtung Südosten, biegt dann links in die Darxon ko'chasi ab, nach 200 Metern geht es wieder links in die Tamara Hanum ko'chasi. Nach weiteren 100 Metern rechts, das Museum befindet sich am Ende eines Wohnblocks ▸ Karte S. 93).

Museum der Künste

Sehenswert ist auch die Gemäldegalerie (Museum der Künste), in der Mavarounnahr-Straße/Ecke Shahrisabz-Straße. Dort sind neben Kunsthandwerk und Musikinstrumenten auch russische Meister ausgestellt. Die Ausstellung begründet sich auf Exponaten, die Nikolaj Romanov (ein Cousin des Zaren) sammelte. Di bis So 10 bis 17 Uhr (Tel. 236 34 44 ▸ Karte S. 91)

Museum der Geschichte der Eisenbahn

Hier können diverse Lokomotiven besichtigt werden. In der Nähe des Bahnhofs auf der Mavarounnahr ko'chasi (Tel. 299 70 40 ▸ Karte S. 91).

Im Eisenbahnmuseum

■ **Geologiemuseum**
Hier ist sehr sehenswert die Naturgeschichte der Region dargestellt. Mo bis Fr 9 bis 16 Uhr. In der Nähe von Xadra, Ecke Furqat ko'chasi (Tel. 245 08 66 ▸ Karte S. 91).

■ **Botanischer Garten**
Ein vollkommen verwilderter Garten, der gerade deswegen zu einem Spaziergang einlädt (Abidova ko'chasi, gegenüber dem Zoo, sonntags geschlossen; Tel. 1353663, von der Amir Timur ko'chasi Bus Nr. 19, 115, 17, 53 ▸ Karte S. 86).

■ **Museum der Opfer der Repression**
Hier wird die Geschichte der politischen Verfolgung in Usbekistan durch Moskau in der Kolonial- und Sowjetzeit dargestellt (Amir Timur ko'chasi gegenüber dem Fernsehturm, Metro Bodomzor, Tram 25, Bus 60, 72 ▸ Karte S. 91).

■ **Literaturmuseum Alisher Navoiy**
Usbekische Literatur und orientalische Handschriften (Alisher Navoiy ko'chasi, Metro Alisher Navoiy/Paxtakor, Tel. 244 12 68 ▸ Karte S. 91).

Der Vergnügungspark ›Toshkentlent‹ am Fernsehturm im Norden der Stadt

■ **Museum der bewaffneten Streitkräfte**
Geschichte des Zweiten Weltkrieges und Waffenschau der usbekischen Armee seit der Unabhängigkeit (Rasomchilar ko'chasi. Metro Buyuk ipak Yo'li, Bus 83, 96, 129, Tram 6, 13, montags und dienstags geschlossen, Tel. 262 41 75).

■ **Museum des Olympischen Ruhms**
Geschichte der Olympischen Spiele und der erfolgreichen usbekischen Sportler. Das Museum befindet sich in der Nähe des Erdbebendenkmals und der Deutschen Botschaft. (Tel. 244 76 02 ▸ Karte S. 91).

■ **Planetarium**
Hinter dem Zirkus in einem Park (Metro G'afur G'ulom) befindet sich das Planetarum. Täglich zwischen 9 und 17 Uhr gibt es mehrere Vorstellungen, die ca. 45 Minuten dauern. (Tel. 2447720 ▸ Karte S. 91).

■ **Japanischer Garten**
Amir Timur ko'chasi, hinter dem Vergnügungspark ›Toshkentlend‹ (montags geschlossen ▸ Karte S. 91).

Die Metro

Die Taschkenter sind stolz auf ihre U-Bahn, die erste in Mittelasien und eine sehr schöne dazu.

Begonnen wurde mit dem Bau 1972 – man wollte dem schnellen Bevölkerungswachstum gerecht werden. Der erste Zug rollte fünf Jahre später eine zwölf Kilometer lange Strecke entlang. Bis heute gehen die Planungen für den Ausbau weiter. Die Metro wurde erdbebensicher gebaut. 1990 wurde die zweite Linie fertiggestellt, eine dritte wurde inzwischen teilweise in Betrieb genommen.

In den Wägen ist es erfrischend kühl, deswegen stellt die Metro die beste Möglichkeit dar, in der Stadt vorwärts zu kommen. Auch wenn es in der Rush hour eng wird, so kommt man doch am schnellsten zum Ziel.

Die Stationen sind schön gestaltet – das dominierende Thema ist die Baumwolle. Besonders schöne ›Paläste der Werktätigen‹ kann man auf der roten Linie bewundern: Alisher Navoiy, Oz'bekiston und Kosmonavtlar. In ersterer hat man in einer stilisierten Medrese die Werke Navoiys als Reliefs abgebildet; besonders sollte man, wenn man die Rolltreppe hinunter fährt, auf den nachgeformten Eingangspishtak achten. Die Station Oz'bekiston symbolisiert das Baumwoll-Land Usbekistan. Blaue Kanäle fließen in knospenförmige Lampen. In der Station Kosmonavtlar fühlt man sich in eine Raumstation versetzt.

Taschkent, Metroplan

Ausflug nach Zangiota

Nicht weit südwestlich von Taschkent im Vorort Zangiota befindet sich der gleichnamige Mausoleumskomplex. Das Mausoleum von Zangiota wurde unter Timur über dem Grabmal des Sufi-Scheichs Zangi-ota erbaut. Ulugbeg ließ das Portal ergänzen. Bedeutung erhält der Gebäudekomplex durch die gut erhaltenen, fein gearbeiteten Marmorreliefs und Mosaike. Das Minarett in der Mitte wurde Anfang des 20. Jahrhunderts gebaut.

Zangi-ota wurde Ende des 12. Jahrhunderts oder Anfang des 13. Jahrhunderts in Taschkent geboren und starb 1258. Er gehörte dem Sufiorden der Yassaviya an, der sich auf Ahmed Yassaviy (gestorben 1166) beruft.

Bis heute ist der Mausoleumskomplex eine beliebte Wallfahrtsstätte, in dem Imame für das Wohl der Pilger beten. Auf dem dahinter befindlichen Friedhof kann das Mausoleum (15. Jahrhundert) der Anbar Bibi, der Frau Zangiotas, besichtigt werden.

Anfahrt: vom Südbahnhof oder der Metrostation Sobir Rahimov mit dem Bus Richtung Yangi yo'l. Das Mausoleum liegt in dem Ort Zangiota direkt an der Hauptstraße auf der linken Seite. Fahrtkosten: 50 Cent.

Ausflug nach Chimgan

82 Kilometer entfernt von Taschkent befinden sich die Ausläufer des westlichen Tienshan. Chimgan (usbek. Chimyon) ist ein beliebtes Wintersportgebiet und ein Sommerressort. Von Taschkent fährt man Richtung Chirchiq und passiert die Wohnpaläste der Regierungsmitglieder und das Taschkenter Traktorenwerk (TTZ). Chirchiq erstreckt sich auf einer Länge von 13 Kilometern. Da in der Stadt viele Deutsche wohnten,

In Zangiota

sind jetzt viele Häuser unbewohnt, und das Stadtzentrum wirkt etwas verlassen. Hier befinden sich Chemiefabriken, die allerdings nur noch teilweise in Betrieb sind.

Von dem letzten Posten nach Chimgan, der auf fast 2000 Metern Höhe liegt, sind es 27 Kilometer auf einer landschaftlich schönen Strecke. Unterwegs kann man Honig und Kumys kaufen.

Von Chimgan aus kann man Wanderungen unternehmen, an kleinen Flüsschen und unter Birkenhainen picknicken. Im Sommer ist der Ort ein beliebtes Naherholungsgebiet. Das Städtchen selbst bietet nichts Attraktives. Dominiert wird der Ort von dem absolut desolaten ehemaligen Intourist-Hotel, in dem man nur dann übernachten sollte, wenn es sich nicht vermeiden lässt. Auf der Hauptstraße, zugleich die einzige Straße Chimgans, bieten kleine Restaurants vor allem Schaschlik an.

In den Bergen bei Chimgan

Im Winter ist Chimgan ein beliebter Wintersportort. Die Skisaison dauert von Dezember bis März. Theoretisch gibt es einen Schlepplift und einen Sessellift russischer Bauart. Meistens ist aber nur der Sessellift in Betrieb. Eine Fahrt dauert zehn Minuten und kostet umgerechnet einen Dollar. Die Piste, etwa einen Kilometer lang, ist nicht planiert, und man fährt mehr oder weniger durch den Tiefschnee. Skier kann man für umgerechnet fünf Dollar ausleihen.
Die Wintervergnügungen der Usbeken unterscheiden sich von westeuropäischen Vorstellungen. Auf dem Zweier-Sessellift sitzen Liebespaare, es wird Schlitten gefahren, auf der Hauptstraße kann man am Zügel geführt auf störrischen Pferdchen auf und ab reiten. Die Piste ist hingegen ziemlich leer, und man kann ungestört Skifahren. Für Skisportbegeisterte sind die Pisten zu kurz und zu leicht, aber als Tagesausflug ist der Besuch von Chimgan im Winter lohnenswert. Schließlich fährt man nicht jeden Winter im Tienshan Ski. Schnellere Skipisten findet man im wenige Kilometer entfernten Beldersoy. Der dortige Skihang ist steiler und auch bei Snowboardern beliebt.
Über Chorvoq kann man zurück nach Taschkent fahren und so einen kleinen Rundtrip durch die Tienshan-Ausläufer machen.
Anfahrt: Das Taxi von Taschkent kostet für den gesamten Tag 30 Dollar. Billiger geht es mit dem Minibus von der Metro Buyuk Ipak yo'li aus nach Gazalkent. Hier kann ein Taxi nach Chimgan gemietet werden (pro Sitzplatz ca. 2 bis 3 Dollar). Bei größeren Gruppen bietet es sich an, direkt an der Metro eine ganze Marschrutka zu nehmen, die bis auf die Berge fährt. Der Fahrer wartet bis zur Rückfahrt. Etwas langwierig, aber interessant und sehr günstig, ist die Fahrt mit der mehrmals täglich fahrenden Vorstadtbahn vom Taschkenter Bahnhof nach Gazalkent bzw. Hojakent. Von dort aus kann man in Taxis umsteigen.

▲ Karte hintere Umschlagklappe

Taschkent-Informationen

Allgemeines

Vorwahl: aus dem Ausland 00998/71 (bei alten sechsstelligen Nummern /712), innerhalb Usbekistans 8/371.

Post: Die Hauptpost liegt an der Shahrizabs ko'chasi 7, in der Nähe des Silk Road Hotels ▸ Karte S. 93.

Geldwechsel: In allen großen Hotels (Intercontinental, Usbekistan, Dedeman Silk Road, Poytaxt, Grand Mir ▸ Karten S. 91 und 93) gibt es Wechselstuben, in denen man Bargeld (Dollar oder Euro) in usbekische Sum tauschen kann. Die Hotels Intercontinental und Dedeman Silk Road haben Geldautomaten, an denen man mit Kreditkarten (Ec-Karten funktionieren nicht immer) Geld abheben kann.

Auf den meisten Basaren gibt es ebenfalls Wechselstuben. Zu einem höherem Kurs wird auf dem Schwarzmarkt gewechselt, allerdings ist das Tauschen dort illegal.

Medizinische Hilfe: Die Tashkent International Medical Clinic bietet westlichen Standard und englischsprachiges Personal. Sie liegt in der Sarikol ko'chasi 38, 2 km südlich des Hauptbahnhofs, Tel. 2910142, 2910726, www.tashclinic.org ▸ Karte S. 86.

Der Hauptbahnhof

Stadtrundfahrten: Uzbektourism hat ein Büro hinter dem Hotel Uzbekistan ▸ Karte S. 93, Tel. 2335414, Fax 2338068, info@uzbektourism.uz. Hier können Stadtrundfahrten und Stadtführer bestellt werden. Adressen von örtlichen **Reiseveranstaltern**, die Touren anbieten, siehe S. 268.

An- und Abreise

■ Flüge

Der **Flughafen** liegt 7 km südlich des Stadtzentrums. Infotelefon: 140280-1, 2, 3. Neben einer guten internationalen Anbindung fliegt Usbekistan Airways u.a. nach Andijan (5x wöchentl.), Buchara (10x wöchentl.), Fergana (7x wöchentl.), Nukus (2x tägl.), Samarkand (5x wöchentl.), Termiz (3x tägl.), Urganch (3x tägl.) ▸ Karte S. 86.

Tickets kann man in vielen Hotels bestellen oder direkt bei Uzbekistan Airways in der Rustaveli ko'chasi 9 (gegenüber dem Grand Mir Hotel) kaufen, Tel. 1533837, www.uzairways.com ▸ Karte S. 91.

■ Eisenbahn

Hauptbahnhof: Turkestan ko'chasi, Metro Toshkent. Von hier fahren regelmäßig Züge in alle großen Städte Usbekistans, aber auch in die Nachbarländer und nach Russland.

Tickets kann man in der Nähe des Bahnhofs erwerben: Turkestan ko'chasi 8, Tel. 1208899, Fax 1208882, www.ticket.uz (russ.) ▸ Karte S. 91.

Fahrtdauer mit dem Expresszug nach Samarkand 4 Stunden, nach Buchara 8 Stunden. Es gibt auch langsamere

Beliebte Mitbringsel: Tonfiguren

Nachtzüge: Samarkand 6 Stunden, Buchara 12 Stunden, Urganch 18 Stunden, Termiz 19 Stunden.

Die wichtigsten regelmäßigen Verbindungen:

Taschkent–Buchara–Express (mit Stop in Samarkand): Jeweils um 19 Uhr verlassen die Nachtzüge die Bahnhöfe der beiden Städte und kommen gegen 8 Uhr am folgenden Morgen an.

Shark: täglicher Expresszug von Taschkent über Samarkand nach Buchara (Abfahrt in Taschkent 8.15 Uhr, Abfahrt in Buchara 8 Uhr).

Registan: verbindet täglich Taschkent und Samarkand (Abfahrt in Taschkent 7 Uhr, Abfahrt in Samarkand 17 Uhr).

Taschkent–Urganch: Nachtzug (Abfahrt Taschkent Mo, Fr 19.15 Uhr, Abfahrt Urganch Di, Sa 15.15 Uhr).

Taschkent–Termiz: drei- bis viermal wöchentlicher Nachtzug (Abfahrt Taschkent: 16.25 Uhr, Abfahrt Termiz: 14.15 Uhr).

■ Fernverkehr

Fernbusse Richtung Westen (Samarkand, Buchara, Nukus) verkehren vom Avtovokzal, der südlich der Metrostation Sobir Rachimov an der Pferderennbahn gelegen ist. Von der Metro fahren Marschrutkas zum Busbahnhof. Die Fahrt mit dem Bus ist zwar sehr billig, doch meist sind die Fahrzeuge schon älteren Baujahrs, so dass eine Reise ziemlich beschwerlich werden kann ▸ Karte S. 86.

Taxis und Marschrutkas nach Samarkand fahren ebenfalls vom Avtovokzal an der Pferderennbahn ab.

Taxis ins Ferganatal fahren von der Haltestelle Qo'ylik, an der Straße nach Fergana im Südosten Taschkents, ab. In beide Richtungen kostet ein Platz ca. 10 Dollar, die Miete für das gesamte Auto etwa 40 Dollar.

■ Taxi

Innerstädtische Taxis des Taxi Express können unter Tel. 1399999 oder 1360272 bestellt werden. Auch können beliebig Autos angehalten und als Taxis benutzt werden. Eine Fahrt innerhalb der Innenstadt kostet maximal 2 Dollar, vom Zentrum an den Stadtrand oder zum Flughafen bis zu 3 Dollar.

Unterkunft

In Taschkent gibt es eine Reihe erstklassiger Hotels, die allerdings auch nahezu westliche Preise verlangen.

■ Obere Preisklasse

Hotel Intercontinental Tashkent, Amir Timur ko'chasi 107a, Tel. 1207000, Fax

12 06 16, www.intercontinental.com. Die erste Adresse in der Stadt, das Fünf-Sterne-Haus hat seinen Preis: DZ ab 165 Dollar ▸ Karte S. 91.

Hotel Dedeman Silk Road, Amir Timur ko'chasi, C4, 7/8, Tel. 120 37 00, Fax 134 42 42, www.dedeman.com. Sehr zu empfehlen ist dieses im Zentrum gelegene Hotel. Das DZ kostet 180 Dollar ▸ Karte S. 91.

■ Mittelklasse

Hotel Uzbekistan, Musakhanov ko'chasi 45, Tel. 120 77 77, Fax 113 11 13, www.hoteluzbekistan.uz. Das DZ kostet 85 Dollar. Die meisten Touristengruppen werden in diesem Haus untergebracht, das in der Form eines aufgeschlagenen Buches das Stadtbild der Neustadt dominiert. Es liegt direkt Direkt im Zentrum, am Timur-Park, Metro Amir Timur ▸ Karte S. 93.

Hotel Elite, Yusuf Xos Hojib ko'chasi 75/10, Yakkasaray District, Tel. 120 88 29, Fax 120 88 28, www.uzelite.com. DZ 40 bis 60 Dollar. Ebenfalls zu empfehlen, ruhig gelegen, freundliches Ambiente, 3 km zum Flughafen ▸ Karte S. 91.

■ Untere Preisklasse

Eine Reihe von preiswerteren Hotels kann man in einer typischen Mahalla rund um die Ivleva ko'chasi finden.

Hotel Orzu, Ivleva 14, Tel. 120 88 22, Fax 1208824, www.orzuhotels.com. DZ 33 Dollar ▸ Karte S. 91.

Eine gute Alternative ist das **Hotel Rovshan**, Mirabad ko'chasi 118, Tel./Fax 120 77 47, www.rovshanhotel.com. Das DZ kostet 37 Dollar. Beide Hotels sind in der Nähe des Flughafens und ruhig gelegen. In der Gegend gibt es viele preisgünstige und gute Restaurants ▸ Karte S. 91.

Gastronomie

In den letzten Jahren hat sich die Gastronomie sehr entwickelt. So ist nicht nur die Küche vielfältig geworden, sondern es entstehen auch immer mehr Restaurants, Cafés und Kneipen. Besonders viele finden sich südlich des Zentrums rund um die Usmon Nosir ko'chasi, die auch unter dem Namen Shota Rustaveli ko'chasi bekannt ist.

■ Usbekische Restaurants

Lohneswert ist der Besuch des usbekischen **Restaurants Caravan**, das mit viel Liebe zum Detail eingerichtet ist und usbekische und europäische Gerichte serviert. Neben Live-Musik gibt es auch eine Art-Gallery, in der Gegenstände der traditionellen usbekischen Handwerkskunst verkauft werden. Abends ist eine Reservierung ratsam, gehobene Preisklasse. A. Khalkar ko'chasi 22a, Tel. 152 75 55, www.caravan.uz.

Das **Omar Khayyam** serviert eine Mischung aus arabischer, persischer und usbekischer Küche, die man auf dem Taxhta – dem traditionell usbekischen Sitzbett – genießen kann. Movarounnahr ko'chasi 33, Tel. 132 21 51.

Im selben Gebäude befinden sich auch das japanische Restaurant **Shintaro**, Tel. 132 21 51, sowie das **Bistro**, ein italienisches Restaurant, in dem es auf Nachfrage auch europäische Weine gibt. Tel. 152 11 12.

Das **Dervish Art-Café** ist eine preiswerte Alternative zum Caravan. Das Restaurant hat eine schöne Dachterrasse und ist traditionell usbekisch eingerichtet. Ivleva ko'chasi 43, Tel. 55 16 22, in der Nähe des Orzu Hotels.

Choyxona Buchara, Avliyoata k. zwischen Bahnhof und orthodoxer Kirche. (Orientierungspunk: Mirabadskij Basar). Einfache aber gute Choyxona, in der abends auch getanzt wird. Wer es leiser mag, sollte ein Séparée wählen.

Lesnaja Poljana, An der Shota Rustaveli ko'chasi beim Babur-Park. Einfache Restaurants mit Tanzmöglichkeit.

Sim Sim, Muqimiy ko'chasi, in der Nähe des tschechischen Restaurants Dudek. Großes, gutes usbekisches Restaurant der Bek-Gruppe mit Tanzmöglichkeit und Mindestverzehr.

Sayor, Ulug'bek ko'chasi 9, Tel. 2680892. Ebenfalls zur Bek-Gruppe gehörendes gutes usbekisches Restaurant mit Bauchtanzshows, Livemusik und Tanzmöglichkeit.

■ Europäisch

Das **Il Perfetto** ist eine Pizzeria und einer der wenigen Orte in Usbekistan, an dem auch Kaffeetrinker auf den Geschmack kommen. Mirabad ko'chasi 9a, Tel. 1532852.

Handwerker in der Medrese Abdul Xasim in Taschkent

Eine Alternative dazu ist das **Dolce Vita**, Amir Timur ko'chasi 1, Tel. 1353950.

Pizzeria Napoli, in der Nähe des Babur Parks auf der Usmon Nosir ko'chasi (Shota Rustaveli) 63.

Selbstgebrautes Bier und frische Brezeln gibt es im **Gasthaus**, einem deutschen Biergarten, der abends aus allen Nähten platzt. Hier werden preiswerte deutsche Gerichte serviert, bzw. das, was die Usbeken darunter verstehen. Fargona Juli 7, Tel. 1015617, www.gasthaus.uz. Mit dem Auto erreichbar, unter der Brücke der Fargona Juli (Ausfallstraße nach Fergana).

City Grill, Shayxontohur ko'chasi bei Magazin Dinamo; Tel. 2415202. Exklusiv-minimalistisch eingerichtet. Gutes Essen.

Smokers Pub, Amir Timur ko'chasi 2, Tel. 1194052. Kneipe mit Küche und Livemusik.

Dudek, Muqimiy ko'chasi, Tel. 2539409. Dem Gasthaus ähnlich werden hier deftige tschechische Speisen zu deutschen Preisen serviert. Dazu gibt es gute Live-Musik. Es empfiehlt sich, zu reservieren.

■ Russisch

Beriyoska, Nähe Amir Timur Platz an der Shahrisabz ko'chasi. Nobles Ambiente, aber normale Preise. Gute russische Küche. Im Keller oft Live-Musik.

Slavyanka, Shota Rustaveli ko'chasi, in der Nähe des Babur-Parks. Gemütliche russisch-ukrainische Gaststätte.

■ Asiatisch

Midami, Usmon Nosir (Shota Rustaveli) 30a , Tel. 2551484. Sehr gutes Essen im asiatischen Ambiente zu moderaten Preisen.

Izumi, gleich neben dem ›Caravan‹ (siehe oben). Sehr nobler Japaner mit exquisiten Speisen.

Kim Sat Gat, Yusuf Xos Hojib ko'chasi 46, Tel. 2545436. Preisgünstiges koreanisches Restaurant in der Straße zwischen Babur-Park und Metro Kosmonavtlar.

Restaurant Huang-Fu, in der Nähe des Farhadskij-Basars. Gute und preiswerte chinesische Küche. Von der Metro Chilonzor auf der Kichik halqa yo'li Richtung Westen auf der rechten Seite.

■ Arabisch

Al Hayot, Tel. 2799764. Etwas außerhalb gelegen, in der Nähe der Metro Sobir Rahimov. Von der Metro aus an der großen Hauptstraße im Süden (links) Richtung Südbahnhof und Innenstadt, linke Seite. Von der Metro zu Fuß etwa 5 min.

■ Türkisch

Efendi, Azimova ko'chasi 79a, Tel. 1445549. Gutes türkisches Restaurant. Vom Timur-Platz die Musaxanov (Xamza) ko'chasi Richtung katholische Kirche, dann rechts in die Azimova k.

Kapadokya, Oz'bekiston ko'chasi, am Platz vor dem Toshkent Univermag (Taschkent-Kaufhaus)

■ Georgisch

Bagrationi, Mirabad ko'chasi, in einer Seitenstraße der Ivleva ko'chasi neben dem Dervish Art Café. Preiswerte Küche und familiäre Atmosphäre.

■ Indisch

Gute indische Küche gibt es in der Nähe des Mirobod-Bazars im Restaurant **Ragu**, Avliyo Ota ko'chasi 14–15, Tel. 1205970.

■ Café und Kuchen

Angel's Food, Afrosiyob ko'chasi. 16 in der Nähe der Metro Oybek.

Dolce Vita, Amir Timur ko'chasi. Von der Metrostation Bodomzor Richtung Innenstadt auf der linken Straßenseite nach der Brücke.

■ Selbstbedienungsrestaurants

Bistro Bek, Babur ko'chasi, am Babur-Park. Gute Auswahl und schon ab 7 Uhr zum Frühstück geöffnet.

Café Feruza, Buyuk Turan ko'chasi, in der Nähe der Oper. Günstige Stolovaja (russisch für Kantine) im Stadtzentrum, in der auch geraucht werden darf und Wodka ausgeschenkt wird.

Do'stlik, Oz'bekiston ko'chasi, bessere Stolovaja am Paltz vor dem Toshkent Univermag.

■ Bars und Kneipen

In Taschkent gibt es zahlreiche nette Kneipen, hier einige Empfehlungen.

Patrick's Irish Pub, Achunbabaev ko'chasi 45a, Tel. 2336020. Südlich des Amir-Timur-Platzes. Hier gibt es original irisches Bier.

Chelsea, Abdullah Kaxxor ko'chasi, Tel. 215 7227, in der Nähe des Restaurants Caravan südlich des Babur-Parks. Feinere Bar mit Live-Musik, die auch zur Caravan-Familie gehört.

Bierhaus, Shahrizabz ko'chasi/Ecke Mirabad ko'chasi Richtung Metro Oybek im Keller eines Wohnhauses. Gute, gemütliche Kneipe mit selbstgebrautem Bier.

Irish Pub, Shevchenko ko'chasi 30, Tel. 2527843. Von der Metro Oybek auf der Shahrisabz ko'chasi Richtung Timur-Platz. An der Kreuzung zur Shevchenko rechts einbiegen.

■ Clubs

Katakomba, Rakatboshi ko'chasi 23, Tel. 2523937, Eintritt: 6 Dollar. In der

Nähe der Babur ko'chasi, bei der Brücke über den Anhor-Kanal unten am Wasser gelegen. Eine edle Disko mit Restaurant.

Tabula Rasa, Mustakillik ko'chasi (Pushkin k.) 65, Tel. 237 11 54, in der Nähe der Metrostation Hamid Olimjon. Techno und Houseclub, Eintritt frei.

Die **Diskothek Niagara** in einer Seitenstraße der Timurstraße zwischen Alayskiy Basar und Metro Minor auf der rechten Seite ist eine Alternative zu den teuren Edelclubs, Tel. 235 89 83.

Theater, Konzert, Kino

In Taschkent gibt es viele Konzertsäle und Theater. Termine von Kulturveranstaltungen sind in der Zeitung ›Prestige‹ sowie auf der Internetseite www.afisha.uz (nur russisch) zu finden.

Informationen zum Repertoire kann man auch in den großen Hotels bekommen.

Das Kinoprogramm der Stadt kann auf der Seite www.kino.uz (russisch) abgerufen werden.

Alisher-Navoiy-Opern- und Balletttheater, Ataturk ko'chasi 28, Tel. 133 35 28. Kartenvorverkauf in den Säulen vor dem Haupteingang.

Turkestan-Konzerthalle, Prospekt Navoiy 2, Tel. 134 99 45.

Für russisch- und usbekischsprachige Touristen ist der Besuch des **Ilkhom-Theaters** lohnend. Das kleine Studiotheater zeigt avantgardistische Theaterstücke. Gelegentlich werden auch englischsprachige Untertitel eingeblendet. Paxtakor 5, Metro Paxtakor, Tel. 142 22 41, www.ilkhom.com.

Einkaufen

Im **Toshkent Univermagi**, dem ehemaligen ZUM, kann man Stoffe, usbekische Keramik und die üblichen Kaufhauswaren bekommen. O'zbekiston ko'chasi, Metro Kosmonavtlar.

Sehr schöne Lackmalereien mit orientalischen Motiven gibt es in der **Abdul-Qosim-Medrese**, Metro Bunyodkor.

Hochwertiges und sehr schönes Kunsthandwerk bekommt man in der **Caravan Art Gallery**, A. Khalkar 22a, Tel. 55 62 96, www.caravan.uz.

Ein Besuch auf dem **Chorsu-Basar** in der Altstadt (s. S. 90) ist sowieso obligatorisch. Ein Geheimtip für das Wochenende ist der **Bazar Yangiobod** im Südosten der Stadt. Neben Ersatzteilen und Gebrauchsgegenständen werden hier sonntags auch Antiquitäten und sämtliche Überbleibsel des Sowjetimperiums angeboten. Der Bazar kann mit dem Taxi oder öffentlichen Verkehrsmitteln erreicht werden. An der Metrostation Chkalov steigt man mit den meisten anderen Fahrgästen in den Minibus nach Yangiobod um. Vom Parkplatz am Qo'ylik-Basar gibt es ebenfalls Verbindungen. Der Markt wird in der Regel nicht von Ausländern besucht ▸ Karte S. 86.

Internet

Auf der Ecke Shahrisabz ko'chasi/Movarounnahr ko'chasi befindet sich das Internetcafé **Net Club Globus**. Das **Trans Net**, liegt auf der Amir Timur ko'chasi 2. Viele Cafés bieten ihren Gästen inzwischen kostenlosen W-Lan Zugang an, so dass man auch mit dem eigenen Laptop surfen kann.

Der Staatszirkus liegt am Rande der Taschkenter Altstadt

SIRK

Das Ferganatal

Das Ferganatal ist nicht so malerisch, wie es sein Name verspricht. In erster Linie ist es eine landwirtschaftliche Nutzfläche und ein Industriegebiet. Zwar gibt es idyllische Wandergebiete, aber insgesamt ist die Landschaft eher eintönig. Das Tal ist eine riesige Schale, umgeben von Bergen. Die Schnellstraße Taschkent–Fergana darf nach wie vor von Touristenbusse nicht passiert werden, deswegen kommen Gruppenreisende ins Ferganatal meistens per Flugzeug. Individualreisende sollten jedoch mindestens eine Strecke mit dem Taxi fahren, da man dann die Berge besser erlebt.

Das Ferganatal nimmt insgesamt eine Fläche von knapp 80 000 Quadratkilometern ein, davon liegen 17 000 auf dem Gebiet von Usbekistan, 53 000 auf dem Gebiet von Kirgisien und knapp 8000 auf dem Gebiet von Tadschikistan. Insgesamt leben neun Millionen Menschen in der Region.

Es gibt riesige Obst- und Gemüseplantagen. Babur, der erste Großmogul, sagte über seine Heimat, das Ferganatal: »Getreide und Obst (gab es) im Überfluss« und »die Fasane (waren) so unglaublich fett, dass man sagt, vier Leute könnten einen mitsamt Reis und gekochtem Gemüse nicht aufessen.« Im Ferganatal gibt es viele Maulbeerbäume zur Seidenraupenzucht. Außerdem wird Wein angebaut, Melonen und Kürbisse wachsen hier, aber auch Erdöl wird gefördert und Dünger produziert.

Das Tal wird durch die Bergketten Kuramin und Tschatkall vor kalten Nordwinden geschützt. Alai und Turkestan halten warme Winde aus dem Süden ab. Nur im Westen durch das Tor vom Khodjent kommen die Winde ins Tal. In der Zarenzeit war das Tal ein beliebter Kurort. Heute findet sich in den Städten viel sowjetische Industrie und wenig Natur. Die einzige Stadt, die etwas sehenswert ist, ist Kokand (usbek. Qo'qon).

Die beste Besuchszeit ist August und September. Man kann viel wandern, darf aber keine guten Hotels oder gar ausgezeichnete Wanderwege erwarten, auch Wanderkarten gibt es nicht. Es ist

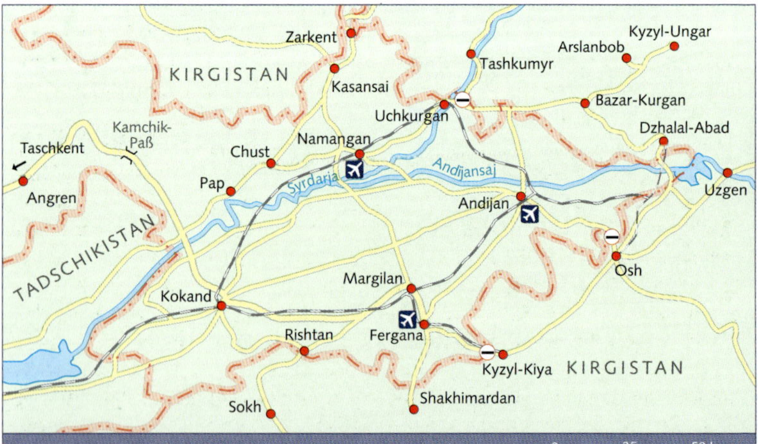

Das Fergana-Tal

zwar möglich, auf eigene Faust mit dem Flugzeug, dem Bus oder mit dem Taxi ins Ferganatal zu fahren - einfacher ist es jedoch, sich von Uzbektourism einen Ausflug ins Tal organisieren zu lassen, so kommt man nämlich auch zu schönen Aussichtspunkten, die man alleine nicht findet oder nicht erreicht. Die Ausflüge können bei Uzbektourism in Taschkent gebucht werden und kosten, abhängig von der Personenanzahl, bei einem Zweitagestrip ungefähr 150 Dollar. Auf der Route Fergana–Margilan–Andijan–Kokand–Rishtan–Fergana kann man an einem Tag die wichtigsten Städte des Tals sehen.

Fergana

Fergana-Stadt ist das administrative Zentrum der Region Fergana, die den südlichen Teil des usbekischen Fergantals umfasst. Auf einer Höhe von fast 600 Metern gelegen und mit 230000 Einwohnern ist die Stadt meistens erster Anlaufpunkt der Reisenden. Gegründet wurde Fergana 1877 als Neu-Margilan, nur zwölf Kilometer von der Altstadt von Margilan entfernt.

Fergana ist eine grüne Stadt, 70 Prozent der Bäume sollen Platanen sein, die Stadt aber deswegen als ›Schlafende Schöne‹ zu bezeichnen, wie es die Eigenwerbung tut, scheint etwas übertrieben. Gegenwärtig ist Fergana vielmehr ein wichtiges Industriezentrum Usbekistans. Sehenswert ist der Markt, der sich im Stadtzentrum befindet. Darüber hinaus können auf dem Hauptboulevard russische Kolonialbauten besichtigt werden. In einem dieser Gebäude befindet sich auch ein Internetcafé.

Über die Stadtgeschichte informiert das Museum in der Hojand ko'chasi.

Fergana

Vorwahl: aus dem Ausland 00998/73, innerhalb Usbekistans 8/373.

Aus Taschkent kann man täglich (außer montags) nach Fergana fliegen. Außerdem gibt es einmal wöchentlich eine Verbindung nach Nukus, Moskau, Sankt Petersburg und Kazan.

Auf dem Landweg gelangt man von Taschkent aus nur mit dem (Sammel-) Taxi nach Fergana. Die Taxifahrer warten auf dem Qo'ylik-Parkplatz im Südosten der Stadt auf Fahrgäste. Die fünfstündige Fahrt kostet pro Person 14 Dollar.

Zurück von Fergana nach Taschkent kann man nicht direkt mit dem (Sammel-)Taxi fahren. Man muss zunächst zum Bahnhof in das benachbarte Margilan und kann dort ein Taxi nach Taschkent nehmen.

Die Verbindungen innerhalb des Ferganatals sind unproblematisch, denn alle großen Städte des Tals sind mit Taxis, Marschrutkas und Bussen zu erreichen. Der Busbahnhof in Fergana befindet sich nebem dem Basar.

Empfehlenswert ist das Hotel **Club Hotel 777** (3 Sterne) in der Pushkin ko'chasi 7A. Das DZ kostest zwischen 50–60 US-Dollar. Gegen Aufpreis zu buchen unter www.orexca.com.

Ebenfalls sehr gut und sauber ist das **Hotel Asia** (3 Sterne) in der Navoiy ko'chasi 26, Tel. 2245221. Das Doppelzimmer kostet je nach Ausstattung zwischen 40 und 50 Dollar mit Frühstück.

Günstiger ist das etwas außerhalb gelegene **Gästehaus Akbarov** im Vorort Kergeli. (Jambul ko'chasi 1B) Das DZ kostet ca. 20 Dollar. Vom Basar in Fergana fahren Marschrutkas und Taxis nach Margilan. Der Ort liegt zwischen Margilan und Fergana. In Kergeli können die Taxifahrer nach dem Gästehaus gefragt werden.

Das **Art Café Bravo** erinnert an eine Studentenkneipe. Hier kann auch gegessen werden. Hojand ko'chasi 12, Tel. 2246688.

Das beste Restaurant der Stadt ist das **Tantana** am westlichen Ende der Stadt, unweit des dortigen Busbahnhofs. Hier werden auch Tanzshows aufgeführt. Abends ist es die wohl beste Disko der Stadt.

Eine weitere gute Adresse ist das **Restaurant Fergana** in der Nähe der Post neben dem Hotel Fergana (Qosimov ko'chasi). Auch hier gibt es abends russische Livemusik.

Margilan

Margilan (130000 Einwohner) ist die Stadt der Seide. Hier gibt es die größten Seidenraupenzuchten, ein wissenschaftliches Institut und mehrere Fabriken. In der **Seidenfabrik Yodgorlik** an der Imom Zahiriddin 138 sieht man den gesamten Produktionsprozess der Atlas- oder Khanseide (Tel. 373/2336761). Führungen werden auf Englisch und Russisch angeboten. Die Designer geben gerne Erläuterungen. In einem kleinen Geschäft können Seidenstoffe, Schals, Kleider und andere Souvenirs erworben werden.

In der Seidenfabrik von Margilan

Zur Übernachtung und zum Ausgehen empfiehlt es sich, in das benachbarte Fergana zu fahren. Taxis und Marschrutkas nach Fergana fahren in der Nähe des Basars ab.

Rishtan

Rishtan (usbek. Rishton) ist eines der ältesten und bedeutendsten Keramikzentren in Zentralasien. Anfang des 20. Jahrhunderts arbeiteten 250 Keramikmeister in der Stadt. Bis heute ist die Tradition des Keramikhandwerks lebendig, so dass viele Meister der Stadt auf eine lange Familientradition zurückblicken können. Typisch für die Keramikprodukte aus Rishtan ist die türkise, tiefblaue Farbgebung mit den filigranen Floralornamenten, die feiner als die Muster aus Buchara sind. Wie vor tausend Jahren werden auch heute die Muster noch per Hand gemalt.

Die wohl bekannteste **Keramikwerkstatt** ist die der Familie Usmanov. Dort kann man sich den Prozess der Keramikherstellung in einer englischsprachigen Führung erklären lassen. Anschließend bei einem Tee können auch günstig Stücke

▲ Karte S. 110

In der Töpferwerkstatt der Familie Usmanov

erworben werden (B. Roshi-Doni ko'chasi 230, Rishtan, Tel. 373/45 32 15 85).

Rishtan liegt zwischen Fergana/Margilan und Kokand. Von beiden Richtungen aus können man gut in die Stadt gelangen. An den Busbahnhöfen von Fergana, Margilan und Kokand findet man Marschrutkas und Taxis, die nach Rishtan fahren. In Rishtan fragt man nach Rustam Usmanov.

Andijan

Die Stadt (usbek. Andijon) liegt im südöstlichen Teil des Ferganatals am Fluss Andijansay. Im Nordosten und Südwesten erheben sich die Andijaner und Alamyschikskie Hügel (Adyry), die bis zu 400 Meter hoch sind. Die Region Andijan (Stadt Asaka) ist der Sitz einer usbekisch-amerikanischen Autofabrik. Die Stadt hat heute über 300 000 Einwohner. Ein Besuch lohnt sich eigentlich nicht, es ist eine trostlose sowjetische Industriestadt.

Geschichte

Es gibt mehrere Namenslegenden. Die blutrünstigste behauptet, an dieser Stelle seien Karawanen überfallen worden und Menschen (Ungzan) getötet worden. Daraus habe sich Andijan entwikkelt. Die Historiker haben andere, prosaischere Erkärungen. Der Name komme von einem usbekischen Stamm, den ›Andi‹. Im 15. Jahrhundert wurde die Stadt in Chroniken auch Andagan genannt.

Um 1800 gab es mehr als 69 Friedhöfe in der Stadt, mit mehr als 350 000 Gräbern. Nach einem starken Erdbeben von 1902 blieben so gut wie keine historischen Denkmäler erhalten. Schon vor Christi Geburt war Andijan als Handelsstadt der Seidenstraße bekannt. Am Fluss wurde eine Karawanserei gebaut, Handwerker ließen sich nieder, die Stadt wurde größer. Als Andijan von den Arabern erobert wurde, hatte es sich schon zu einer großen Stadt entwickelt. Im 9./10. Jahrhundert gehörte es zum Samarkander Reich und erlebte unter Ti-

Im Handwerkerbasar von Andijan

mur eine Zeit des Aufschwungs. Ende des 15. Jahrhunderts wurde Sahireddin Muchammed Babur (1483–1530), der Begründer der Mogulkaiserdynastie, ein Poet und Wissenschaftler, Herrscher über die Stadt. Zu dieser Zeit besaß Andijan eine Stadtmauer, zwei Wassergräben sowie drei Stadttore. Im Zentrum lag eine von Gräben umgebene Festung. Die Chroniken berichten von einem großen Basar, Palästen, Medresen und Minaretten. Im 16. Jahrhundert eroberten die Schaibaniden auch Andijan, später wird es Teil des Kokander Chanats, allerdings mit einem eigenen Andijaner Bek.

Ende des 19. Jahrhunderts ziehen russische Truppen in das Tal ein, es beginnt ein blutiger und grausamer Kampf um die Stadt, der mit der Einverleibung Andijans in das russische Generalgouvernement Turkestan endet. Wie auch in anderen Teilen des Gouvernements beginnt eine rasche Industrialisierung, 1898 wird die Eisenbahnlinie nach Taschkent eröffnet. Nach der Revolution war es hier besonders schwierig, die Basmachi niederzuringen. Nachdem sich die Sowjetmacht stabilisiert hatte, konnte Andijan zu einer der bedeutendsten Industriestädte der Usbekischen SSR werden. Hier entstand nicht nur das erste Institut für Baumwollzucht, sondern hier wird auch Erdöl gefördert.

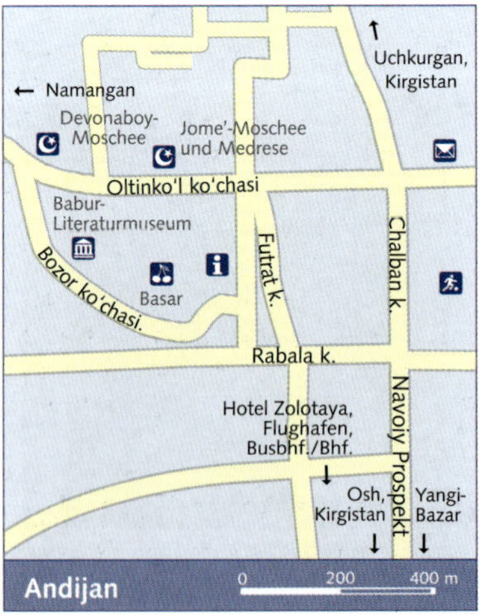

Sehenswürdigkeiten

Das größte Kulturdenkmal ist die **Jome'-Moschee** mit Medrese, errichtet 1883 bis 1890, 1892 zerstört, 1903 bis 1908 neu errichtet. Nach der Unabhängigkeit wurde das Gebäude kurzzeitig wieder zur islamischen Religionsausbildung genutzt. Seit 1995 befindet sich darin das **Museum für Literatur und Kunst** der Region Andijan. (Führungen werden auch auf Englisch angeboten. Eintritt: 1,30 Dollar). Die Gebäude liegen an der Oltinko'l ko'chasi.

Direkt dahinter befindet sich das **Heimatmuseum** der Stadt. Auf zwei Etagen werden Landwirtschaft, Geschichte, Ökonomie sowie Flora und Fauna der Region vorgestellt. Zusätzlich kann man einige sehenswerte historische Fotografien anschauen (Di bis Sa 9 bis 17 Uhr; Eintritt 1 Dollar).

An der Bozor ko'chasi befindet sich das **Babur-Literatur-Museum**, das täglich von 9 bis 16 Uhr (außer sonntags und montags) geöffnet ist (Führungen gibt es nur auf usbekisch). Babur war der letzte der Timuriden, der versuchte, das Reich seiner Vorväter noch im 16. Jahrhundert zurückzugewinnen. Er wurde 1483 in Andijan geboren und kam noch mehrfach ins Ferganatal auf seiner Flucht vor seinen Widersachern. Schließlich zog er nach Indien und begründete dort die Mogul-Kaiserdynastie. Sahireddin Mohammed Babur (usb: Zahiriddin Muhammad Bobur) starb 1530 in Agra. Bedeutsam aus literarischer Sicht ist sein ›Baburnama‹, seine Lebensgeschichte.

Diese lyrischen Verse, in verschiedenen Handschriften und Kopien, werden zusammen mit Miniaturen in dem Museum gezeigt. Darüber hinaus wird die dynastische Geschichte der Nachfolger Baburs in dem Museum dargestellt.

Gleich daneben befindet sich die **Straße der Handwerker**. Hier kann man Schmieden, Tischlern und Wiegenbauern bei der Arbeit zuschauen.

Ebenfalls in der Nähe des Babur-Museums, am Ende der Oltinko'l ko'chasi, liegt die **Devonaboy-Moschee**. Sehenswert ist das große neu gebaute Portal der Moschee, welches man schon von weitem erkennen kann.

Wenn man etwas mehr Zeit hat, lohnt auch ein Besuch der **alten Festung**. Das renovierte Gebäude wurde unter Zar Nikolaj als Garnisionskaserne und Gefängnis errichtet. Später wurde die Festung von den Sowjets als Kaserne genutzt. Heute befindet sich darin ein Museum mit Gemälden zur Literatur und Geschichte der Region. Auch der Kerker kann besichtigt werden (sonntags und montags geschlossen; Führungen nur auf usbekisch, an das Wächterhäuschen klopfen). Man gelangt mit dem Minibus Nr. 3 vom Basar aus zur etwa vier Kilometer Richtung Osten gelegenen Festung und muss den Fahrer bitten, an der ›Krepost‹ anzuhalten.

Gerade an heißen Tagen lohnt ein Besuch des **Babur-Parks** (Bobur Parki) 10 km außerhalb der Stadt an der Straße Richtung Osh. Er ist vom Yangi-Bazar mit dem Minibus Nr. 14 zu erreichen. Nachdem man mit der Seilbahn die umliegenden Berge erklommen und mit dem Gipfelriesenrad gefahren ist, kann man sich in einer der vielen schattigen Choyxonas bei Tee und Plov ausruhen. Darüber hinaus sind ein Museum zum Einfluss Baburs auf die Weltkultur und ein Grabmal des Herrschers zu besichtigen. Hierfür wurde ein Teil seiner sterblichen Überreste nach Andijan gebracht.

Minarett der Devonaboy-Moschee

Andijan

Das Hotel **Zolotaja Dolina** (Goldenes Tal), Mashrabi ko'chasi 19, verlangt 30 Dollar für das Doppelzimmer, das billigere, aber nicht sehr saubere **Hotel Andijon** liegt in der Fitrat ko'chasi 241. Das Doppelzimmer kostet zwischen 11 (ohne Bad) und 20 Dollar (mit Bad).

Die beste Adresse der Stadt ist das **Zwei-Sterne-Hotel Elita**. Das DZ kostet zwischen 65 und 150 Dollar (nach Rabatt fragen). Tel. 8/37 42/26 10 72, Fitrat ko'chasi 52 a.

In der Nähe des Basars befinden sich mehrere **Teestuben**. Empfehlenswert ist zudem das türkische **Restaurant Yoshlik** am Navoiy Prospekt in der Nähe des Yoshlik-Jugendpalastes. Es hat von 9 bis 22 Uhr geöffnet und bietet eine gute Auswahl an türkischen Gerichten an. Alkoholische Getränke werden nicht serviert.

Der Flughafen liegt 10 km südwestlich außerhalb des Zentrums. Man kann einmal täglich nach Taschkent fliegen. Tickets bekommt man in der Koltsevaja ko'chasi 1. Die Busse Nummer 1 und 8 fahren vom Hotel Zolotaja Dolina zum Flughafen.

Auf dem Landweg kann man nur per Taxi ins Ferganatal gelangen. Taxis fahren von Taschkent aus vom Qo'ylik-Basar nach Andijan (14 Dollar; Fahrzeit 5 h 30 min).
Von Andijan nach Taschkent fahren Taxis in der Nähe des Bahnhofs ab.

Reiseziele innerhalb des Ferganatals können mit Bussen, Minibussen und Taxis vom Avtovokzal aus, in der Nähe des Yangi-Bazars, erreicht werden.

Kokand

Die Stadt Kokand (usb. Qo'qon) hatte einst eine Schlüssellage am Eingang zum Ferganabecken. Bis ins 10. Jahrhundert befand sich hier die Stadt Khavakend, eine Stadt auf der Karawanenstraße von Indien und China. Im 13. Jahrhundert zerstörten die Mongolen die Stadt. Die heutige Stadt entwickelte sich aus einem Fort, das 1732 gebaut worden war und das 1740 die Hauptstadt des Chanats von Kokand bildete. Seine größte Macht besaß das Chanat in der ersten Hälfte des 19. Jahrhunderts, als es sich bis in das heutige Kasachstan ausdehnte. In dieser Zeit war Kokand ein wichtiges Handelszentrum und mit mehr als 300 Moscheen der religiöse Mittelpunkt des Ferganatals. Ab 1840 litt das Chanat unter der ständigen Rivalität mit Buchara. Im Zuge dieser Wirren konnten 1866 die wichtigsten Städte des Chanats, die außerhalb des Ferganatals lagen, unter ihnen auch Taschkent, von den Russen erobert werden. Endgültig wurde das Chanat 1876 eingenommen. 1917 konnte sich eine muslimische Regierung kurzzeitig wieder im Chanat etablieren, musste allerdings schon 1918 unter russischem Druck aufgeben. Heute ist Kokand mit seinen 175 000 Einwohnern der Hauptverkehrsknotenpunkt des Tals. Sehenswert sind der Palast des Chans Xudayar, die Jome'-Moschee und das Xamza-Museum.

Decke im Palast des Chans

▲ Karte S. 117

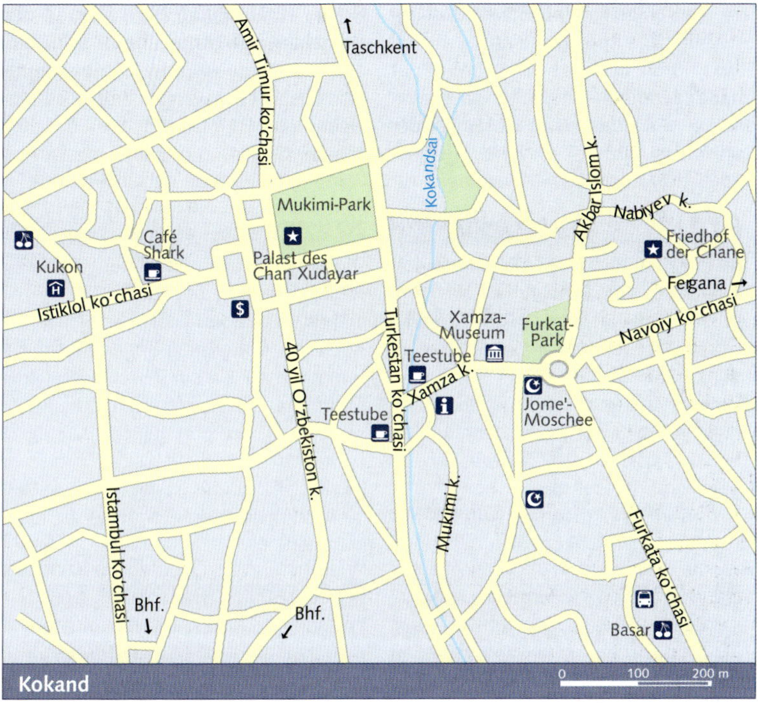

Sehenswürdigkeiten

Zum **Palast des Chans** gelangt man, in dem man von der Turkestan ko'chasi durch die Mukimi-Grünanlage geht. Der Palast, erst 1871 vollendet, blendet den Besucher mit seiner 70 Meter langen, bunten Fassade. Hier ist ein unglaublicher Reichtum an verschieden dekorativen Verfahren und Materialien zu finden. Im Palast befindet sich heute ein Museum für Landeskunde (montags geschlossen; Führungen durch das Palastmuseum werden auf deutsch und englisch angeboten).

Südlich vom Mukimi-Park trifft die Turkestan ko'chasi auf die Xamza ko'chasi. Wenn man zur **Jome'-Moschee** möchte, biegt man hier links ein. Sie ist die größte Moschee der Stadt und wurde 1809 bis 1812 erbaut. 1989 wurde sie restauriert und ist heute ein Museum. Darin werden sich auch ethnografische Exponate ausgestellt. Daneben befindet sich die **Medrese Amin Beg**, manchmal auch als Khomol-Khozi-Medrese bezeichnet. Seit 1991 studieren hier 40 Studenten.

In unmittelbarer Nähe liegt das 1989 eröffnete **Xamza-Museum** (Di bis So 9 bis 17 Uhr). Hakim Hakimzade Niyazi, genannt Xamza, wurde 1889 in Kokand geboren und starb 1929. Er gilt als der Begründer der usbekisch-sowjetischen Literatur und hat sozialkritische Theaterstücke verfasst, mit denen er die Revolution unterstützte. In dem direkt neben dem Museum liegenden kleinen Furkat-Park befindet sich eine Statue des Dich-

ters. Der ruhige Park bietet sich auch für eine schattige Ruhepause an.
Etwas nördlicher liegt der **Friedhof der Chane**, der durch eine hohe Mauer von der Außenwelt getrennt ist. Einige der Mausoleen sind sehenswert. Hier befindet sich auch das Mausoluem für Nodira (Mausoleum Modari xon), der Gemahlin von Umar Chan Amiri, das 1830 vollendet wurde. Die bis heute beliebte Poetin war zu ihrer Zeit die eigentliche Herrscherin über das Kokander Gebiet. Auf Befehl des Emirs von Buchara wurde sie hingerichtet.

Kokand

Kokand ist nicht mit dem Flugzeug erreichbar. Der Busbahnhof für Fernbusse (in alle Richtungen des Ferganatals) liegt neben dem Hauptbasar an der Furkat ko'chasi 102.
Von dort aus kann man auch ein (Sammel-)Taxi nach Taschkent nehmen. Pro Person kostet die Taxifahrt nach Taschkent 10 Dollar.
Taxis nach Kokand fahren vom Qo'ylik-Parkplatz in Taschkent ab.

Spartanische, nicht sehr saubere Doppelzimmer für 15 Dollar kann man im **Hotel Kukon**, Imam Ismail Buxari ko'chasi 1, bekommen.
Besser ist das **Gästehaus Mudabarxon Abduraxmanova** in der Sarbon ko'chasi 79. Das DZ mit Frühstück kostet 25 Dollar.

Direkt neben dem Hotel liegt ein Restaurant, in dem man gute usbekische und russische Spezialitäten essen kann. Auch das **Café Shark** gegenüber der Jome'-Moschee ist nicht schlecht. Die zahlreichen Teestuben laden zum Verweilen ein, so zum Beispiel an der Turkestan ko'chasi/Ecke Xamza ko'chasi. Allerdings ist es schwer, nach 13 Uhr noch etwas Warmes zu bekommen.

Einkaufen kann man auf dem Basar, neben dem Busbahnhof an der Furkat ko'chasi. Hier wird auch die berühmte Kokander Halva feilgeboten, die man unbedingt probieren sollte.

Namangan

Die Provinzhauptstadt der gleichnamigen Region Namangan ist ein Zentrum des Islams in Usbekistan und mit etwa 400 000 Einwohnern eine der größten Städte des Landes. Das Stadtbild, besonders um den Chorsu-Basar, wirkt sehr orientalisch. So tragen die meisten Frauen Kopftücher, und häufig kann man Bäcker beobachten, die ihre Waren auf dem Kopf transportieren.

▶ Karte S. 110

Sehenswert ist die **Mulla-Qirg'iz-Medrese** (erbaut 1912). Sie liegt in der Nähe des Chorsu-Basars. Auf jeder Seite der zweigeschossigen Hauptfassade befinden sich sechs Wohnzellen, die einen mit Majoliken geschmückten Ayvon einschließen.
Von touristischem Interesse ist ebenfalls das **Xo'ja-Amin-Mausoleum** mit Moschee aus dem 18. Jahrhundert. Es liegt hinter dem Basar in der Ko'zgari

Farbenfroh gekleidete Frauen

Die Xo'ja-Amin-Moschee

ko'chasi. Unweit davon, auf der Straße Richtung Uychi, befindet sich die sehenswerte **Ota-Valixonto'ra-Moschee**. Sie wurde wie die Mulla-Qirg'iz-Medrese Anfang des 20. Jahrhunderts gebaut.

Wenn man etwas mehr Zeit hat, lohnt sich der Besuch der ca. 40 Kilometer westlich von Namangan gelegenen Stadt **Chust**. Sie ist berühmt für ihre Messermanufakturen und usbekischen Kappen (Do'ppi).

Das **Regionalmuseum** zeigt Exponate zu Geschichte, Kunsthandwerk, Kultur, Wirtschaft sowie Flora und Fauna der Region. Es hat täglich geöffnet und befindet sich nicht weit vom Bobur-Park in der Nodim Namanganiy ko'chasi.

Namangan

Nach Namangan gelangt man von Taschkent aus nur mit dem Taxi (pro Sitzplatz 10 Dollar, Fahrtzeit 4–5 Std. Abfahrt vom Qo'ylik Parkplatz im Südosten der Stadt (s. S. 86)

Namangan

Das **Hotel Fitness Klub** in der Nähe des Do'stlik Basars (es ist unter Hotel Do'stlik bekannt) bietet einfache Zimmer mit Dusche und WC. Das DZ kostet für Ausländer 40 Dollar.

Das günstige **Hotel Orzu** liegt in der Nodira ko'chasi nicht weit vom Bobur Park.

Choyxonas mit abwechslungsreichem Angebot befinden sich im Bobur-Park.

▲ Karte S. 110

Das Reiterspiel Ko'pkari

Ko'pkari ist ein Reiterspiel, das nicht nur in Usbekistan, sondern auch in den Nachbarländern ausgetragen wird. Der Wettkampf ist auch unter dem Namen Buzkashi bekannt. In Karakalpakstan wird er Kokmar genannt. In Usbekistan werden Ko'pkari-Wettkämpfe auf dem Land in den kühleren Winter- und Frühjahrsmonaten organisiert, da in dieser Zeit der Boden weniger staubig ist. Häufig finden sie um das Novruzfest, im Zuge einer Hochzeit oder eines Festes von Wohlhabenden statt. Nur Männer dürfen mitreiten. Ziel des Spieles ist es, einen Ziegen- oder Schafsbalg zu erobern und sich mit diesem aus der Menge der Reiter zu lösen. Das Spielfeld ist eine freie Fläche, deren Größe nur durch die natürlichen Gegebenheiten bestimmt wird und keinen festen Maßen unterliegt.
Das Ringen um den Tierbalg auf dem Rücken der Pferde ist sehr brutal. Jeder spielt dabei gegen jeden. Die Reiter tragen deshalb selbstkreierte Schutzkleidung, die beispielsweise aus einer alten Panzerkappe als Kopfschutz, hohen ledernen Stiefeln und Fingerhandschuhen besteht. Schafft es ein Reiter, den Balg vom Boden aufzuheben, steht er im Mittelpunkt. Alle anderen versuchen, ihm das Tier wieder abzunehmen und reißen dabei an den Zügeln des Pferdes des Reiters, um an den Balg zu kommen. Blaue Flecken sind die geringsten Verletzungen, die sich die Reiter zuziehen. Nicht selten kommt es zu schlimmen Kratz- und Schürfwunden oder gar Knochenbrüchen.

Gelingt es dem Reiter, sich aus dem Pulk zu lösen und die Tierhaut außerhalb der Reitermenge abzulegen, vergibt der ebenfalls berittene Schiedsrichter einen Punkt. Je nach Vereinbarung erhalten die Reiter am Ende des Spieles für jeden gesammelten Punkt eine Geld- oder Sachprämie, die von Sponsoren gestellt wird.

Das Auditorium ist meist männlich. Da es keine Spielfeldbegrenzung gibt und der Verlauf des Wettkampfs kaum vorherzusagen ist, kann es vorkommen, dass die Teilnehmer mitten in das Publikum reiten, das dann zur Seite springt. Die Zuschauer sind, ob nah am Geschehen oder in einiger Entfernung, ebenso beständig in Bewegung wie die Reiter.

Wildes Getümmel

Die 2700 Jahre alte Stadt an der legendären Seidenstraße hat schon immer Reisende in ihren Bann gezogen und bis zum heutigen Tag nichts von ihrer Faszination verloren.

Von hier aus bietet sich auch ein Besuch in Shaxrisabz, der Residenz des berüchtigten Herrschers Tamerlan, an. Auch Fahrten in die Wüste Kizilkum sind möglich.

Samarkand und Umgebung

Samarkand

Neue archäologische Ausgrabungen belegen, dass Samarkand (usbekisch Samarqand) über 2700 Jahre alt ist. Samarkand – früher als Marakanda bekannt – war die Hauptstadt von Sogdien, wurde 329 von Alexander dem Großen eingenommen und stand danach immer wieder unter der Herrschaft verschiedener Eroberer. Samarkand überlebte den Einmarsch und die Zerstörungen durch die Truppen von Dschingis Chan. Nach einer Revolte gegen die mongolischen Unterdrücker begann Samarkand unter Timur und seinen Söhnen – allen voran der geniale Astronom Ulug'bek – seinen Aufstieg zur wichtigsten Kultur- und Handelsstadt in Mittelasien. Die Architekturdenkmäler, für die Samarkand berühmt ist und die noch heute wirken wie aus 1001 Nacht, entstanden zwischen dem 15. und 17. Jahrhundert.

»Man sagt«, schreibt ein unbekannter Dichter, »dass man durch die ganze Welt reisen kann, sich die Pyramiden anschauen und das Lächeln der Sphinx bewundern kann. Du kannst das weiche Singen des Adriawindes hören und ehrfurchtsvoll vor der Akropolis knien, du kannst von Rom und seinem Collosseum gefangen sein, entzückt sein von Notre Dame in Paris oder dem alten Mailänder Dom. Aber wenn Du einmal Samarkand gesehen hast, wirst Du immer von seiner Magie verzaubert bleiben.« Das Samarkand der damaligen Zeit trug die Beinamen ›des Planeten herrlichstes Antlitz‹ oder ›glanzvolles Antlitz der Erde‹. Marco Polo (1254–1324), der, so vermuten neuere Forschungen, nie in China war und nur bis Samarkand gekommen sein soll, schreibt in Kapitel 52 seines Reiseberichtes: »Samarkand ist eine vornehme

Eisverkäufer am Registan

▲ Karte S. 126

Stadt, geschmückt mit schönen Gärten und umgeben von einer Ebene, in der alle Früchte wachsen, die man sich nur wünschen kann. Die Einwohner, teils Christen, teils Mohammedaner, sind dem Neffen des Großchans untertan; dennoch sind die Beziehungen zwischen beiden Parteien nicht freundschaftlich, sondern es herrscht ein ständiger Kampf und Krieg.«

Im 18. Jahrhundert begann mit dem Überfall der Schaibaniden, der eigentlichen Vorfahren der heutigen Usbeken, der Niedergang Samarkands; in der Zeit von 1720 bis 1770 war die Stadt sogar gänzlich unbewohnt. Erst nachdem Samarkand 1887 unter russischer Herrschaft eine Provinzhauptstadt mit Eisenbahnanschluß wurde, konnte sich die Stadt wirtschaftlich erholen.

Heute hat die Stadt Samarkand 372 000 Einwohner. Das moderne Samarkand teilt sich in zwei Teile. Das eigentliche städtische Leben findet in dem einst von Russen geplanten Stadtteil statt. Wie in St. Petersburg laufen drei Straßen auf einen zentralen Platz zu. Leider ist dieser Platz, heute heißt er Unabhängigkeitsplatz, leer und sehr baufällig. Weiter westlich, auch noch im russischen Teil der Stadt, liegen die großen Geschäfte, moderne Cafés, Sportstadien und Bürogebäude. Auch die Universität liegt in diesem Stadtteil. In Samarkand gibt es eine große Brauerei und mehrere Unternehmen der Leichtindustrie. Außer der Architektur bietet Samarkand wenig Interessantes. Das kulturelle Leben ist mehr oder weniger der Videounterhaltung gewichen, im Opernhaus werden nur touristische Vorstellungen gegeben. Der andere Teil mit einem anderen Gesicht ist das Gelände, auf dem sich die Altstadt befand. Abends kann man sich hier in den Teehäusern

Holztür im Mausoleum Gur Emir

amüsieren, ein besonders eindrucksvolles im Kolonialstil mit echten Geiern und anderen Vögeln befindet sich an der Registonskaya, gegenüber dem Registan. Das heutige Samarkand wäre, würden nicht überall die blauen timuridischen Bauwerke blitzen, eine langweilige, zerissene Stadt, mit wenig Atmosphäre. Da aber die Architektur allgegenwärtig ist, wirkt die Stadt majestätisch und äußerst einladend.

Gebirgszüge umgeben die Stadt als weit geschwungener Bogen im Norden, Osten und Süden. Es sind die Ausläufer der Gebirgszüge des Pamiro-Altai, Turkestan und Serafshan. Samarkand liegt 725 Meter über dem Meeresspiegel. Im Sommer kann es hier bis zu 45 °C heiß werden, der trockene Frost im Winter lässt Temperaturen bis zu –25 °C zu.

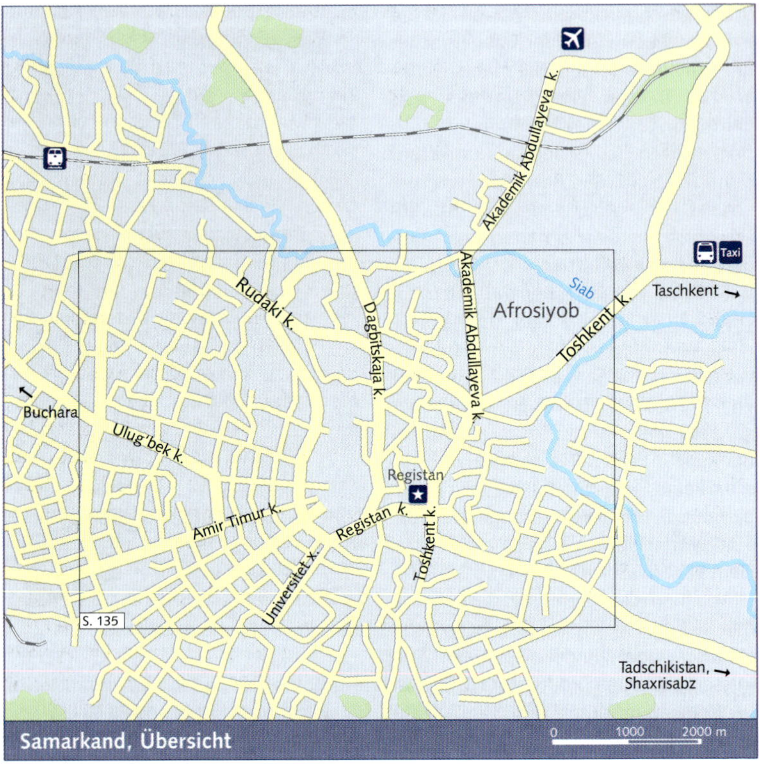

Samarkand, Übersicht

Stadtgeschichte

Die ganz frühe Geschichte der Stadt ist unter den Historikern umstritten: Hat in grauer Vorzeit ein König Samar die Stadt (›kand‹) gegründet, oder war es der König Afrosiyob, nach dem die antike Festung, die im Nordosten der heutigen Stadt liegt, benannt wurde? Auf jeden Fall sind Spuren des Urmenschen aus dem Altpaläolithikum und Jungpaläolithikum im Samarkander Gebiet und in der Stadt gefunden worden. Auch Bewässerungssysteme, die aus dem 6. und 5. Jahrhundert vor Christus datieren, sind ausgegraben worden. Samarkand war Mittelpunkt eines der ältesten Staatengebilde in Mittelasien, dem Land der Sogden, die ihren Staat Sogdiana nannten, wie im Awesta, einer Sammlung von Schriften aus dem 1. Jahrhundert vor Christus (Texte der Sonnen- und Feueranbeter, der Anhänger Zarathustras) nachzulesen ist.

Als Alexander der Große im Jahre 329 vor Christus die Stadt – damals das Zentrum Sogdiens – erreichte nahm er sie, trotz einer dreizehn Kilometer langen Stadtmauer, ein, ohne auf großen Widerstand zu treffen. Es soll Folgendes gesagt haben: »Alles was ich über die Schönheit dieser Stadt hörte, ist tatsächlich wahr, außer dass es viel schöner ist, als ich es mir vorgestellt habe.« Als die Griechen weiter nach Osten Richtung

Fergana zogen, baute der sogdische Rebell Spitamen, früher König des Reiches, eine Guerillaarmee auf, die die Griechen zunächst erfolgreich unter Druck setzte. Nachdem Alexander sich jedoch auf die Politik der verbrannten Erde verlegte, konnte er Samarkand, in seiner Zeit wurde es Marakanda genannt, ein gutes Jahr später endgültig einnehmen. Dann begann ein häufiger Wechsel der Machthaber: Seleukiden, das griechisch-baktrische Reich, die Kuschan, Weißhunnen, das türkische Chanat. Ausgrabungen zeigen den griechischen Einfluss und zeugen auch vom Kuschanenreich.

In den ersten Jahrhunderten unserer Zeitrechnung erlebte Samarkand einen Niedergang, Handwerker und Händler verließen die Stadt. Erst als die Route der Seidenstraße im dritten Jahrhundert wieder durch Samarkand lief, konnte die Stadt wieder ihre alte Stellung erlangen. Obwohl die Stadt von den Hunnen im fünften Jahrhundert geplündert wurde und im sechsten Jahrhundert unter die Herrschaft der türkischen Chans gestellt wurde, schafften es die unbezwingbaren Sogden von Samarkand, die Möglichkeiten der Seidenstraße für sich zu nutzen.

Minarett der Rukhabat-Moschee

Nach dem der arabische Feldherr Qutaiba ibn Muslim Samarkand 712 erobert hatte, errichtete er die erste Moschee der Stadt und deportierte einen Großteil der Bevölkerung. In den nun folgenden Wirren konnte sich in Samarkand ein wichtiges Handwerk etablieren: Im Jahre 751 kamen chinesische Gefangene in die Stadt und führten die örtliche Bevölkerung in die Kunst des Papiermachens ein. Mit den Jahren wurde das Geheimnis immer weiter nach Westen getragen und langsam wurden Pergament und Papyrus durch Papier ersetzt.

Unter den Samaniden

Erst im neunten und zehnten Jahrhundert, unter der Samaniden-Dynastie, erlebte Samarkand eine Renaissance. Der arabische Forschungsreisende Abulkassim ibn Haukal hat diese Stadt geschildert: »Es gibt dort eine Zitadelle [...] ich habe sie erstiegen und einen der schönsten Augenblicke erlebt, die den menschlichen Augen jemals vergönnt waren. [...] alles spiegelt sich in den fließenden Kanälen und gefüllten Teichen. Samarkand ist eine Stadt mit großen Basaren, Wohnvierteln, Bädern und Karawansereien. Das Wasser wird durch einen Kanal geleitet, der mit Blei ausgelegt ist. Mit wenigen Ausnahmen gibt es keine Straßen und kein Grundstück ohne durchfließendes Wasser, nur wenige Häuser haben keine Gärten.« Genau wie Buchara wuchs Samarkand in der für persische Städte typischen Dreiteilung: die Zitadelle mit dem Gefängnis, der Shahristan (die ›innere Stadt‹) mit

den Regierungsgebäuden und der Freitagsmoschee und der Rabat (Vorstadt) mit den Basaren und Lagerhäusern. Um den Shahristan zu schützen, wurde er mit einem Stadtgraben und einer Mauer umgeben. Durch vier Tore konnte die Stadt betreten werden. Im Norden hieß das Tor Buchara, im Süden Kesch, im Osten lag das chinesische und im Westen das eiserne Tor. Die Straßen waren mit Steinen gepflastert.

Das vormongolische Samarkand war eine reiche Stadt. Sie war nach einem Plan errichtet worden, bei dem die Wasserversorgung eine zentrale Rolle spielte. Durch ein Netzwerk zahlreicher Keramikrohre, die durch mit dem Ackerland verbundene Bleikanäle gespeist wurden, konnte mit einer ausgefeilten Technik die Wasserversorgung der Stadt gewährleistet werden. Vor dem Einfall der Mongolen hatte die Stadt 400 000 Einwohner, danach weniger als 100 000. Die Stadt wurde durch die Mongolen verwüstet und geplündert, die Einwohner wurden massakriert. Aus den Überlebenden wurden Handwerker und Gelehrte ausgewählt und zusammen mit den wehrfähigen Männern, insgesamt sollen es sechzigtausend gewesen sein, in die mongolische Hochebene verschleppt. Die übrigen Menschen durften nach der Zahlung eines Lösegeldes in die Stadt zurückkehren. Aber nach kurzer Zeit verließen auch sie die Stadt.

Wahrscheinlich ist der Wiederaufbau der Stadt zunächst deswegen nicht erfolgt, so meinen die Historiker, weil das Bewässerungssystem nicht mehr genutzt werden konnte – das Wissen war mit den Handwerkern und Gelehrten verschwunden.

Im Inneren des Mausoleums Oq Saray

Dennoch begann man in der Nähe von Afrosiyob mit dem Neuaufbau Samarkands, und dank des fruchtbaren Bodens des Serafshantals verlief das Leben der Einwohner bald wieder in geregelten Bahnen. Zeitgenössische Quellen berichten von Frauen, die ihre Gesichter mit blumengemusterten Seidentüchern verhüllen, von Metallgefäßen und gläsernen Weinschalen.

Die Regierungszeit Timurs

Mit der Regierungszeit Timurs (1370–1404) begann in Samarkand eine von vielen neuen Ideen geprägte Epoche. Die Kunst war unter der Mongolenherrschaft fast völlig zum Erliegen gekommen, denn nur alte schon bekannte Formen und Stile durften verwendet werden. Timur brachte systematisch Künstler und Handwerker – die ihm keineswegs immer freiwillig folgten – aus allen eroberten Gebieten in seine Hauptstadt Samarkand. Tamerlans hektische Baulust brachte einige gigantische Resultate hervor. In Samarkand entstanden prachtvolle Kunstwerke, die durch ihre Mischung verschiedenster Stilformen und architektonischer Strömungen den Betrachter beeindrucken. Neben Einflüssen aus Indien, dem Kaukasus und Syrien sind es vor allem die persischen Architekten, die unter Timur spektakuläre Akzente setzen.

In Timurs Zeiten, als Samarkand die Hauptstadt eines ungeheuren Reiches war und ›Mittelpunkt des Weltalls‹ werden sollte, waren hier Menschen aus allen Weltgegenden zusammengeströmt. Man hörte die unterschiedlichsten Sprachen, konnte Kleidung aus den verschiedensten Ländern sehen. Tausen-

Der Bahnhof von Samarkand

de drängten sich jeden Tag, um Timur Geschenke zu machen. Die luxuriöse Kleidung veranlaßt Hafizi Abru, den Augenzeugen und Chronisten Timurs, zu vermerken, dass niemand gewöhnliches Leinen getragen hätte, vielmehr seien kostbare Stoffe aus Ägypten und China, aus den Provinzen des Irans, aus Indien und Russland üblich gewesen. Auch die Machthaber hätten sich, so fährt er fort, aus Furcht von Timurs Zorn, trotz der immer größer werdenden Reichtümer Samarkands, keine Unregelmäßigkeiten erlaubt – und warum auch, seien Heer und Dienerschaft doch aufs beste versorgt gewesen! Und die Höflinge selber seien ›wie das Meer und das Bergwerk reich an Perlen und Gold‹ geworden. ›Wie Narzisse und Lilie schmückten sie sich mit silbernem Gürtel, mit goldenem Diadem.‹

Timurs Nachfolger und Enkel Ulug'bek war in seinem Baustil weniger üppig, dafür aber war sein Herrschaftsstil ausgewogener und stabiler. Mit seiner Regierungszeit (1409–1449) begann nahezu ein Jahrhundert des Wohlstandes und der von Feinden ungestörten kulturellen Blüte Samarkands. Ende des 15. Jahrhunderts regierte der letzte Timuride: Sahireddin Mohammed Babur, der Verfasser des ›Babur name‹ (Lebensbuch des Babur, geschrieben von ihm selbst) über Samarkand.

▲ Karte S. 126

Russische Kolonisation

Anfang des 18. Jahrhunderts verödete die Stadt und wurde schließlich 1868 dem Russischen Reich einverleibt. Die zaristische Kolonisierung wandelte das Stadtbild: die Stadtmauer wurde zerstört, die Zitadelle als Kaserne genutzt, und im Westen planten die Russen breite Alleen. Mit dem Bau der Transkaspischen Eisenbahn, die 1888 auch Samarkand erreichte, kam auch eine Arbeiterklasse, antizaristische Aktivisten und Träumer von Westen. Die Isolation der Stadt vom Westen – zwischen 1404 und 1841 hatte es nur zwei europäische Besucher gegeben – fand ein Ende. Mit der russischen Kultur wurde auch die erste allgemeine weltliche Schule eröffnet und 1894 die erste Druckerei. Der südliche Stadtteil Samarkands entstand, mit dem schattigen Gorkij Boulevard und zwei Parks.

Dann begann der ›Beutetourismus‹ auch Samarkand zu erreichen. Ein russischer Beamter schreibt: »Kostbarkeiten von unschätzbarem Wert, Kacheln, Bronzegegenstände – alles wird verschleppt [...] Ausländer kommen in ganzen Gesellschaften dorthin und verfrachten die Schätze kistenweise in das britische Museum und den Louvre. [...] In die berühmte Moschee Timurs kamen mehrere mit Revolvern bewaffnete Personen und begannen die Moschee zu plündern. [...] Sie entfernten eine herrliche Majolikaplatte mit einer Aufschrift Timurs. Dieselbe befindet sich jetzt in

Das Puppentheater lohnt einen Besuch

Berlin und ist ein Schmuckstück des Berliner Museums.«

Ende 1917 hing die rote Fahne der Revolutionäre über dem Registan. 1920 sammelte der bolschewistische General Frunze seine Soldaten hier für den Angriff auf Buchara; man hatte die Gegner der Sowjetmacht, die Basmachi, zu besiegen, die in der sowjetischen Geschichtsschreibung als Konterrevolutionäre, Räuber und Banditen bezeichnet werden. 1925 bis 1930 wurde Samarkand zur ersten Hauptstadt der Usbekischen Sozialistischen Sowjetrepublik erklärt. 1927 wurde die Universität gegründet, ihr folgte eine medizinische Hochschule. Ein Theater für Oper und Ballett (1964) und Sportstadien wurden errichtet.

Nach industriellem Wachstum ist Samarkand heute die zweitgrößte Stadt Usbekistans und hat auch die Merkmale der Sowjetära bekommen: Wohnblökke, Fabriken, Institute und öffentlichen Nahverkehr. Die besichtigungswerten Bauwerke liegen teilweise weit auseinander, deswegen bietet sich kein Rundgang an. Beginnen sollte man seine Besichtigung auf dem Registan.

Der Registan

George Curzon, der den Platz (usbek. Registon) Ende des letzten Jahrhunderts nur als Ruine kannte, schrieb: »Der Registan in Samarkand war ursprünglich und ist auch jetzt als Ruine der nobelste öffentliche Platz der Welt. Ich kenne nichts in Europa, das ihm in Einfachheit und Grandiosität nahe kommt, sogar nichts, das sich mit ihm vergleichen ließe.« Keine europäische Stadt ließe sich finden – so Curzon weiter – in der ein freier Platz auf drei seiner vier Seiten von gotischen Kathedralen umgeben sei.

Der Registan von Samarkand (wörtlich übersetzt: Sandplatz) ist das bekannteste Symbol Usbekistans und gehört zum Weltkulturerbe der UNESCO. Er war im mittelalterlichen Orient der Platz, auf dem die Herrscher Erlasse verkündeten, wo Gericht gehalten wurde, wo aber auch ein reges Markttreiben stattfand. Unter Timur wurde der Registan das Zentrum Samarkands. Unter seinem Enkel Ulug'bek erhielt der Platz seine offi-

Abendliche Beleuchtung am Registan

zielle Funktion: hier wurden Militärparaden abgehalten, Gesetze verkündet und Hinrichtungen vollzogen. In Ulug'beks Zeit wurde der Platz umgebaut - das noch heute beeindruckende Ensemble entstand. 1917 wurde hier die Rote Fahne gehißt, und hier verbrannten die Frauen ihren Gesichtsschleier, den Parandsha. Leider hat man in den neunziger Jahren eine Empore errichetet, so dass der Platz etwas von seiner Schönheit verloren hat. Zum achten Jahrestag der Unabhängigkeit im Jahre 1999 wurde sie zudem in den usbekischen Nationalfarben gestrichen - was nicht gerade zur Harmonie mit den anderen Bauwerken beiträgt.In der ersten Hälfte des 15. Jahrhunderts errichtete man an der Westseite die Medrese Ulug'bek (Ulug'bek madrasasi), eine Chanaka (usbek. Xonaqoh) an der Ostseite, eine Karawanserei an der nördlichen und zwei Moscheen auf der südlichen Seite. Eine Chanaka ist eine Herberge für Pilger, hier fanden aber auch Gebete statt. Als zwei Jahrhunderte später die Bauten zu verfallen begannen, wurde der Platz erneut umgebaut. Gegenüber der Medrese Ulug'bek entstand die Medrese Sherdor (Sherdor madrasasi), an die Stelle der Karawanserei wurde die Medrese Tillakori (Tillakori madrasasi) errichtet. Diese drei Bauten prägen bis heute den Registan.

Um die Medresen alle im Sonnenlicht fotografieren zu können, muss man einmal abends und einmal morgens den Platz besuchen (der Eintritt 6500 Sum plus Fotogebühr 2000 Sum gilt den ganzen Tag, wenn man am Eingang mitteilt, dass man erneut kommt).

Wenn man genügend fotografiert hat, kann man auf dem Registan wunderbar einkaufen. Neben der Sherdor-Medrese

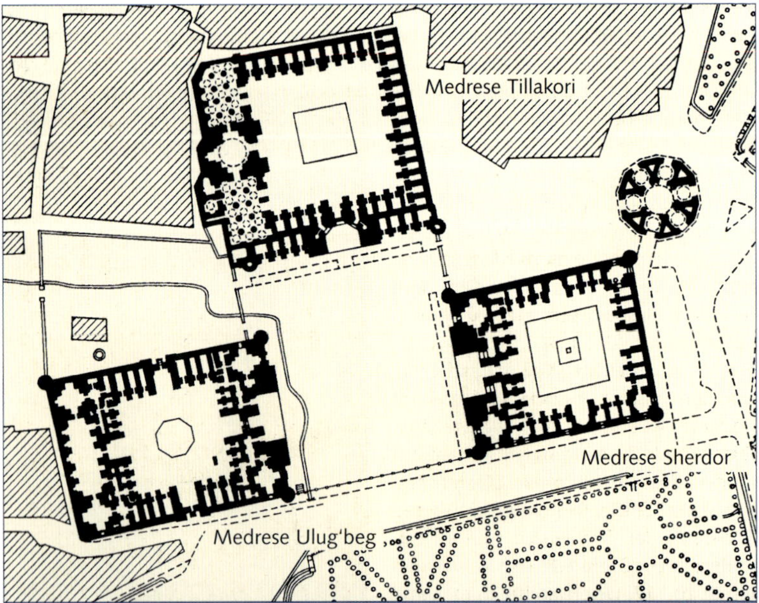

Der Registan

▶ Karte S. 135

befindet sich ein **Teppichgeschäft**, in dem man sehr schöne und vergleichsweise günstige Seidenteppiche kaufen kann. In ihrem Innenhof sind Audio-Kassetten (Stück um sechs Dollar) mit einmaligen Aufnahmen der traditionellen Instrumente zu erwerben, die sonst nirgendwo verkauft werden. Die Aufnahmen sind kein Folklore-Kitsch, sondern authentische nationale Musik. Besonders eindrucksvoll wirkt die Nay (Querflöte). In allen Geschäften sollte man auf jeden Fall handeln! Im Innenhof der Sherdor-Medrese findet abends eine Folkloreveranstaltung statt, deren Besuch sich lohnt. Unter freiem Himmel auf den traditionellen Bänken (Tahta oder Taptschan) sitzend, kann man bei Tee und Süßigkeiten ein farbenprächtiges Musikdrama erleben. Die Zeiten kann man direkt bei den Souvenirverkäufern erfragen. Die auf dem Registan stattfindende Sound-Light-Show ist dagegen nicht zu empfehlen.

Südwestlich des Platzes liegt der **Dichtergarten**, hier steht das Denkmal der vier Shoiren, der Märchenerzähler aus dem Volk: eine spezielle Synthese von Dichtung, Deklamation und Musik, vier Bronzegestalten in Nationaltracht, Schöpfer der mündlichen Dichtung.

Hinter dem Platz befindet sich das **Museum der Geschichte, Kultur und Kunst der Völker Usbekistans**, von örtlichen Führern in leichter Übertreibung auch ›Eremitage Mittelasiens‹ genannt. Handschriften, Münzen, Juwelierarbeiten, Steinmetzarbeiten und eine ethnographische Abteilung mit Nationaltrachten können besichtigt werden. Außerdem gibt es eine Susani-Sammlung. Toshkent ko'chasi 1, Tel. 2355808. Im Sommer geöffnet von 8 bis 18 Uhr. Im Winter von 9 bis 17 Uhr, Ruhetag am Mittwoch.

Sherdor-Medrese

Rechts neben dem Eingang steht die ›Löwentragende‹, die Sherdor-Medrese, denn auf ihrem Portal sind tigerartige Löwen (löwenartige Tiger?) dargestellt, die in sich die Sonne tragen und weiße Antilopen jagen. Die ganze Verzierung der Medrese steht unter dem Zeichen der Sonnensymbolik, überall wiederholen sich Varianten des alten Sonnensymbols Svasticha (Hakenkreuz). Streng genommen widerspricht die figürliche Darstellung dem islamischen Bilderverbot, und so liegt die Vermutung nahe, dass hier noch Einflüsse der vorislamischen feueranbetenden Zoroastrier zu spüren sind. Möglicherweise ist die Darstellung aber auch durch indische Motive beeinflusst. Auf jeden Fall ist der Einfluss der damaligen Bucharer Baukunst zu spüren, wo in jener Zeit ebenfalls figürliche Darstel-

Die Sherdor-Medrese im Abendlicht

lungen, wie zum Beispiel an der Medrese Devon Begi zu sehen, in Mode waren. Bis auf die figürlichen Darstellungen auf dem Pishtak ist die Medrese von außen mit geometrisch angeordneten glasierten Kacheln verkleidet. Die Vorderfront ist absolut geometrisch gestaltet, an den Ecken Minarette, dann geriffelte Kuppeln und das große Eingangsportal. Sie passt sich dem timurischen Stil sehr gut an und fügt sich harmonisch in das Ensemble. Im Innenhof kann eine Studentenzelle besichtigt werden. Errichtet hat die Medrese Abdul Jabbar in den Jahren 1619 bis 1631/32.

Tillakori-Medrese

Die jüngste Medrese ist Tillakori, die ›Goldbedeckte‹ (1641 bis 1660). Ihre Fassade ist länger als die der beiden anderen Medresen und die Studentenzellen liegen in zwei zum Platz hin geöffneten Etagen. Eingerahmt von den beiden anderen Medresen macht sie so den Eindruck, als wollte sie den Besucher einladen. Einige Zeit war das auch ihre Funktion, sie diente nämlich als Freitagsmoschee. So wirkt ihre Fassade dann auch nicht ganz harmonisch, denn die blaue Kuppel der Moschee ist nur an der einen Seite zu sehen. Ihr Pishtak ist nach dem Prinzip der Sherdor-Medrese gestaltet: über dem Bogen ein filigranes Majolikamosaik, rundherum geometrische Verzierungen. Besonders schön ist die im Innenhof gelegene Moschee, deren Ausstattung der Medrese den Namen gab: Der Innenraum glänzt golden. Leider sind trotz kürzlicher Renovierung schon wieder Wasserschäden erkennbar.

Die Tillakori-Medrese

▲ Karte S. 135

Ulug'bek-Medrese

Die dritte Medrese auf dem Registan ist die Ulug'bek-Medrese (Ulug'bek madrasasi). Während man Timur mit monumentalen Mausoleen und Moscheen in Verbindung bringt, so assoziert man mit Ulug'bek Wissenschaft, vor allem Astronomie und wissenschaftliche Ausbildung. Die älteste Medrese des Ensembles – errichtet 1417 bis 1420 – ist, passend zu den Interessen Ulug'beks, mit Sternenmotiven verziert. Berühmte Wissenschaftler und Künstler lebten, lehrten und lernten hier, einer war der Dichter Abdurrachman Jami, ein Klassiker der tadschikisch-persischen Literatur. In der Medrese lebten mindestens 100 Studenten, die von den besten Lehrern sowohl in Islamkunde als auch in anderen Disziplinen unterrichtet wurden. Die Legende behauptet sogar, dass der Herrscher Ulug'bek selbst sein Lieblingsfach, die Astronomie, unterrichtet haben soll. Im 35 Meter hohen Eingang-

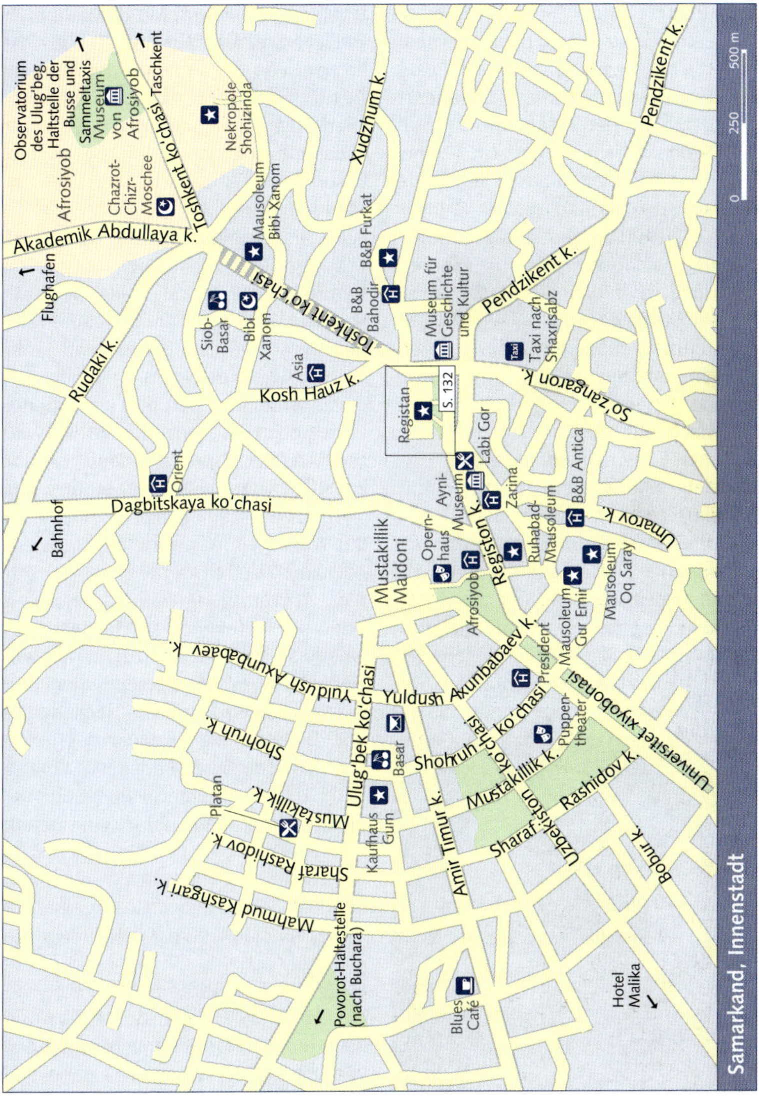

sportal ist seine große Leidenschaft durch die azurblauen Sterne dargestellt. Der Bau diente als Vorbild der anderen Medresen, deutlich ist zu erkennen, dass die Form und die geometrischen Verzierungen der Minarette von den Erbauern der Sherdor-Medrese spiegelbildlich übernommen wurden. Die Ulug'bek-Medrese ist ein klassisches Beispiel der timuridischen Baukunst.

Gur Emir

Gur Emir (Go're Amir), übersetzt heißt es ›Grab des Gebieters‹, wurde Ende des 14. bis in die Mitte des 15. Jahrhunderts als Grabstätte der Timuriden errichtet. Auf Timurs Befehl wurde es für seinen geliebten Enkel Muhammed Sultan, der unerwartet 1403 starb, projektiert. Vorher hatte Muhammed Sultan in unmittelbarer Nachbarschaft eine Medrese und eine Chanaka, die Herberge für Derwische, errichtet.

Über dem eigentlichen Grabmal erhebt sich ein T**ambour**, auf dem eine langgezogene gerippte Kuppel ruht, die zum Himmel strebt, als ›löse sie sich von den irdischen Sorgen und der Welt der Eitelkeit.‹ Die Kuppel aus farbigen Schmelziegeln wirkt von weitem blau. Dieser Farbeffekt entsteht durch die geschickte Vereinigung verschiedenfarbiger Elemente, die ein ziemlich einfaches Mosaik bilden. Neben dem leuchtenden Blau liegen violette Ziegel, die stellenweise eingestreuten blauen und orangen Steine sieht man nur schwer angesichts des Licht- und Schattenspiels der gerippten Wellen. Die Anordung zeigt, dass die Erbauer von der Wirkung der Komplementärfarben wußten und dementsprechend die Steine anordneten. Zu jeder Tageszeit ist die Kuppelfarbe anders, besonders im Abendlicht ist das Farbenspiel sehr schön.

Gur Emir – das Grab des Gebieters

▲ Karte S. 135

Auch die **Innenausstattung** ist äußerst prächtig: Die Wand ist mit großen Onyxplatten verkleidet, in der dekorativen Bemalung der Wände und des Kuppelinneren wurde überwiegend Gold verwendet. In der Mitte befinden sich einige Grabmale, darunter, in zentraler Lage, auch ein Quader aus fast schwarzem Nephrit: **Tamerlans Grab**. Er ruht zu Füßen seines geistigen Mentors, des Scheichs Mirsaijd-Bereke. In einer Ecke des Mausoleums kann man an einem Ast einen Tierschwanz sehen, der auf die Abstammung eines weiteren Scheichs deutet, der anscheinend aus einer Familie von Viehzüchtern kam. Heute wird das Mausoleum von den Gläubigen zurückerobert – nicht selten sind Betende am Grabmal des unbekannten Scheichs zu finden. Als Anfang 1405 Timur selbst starb, wurde auch er hier begraben und später seine Söhne und sein Enkel Ulug'bek. Das eigentliche Grab befindet sich in einer Krypta unterhalb des Mausoleums. Gegen eine Gebühr (handeln!) wird die Gruft gerne geöffnet.

Hinter der Grabstätte befindet sich mit **Oq Saray** (1470) (Weißer Palast) ein weiteres Timuridenmausoleum, das kürzlich renoviert wurde. Es kann gegen ein auszuhandelndes Entgeld besichtigt werden. Ebenfalls in der Nähe, an der Registon ko'chasi, sieht man das **Ruhabad-Mausoleum**, in dem angeblich auch ein Haar des Propheten Mohammed bestattet ist.

Tamerlans Grab

»Timur war ein häßlicher Mann; er hatte ein blindes Auge und einen lahmen Fuß.«
Johann Wolfgang von Goethe

In einem sehr harten Winter hatte sich Timur entschlossen, mit einem 200000 Mann starken Heer China zu erobern. Bartold, ein mittelasiatischer Historiker schreibt Anfang des 20. Jahrhunderts: »Der Winter 1404/05 war einer der kältesten, die Turkestan je erlebt hatte. [...] trotz seines Alters hatte Timur die Strapazen eines solchen Winters auf sich genommen, ohne zu ahnen, dass seine letzten Tage bereits angebrochen waren. [...] Wegen des strengen Frostes trank Timur zu inneren Erwärmung in großen Mengen Alkohol, was als die unmittelbare Ursache seines Todes anzusehen ist. Zwei Tage lang soll er nicht vom Arrak, dem türkischen Schnaps, gelassen haben, und dabei keinen Bissen gegessen haben. Er starb am 18. Februar 1405.«

Sein in Rosenwasser und Moschus einbalsamierter Körper kehrte in einem Sarg aus Ebenholz nachts nach Samarkand zurück. Um keine politischen Konflikte hervorzurufen, wurden zunächst nur die Verwandten und Statthalter vom Ableben des Herrschers in Kenntnis gesetzt, sie wußten, dass »der glücksbegünstigte Falke aus dem Netz der trügerischen Welt nach der Steppe des Hauses der Beständigkeit geflogen war.« Erst einige Tage später nahmen in Samarkand die Trauerzeremonien für den toten ›Herrn der Glückskonjunktion‹ ihren Lauf. »Die Prinzessinnen und Emire«, so berichtet ein Augenzeuge, »die in der Stadt waren, die Frauen der Vornehmen und Würdenträger des Reiches, sie lösten sich die Haare und schwärzten sich das Gesicht, warfen sich einen Filzumhang über den Nacken und strömten herzu. [...] Alle Einwohner schlossen die Märkte und erhoben ein lautes Wehgeschrei, das weithin in alle Welt erscholl. So heftig wogten Jammer und Klagen empor, dass die Furcht wuchs, es sei jener angedrohte Tag gekommen, von dem es heißt, ›Dann falten wir den Himmel zusammen, wie der Schreiber einen Brief‹. Die Sonne an der Sphäre des Sultanats und der Weltherrschaft war untergegangen.« Unmittelbar nach Timurs Tod setzten die Verteilungskämpfe in seinem Riesenreich ein. Bevor sein Sohn Scharuch die Oberhand gewinnen konnte, herrschte Unruhe.

Die Grabstätte Timurs in dem Gebäude, in dem wenige Jahre zuvor Mohammed Sultan bestattet worden war, entwickelte sich zu einem Wallfahrtsort. Der Syrer Ibn Arabschah weilte damals in der Zeit des Chaos in Samarkand und beschrieb das Innere des provisorischen Mausoleums: »Die Grabstätte war mit Tüchern verdeckt. Tamerlans Waffen und andere Gegenstände aus seiner persönlichen Habe, alle mit

Eingangsportal von Gur Emir

Gur Emir, Kuppeldetail

Juwelen aus verschiedenen Weltgegenden verziert, waren an den Wänden befestigt; goldene und silberne Leuchter hingen von der Decke; Teppiche aus Seide und Samtstoffen dämpften die Schritte der Besucher, die jeden Tag zahlreich waren und darauf hofften, dass ihre Gebete am Grab des großen Mannes erhört wurden. Selbst wer außen vorbeiritt, verneigte sich, stieg sogar vom Pferd, um den Toten zu ehren.« Timur war eine Heiligenfigur geworden.

Als Scharuch 1409 Samarkand einnahm, setzte er, ein treuer Anhänger der Scharia, solch einem von islamischen Gesetzen verbotenen Kult ein Ende. Die Habe Timurs wurde dem Staatsschatz übergeben. Bald darauf erfüllte Scharuch seinem toten Vater einen Wunsch, den dieser schon lange gehegt hatte. Der Leichnam jenes Mir Saijd Beke, der ihm einst die Herrschaft geweissagt hatte, wurde nach Samarkand gebracht und in der Gruft bestattet. Timur wurde umgebettet und ruhte hinfort neben seinem geistigen Lehrer Mir Saijd. Neben Timur bestattete man auch seinen Enkel Mohammed Sultan erneut. Später wurden weitere Timuriden in dem Gebäudekomplex begraben, der schließlich mit dem Namen Gur Emir, Mausoleum des Emirs, bezeichnet wurde.

Im April 1941 öffneten sowjetische Historiker und Anthropologen die Gruft. Die Untersuchungen von Gerasimov zeigten einen etwa 1,72 großen Mann, der an Tuberkulose litt, Verwachsungen an der rechten Schulter und am rechten Knie hatte. Eines seiner Beine war kürzer als das andere, weswegen er Timur Lenk (der Lahme) hieß. Vom Schädel, den Gerasimov als Bronzekopf rekonstruierte, hingen immer noch rote Haare herab. Auch Ulug'bek wurde exhumiert. Es zeigte sich, dass sein Kopf neben seinem Körper lag, damit war bestätigt, dass er auf unnatürliche Weise gestorben war.

Nach alten Prophezeihungen und nach seiner Grabaufschrift sollte die Welt bei der Öffnung des Grabes von Timur zittern. Tatsächlich bringen manche den deutschen Überfall auf Russland im Sommer 1941 mit der Graböffnung in Verbindung. Als die Gebeine 1942 nach muslimischen Riten erneut bestattet wurden, bahnte sich mit der Schlacht von Stalingrad eine Wende des Krieges an. Nach dieser weitverbreiteten Kausalität wird die Gruft Timurs zwecks neuerer Untersuchungen – die das neue usbekische Geschichtsbild unterstreichen könnten – wohl so bald nicht mehr geöffnet.

Bibi Xanom

In unmittelbarer Nähe des Basars - wegen ihrer Größe nicht zu übersehen - steht die Bibi-Xanom-Moschee (auch Bibi Chanim oder Xanim). Nach seinem erfolgreichen Feldzug nach Indien wollte Timur - wohl vor allem um seine unbegrenzten technischen und finanziellen Möglichkeiten zu demonstrieren - die damals großartigste Moschee der östlichen Welt bauen lassen. Er (zwangs-)verpflichtete die berühmtesten Handwerker und Baumeister und brachte Elefanten aus Indien als Lastenträger in seine Hauptstadt. Er wollte eine große Freitagsmoschee bauen, die eine irdische Nachbildung des Paradieses werden sollte. Die Gläubigen sollten in ihr, von überweltlicher Schönheit umgeben, sich einzig und allein dem Gebet hingeben können. Im Mai 1399, zu einer von Astrologen errechneten Stunde, wurde der Grundstein gelegt. Timur selbst beaufsichtigte den Bau der Moschee, und als ihm eines Tages das Portal, das zwar »dem Gipfel der Sphären gleichkam« im Verhältnis zum Kuppelbau über dem Gebetssaal zu niedrig erschien, ließ er es abreißen und neu errichten. Im Chef der Finanzverwaltung fand Timur den Schuldigen und ließ ihn mit dem Leben büßen.

Die überdurchschnittlichen Ausmaße der Moschee (errichtet innerhalb von fünf Jahren 1399 bis 1404) waren zu groß für die üblichen Baumaterialien und architektonischen Fähigkeiten der damaligen Meister. Zudem war der Bau überhastet durchgeführt worden, so dass es fast zwangsläufig zu statischen Problemen kam, auch war die Erdbebensicherheit nicht gewährleistet. Allerdings ist die Schnelligkeit, mit der Timur sein Projekt vorantrieb, für den islamischen Orient mit seiner politischen Instabilität

Das Bibi-Xanom-Mausoleum, im Vordergrund der Basar

nicht ungewöhnlich. Obwohl das Mauerwerk der Wände verstärkt wurde, begannen schon - so berichten Zeitzeugen - kurz nach Fertigstellung der Moschee Stuck und Steine aus der immerhin 43 Meter hohen Innenkuppel herabzufallen. Auch die Säulenkolonnade der Kuppel war nicht sehr stabil, die Minarette und Portale stürzten nach und nach ein. Bisweilen lösten sich Steine aus dem Mauerwerk und den Wänden und stürzten auf die Betenden herab, einmal sollen es so viele große Steine gewesen sein, dass die Menschen vor Furcht die Moschee verließen und der Vorbeter allein zurückblieb. Neben den schon erwähnten Mängeln trugen auch die häufig vorkommenden Erdbeben zum Zerfall der Moschee bei.

Timurs Hauptmoschee war eines der größten Bauwerke dieser Art. Der **Innenhof** ist 540 Quadratmeter groß und das Hauptportal 40 Meter hoch. Die architektonische Anlage dieser Moschee zeigt die typische Bauweise einer mittelasiatischen Moschee: ein großer Hof, der von nach innen geöffneten Galerien umgeben wird; auf einer Achse liegen

Die Moschee Bibi Xanom

das Eingangsportal und Hauptgebäude. Ursprünglich hatte die Moschee vier große Minarette und vier kleinere, achteckige Türme auf den Eingangsportalen. Das **Hauptgebäude** ist außen mit Backsteinmustern – Girikhs und sehr große Kufi-Schrift – oder mit Mosaiken und Majoliken verkleidet. Der Innenraum des Hauptgebäudes, der leider nicht zugänglich ist, ist mit goldblauen Ornamenten auf weißem Grund geschmückt. Erdstöße haben die Moschee zusammen mit Plünderungen zu einem Ziegelbruchhaufen gemacht, seit 1974 wird sie intensiv restauriert.

Timur baute die Moschee zu Ehren seiner Lieblingsfrau Bibi Xanom (deutsch: alte Königin). Sie war Timurs erste und älteste Frau und in politischen Fragen seine Vertraute. Sie hieß eigentlich Sarai-Mulk-Xanom, als die Moschee gebaut wurde, war sie jedoch schon älter und bekam deswegen den Titel Bibi. Bibi Xanom war eine wunderschöne Frau – so erzählt die Legende –, die nicht nur von ihrem Mann Timur geliebt wurde. Auch ein junger Baumeister, der von Timur mit einem Großprojekt beauftragt worden war, hatte sich in sie verliebt. Als Timur von einem Feldzug auf dem Weg nach Hause war, das Projekt aber noch nicht vollendet, drängte Bibi Xanom auf die schnelle Fertigstellung. Der junge Baumeister willigte ein, das Gebäude über Nacht fertigzustellen, wenn er Bibi Xanom küssen dürfe. Nach langem Zögern willigte sie ein. Als Timur kam, sah er, was mit seiner Frau geschehen war. Der Baumeister floh, Bibi Xanom aber sollte von einem der Minarette in den Tod gestürzt werden. Sie bat darum, alle ihre Seidenkleider anziehen zu dürfen, was ihr auch gewährt wurde. Damit war sie gerettet und die Fallschirmseide erfunden.

Gegenüber der Moschee befindet sich das ebenfalls mit einer blauen Kuppel überdachte, jedoch wesentlich kleinere **Mausoleum Bibi Xanom**. Nach dem Besuch der Moschee kann man wunderbar über den nördlich angrenzenden **Basar** bummeln, Gewürze, schon geknackte Walnüsse, getrocknete Früchte oder was sonst das Herz begehrt kaufen. Nur auf seine Taschen sollte man aufpassen.

■ Xazrat Xizr

Gegenüber dem Basar, der sich an den Bibi-Xanom-Komplex anschließt, am südöstlichen Ende des Geländes von Afrosiyob, liegt die Moschee Xazrat Xizr (Khasret Khyzr). Da Xazrat Xizr der Schutzpatron der Wanderer ist und das Wasser des Lebens hütet, sollte der Besuch der Moschee ein Muß für jeden Samarkand-Besucher sein. An der Stelle soll sich bereits ein antiker Tempel befunden haben, bevor die Araber die älteste Moschee der Stadt hier bauten.

▲ Karte S. 135

Buntes Treiben auf dem Basar

Das gegenwärtige Gebäude stammt aus der Mitte des 19. Jahrhunderts und wurde seit dem immer wieder verändert. Vom Ayvon hat man einen schönen Blick auf die Bibi Xanom-Moschee und auf Shohizinda.

Shohizinda

Südlich von Afrosiyob befindet sich die eindrucksvolle Nekropole Shohizinda. Von Norden nach Süden sind an einem engen, siebzig Meter langen Korridor sechzehn Gebäude, Mausoleen und Moscheen angeordnet. Wegen des vielfältigen, intensiven und märchenhaften Dekors könnte man den Komplex ›Majolikafreilichtmuseum‹ nennen. Das Leitmotiv, schon auf dem Eingangsportal zu beobachten, sind Blumen und Sterne – das sogenannte Samarkander Ornament.

Die Nekropole entstand neben der hier vermuteten Grabstätte Qussam ibn Abbos, dem Cousin des Propheten Mohammed. Er wird in den Legenden als der ›lebendige Herrscher‹, also ›Shohizinda‹ bezeichnet. Qussam ibn Abbos befand sich unter den arabischen Eroberern, kam in einer Schlacht um und wurde Ende des 7. Jahrhunderts angeblich hier begraben. Der Legende nach starb er für seinen Glauben, denn Ungläubige sollen ihn enthauptet haben, während er betete. Er starb nicht wirklich – erzählt die Legende weiter –, sondern nahm seinen abgeschlagenen Kopf unter den Arm, stieg durch einen Brunnen in die Erde, wo er unter den Seligen des Paradieses ewig weiterlebt. So lässt sich die Bezeichnung der Nekropole erklären. Qussam Ibn Abbos wird quasi als Heiliger verehrt, auch wenn der Islam keine Heiligsprechung kennt. Untersuchungen ergaben, dass sich in der heutigen Gruft im siebten Jahrhundert keine Bestattung ereignet hat, das Grabmal ist also fiktiv, dennoch eines der ältesten erhaltenen Usbekistans. Sein heutiges Aussehen datiert aus dem 11. Jahrhundert, als eine an Qussam ibn Abbos erinnernde Kultstätte errichtet wurde. Diese befindet sich ganz oben in der Anlage.

Schon im 11. und 12. Jahrhundert bildeten sich um das Grab des ›Heiligen‹ mehrere Grabstätten. Die endgültige Form als ›Straße der Mausoleen‹ bekam Shohizinda im vierzehnten und fünfzehnten Jahrhundert. Im 13. Jahrhundert wurde der Komplex von Dschingis Chan verwüstet, im 14. und 15. Jahrhundert von den Timuriden, insbesondere in Ulug'beks Regierungszeit, erneut aufgebaut.
Wer fotografiert, sollte die Nekropole morgens besuchen, da dann der Lichteinfall am besten ist. Der Eintritt beträgt inklusive der Fotogebühr 3800 Sum (Stand März 2010).

Eingangsgruppe

Beginnen sollte man mit der Besichtigung unten am Portal der Gräberstraße. Die Mausoleen der Eingangsgruppe stammen aus dem 15. und 16. Jahrhundert. Den **Hauptportikus** ließ Ulug'bek im Namen seines Sohnes Abdulaziz errichten, davon zeugt die Inschrift an der Westwand der Portalnische. Glasierte

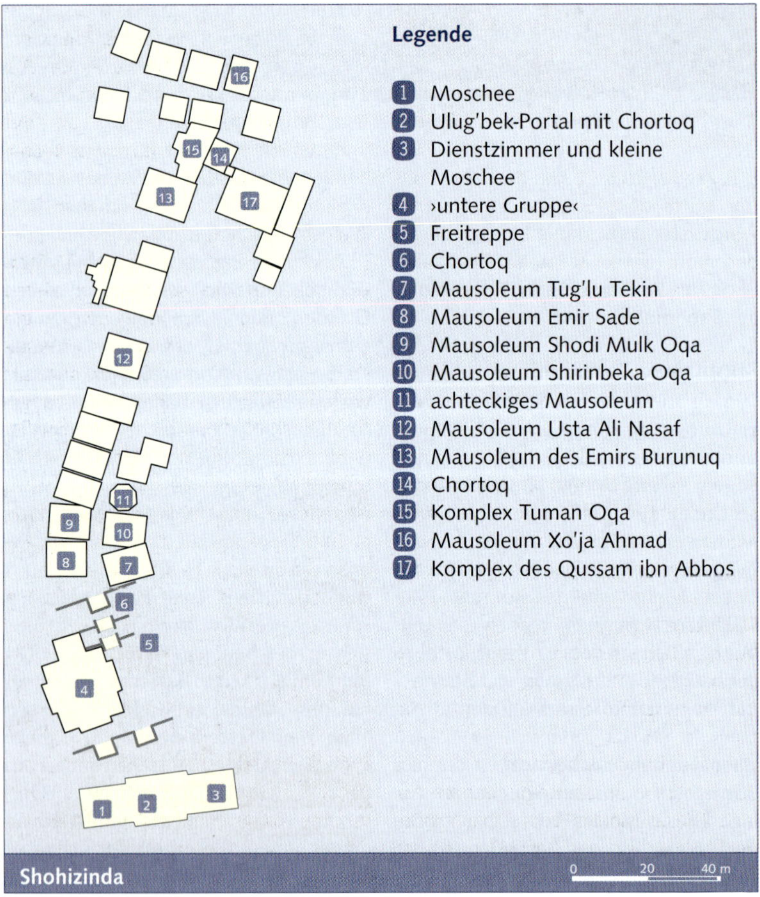

▶ Karte S. 135

In der Gräberstadt Shohizinda

Ziegel bilden geometrische Muster auf den braunen Backsteinen; Ecksäulen und Bogentympanon sind mit vielfarbigen Mosaiken verziert. Hinter dem Portikus liegt der **Chortoq** – ein Durchgang mit vier Bögen und einer zwölfseitigen Kuppel. Links befindet sich eine **Moschee aus dem 15. Jahrhundert** und direkt daneben sitzen im **Ayvon der Sommermoschee** immer einige Gläubige und beten. Die Decke des Ayvon wurde 1910 mit Ölfarben, die Wände mit Alabasterschnitzerei ausgestattet.

Untere Gruppe

Vor den Treppenstufen links beginnt die sogenannte untere Gruppe mit einem **Zweikammermausoleum** aus dem Anfang des 15. Jahrhunderts. Die blaue Kuppel sieht man schon von weitem, sie dominiert die Silhouette der ganzen Anlage. Dieses Mausoleum ist das größte der Anlage: ein zweiteiliges Gebäude mit einem großen kreuzförmigen **Gedenkzimmer** (Ziyoratxona) und dem Raum, in dem sich das eigentliche **Grab** (Gorxona, auch Gurchane) befindet. In letzterem, innen reich kunstvoll ausgestattet, liegt unter dem Fußboden eine kreuzförmige Gruft. Beide Gebäude haben eine Innen- und eine Außenkuppel, die auf hohen Trommeln ruhen. Lange Zeit behauptete man, hier sei der berühmte Lehrer Ulug'beks Qozizoda Rumiy bestattet. Forschungen aus den 70er Jahren zeigten, dass hier eine Frau im Alter von 30 bis 35 Jahren beigesetzt wurde. Übrigens wirkt das Mausoleum am schönsten, wenn man es von oben, von den letzten Treppenstufen der Anlage betrachet. Abends bietet es mit dem Himmel als Hintergrund und der untergehenden Sonne ein ganz besonderes Farbenspiel.

Mittlere Gruppe

Die Treppe führt wieder durch einen Chortoq in die Mausoleen der mittleren Gruppe, die größtenteils in den letzten Jahren des 14. Jahrhunderts entstanden, nachdem Timur Samarkand zur

Aufgang zur mittleren Gruppe

Hauptstadt seines Reiches gemacht hatte. Rechts liegt das **Mausoleum Tuglu Tekin**, es wurde 1376 errichtet und ist der Mutter eines von Timurs Heerführern gewidmet. Die Portalverzierungen sind vergleichsweise bescheiden. Deutlich ist, dass die Majoliken sehr farbenprächtig sind und fast keine Terrakottaschnitzereien mehr verwendet wurden.

Gegenüber liegt das **Mausoleum Emir Sade** (Sohn des Emirs, Amirzoda) aus dem Jahre 1386. Wer hier begraben wurde, ist nicht bekannt. Zehn Jahre später als Tuglu Tekin errichtet, zeigt sich hier eine weitere Entwicklung der Keramikkunst. Die Malereiornamente auf den Majoliken der Portalverkleidung sind viel reicher als die des Tuglu-Tekin-Mausoleums. Neu ist die Innenausstattung mit Gantschschnitzerei, einem Material, das aus einer Alabaster-Gips-Mischung hergestellt wird.

Daneben befindet sich das **Mausoleum Shodi Mulk Oqa**. Diese Grabstätte soll der erste von Timur in Auftrag gegebene Bau in Samarkand sein und wurde 1372 für Shodi Mulk Oqa, die Lieblingsnichte Timurs gebaut. 1383 wurde sie hier begraben. Das Mausoleum Shodi Mulk Oqa ragt durch seine Schönheit hervor. Es besticht durch vornehme Eleganz, wunderbare Blautöne der Wände und vielfältige geometrische Figuren. Besonders schön ist das türkisfarbene Portal. Die Ecksäulen sind mit kunstvoller Terrakottaschnitzerei geschmückt. Die Wände der Eingangsnische hat man mit Panneaus verkleidet, die prächtige Blumenvasen darstellen. Neben der glasierten Terrakotta sind die bemalten Majoliken über dem Portalbogen bemerkenswert. Auch zur Innenausstattung nutzte man vor allem Majolikatechnik. Außergewöhnlich ist die Kuppelverzierung: Die Kuppel wird von Rippen in acht Teile geteilt, die in der Mitte einen achtzackigen Stern bilden.

Gegenüber liegt ein Mausoleum für eine Schwester Timurs, **Shirinbeka Oqa**, die 1385 hier begraben wurde. An diesem Bau wurden zum erstenmal in Shohizinda gravierte Mosaiken benutzt. Die Kuppel mit Mosaikornamenten ruht auf einer sechzehneckigen Trommel, die wiederum auf einem quadratischen Sockel steht. Innen ist das Mausoleum in weichen Farbtönen ausgestattet – Reste einer Goldmalerei sind zu erkennen.

Auf der linken Seite wurden während archäologischer Ausgrabungen in den 60er Jahren **Ruinen von zwei weiteren Mausoleen** aus dem 14. Jahrhundert entdeckt. Im weiter oberhalb liegenden Bau hat man einen Sarkophag mit bunten Majolikakacheln, arabischen Inschriften und Vergoldungen gefunden. Leider konnten daraus keine Rückschlüsse auf die Bestimmung des Gebäudes gezogen werden. Gegenüber steht ein schlichtes **achteckiges Mausoleum** aus dem 15. Jahrhundert, unter dessen Fußboden liegt eine Gruft, in der vier Frauen beigesetzt wurden.

Der nächste größere Bau auf der linken Seite ist das **Mausoleum Usta Ali Nasaf** (14. Jahrhundert). Außen und innen ist es ganz mit verschiedensten Majoliken verziert. Hauptmerkmale der Portalverzierung sind Reliefplatten mit Kufi-Inschriften, die sich ineinander verflechten und geometrische Muster bilden. Etwas oberhalb liegt ein weiteres namenloses Grabmal aus dem 14. Jahrhundert. Die

Im Mausoleum Shirinbeka Oqa

tiefblaue und türkisfarbene Verkleidung zieht die Aufmerksamkeit des Betrachters unweigerlich an.
Das **Mausoleum des Emirs Burunduq**, eines Heerführers Timurs (links vor dem dritten Tor, 14. Jahrhundert), ist nicht ganz fertig geworden. Außerdem wurde die Fassade zerstört und umgebaut.

Tuman-Oqa-Komplex

Mit dem dritten Chortoq beginnt links der Komplex Tuman Oqa, der aus dem 15. Jahrhundert stammt. Er wurde auf Geheiß von Tuman Oqa, der jüngsten Frau Timurs, errichtet. Er besteht aus einem kleinen Dienstzimmer, einer Moschee und dem Mausoleum von Tuman Oqa. Der Haupteingang der **dreikuppligen Moschee** befand sich im Westbogen des Chortaq. Oben in der Kuppel sind Fenster, die je nach Stand der Sonne unterschiedliche Lichteffekte im Inneren ermöglichen. Nördlich der Moschee liegt das **Mausoleum**. Seine blaue Kuppel ruht auf einer Trommel. Innen sind Reste eines grünen Paneels mit Goldmalerei erhalten geblieben.

Mausoleum Xo'ja Ahmad

Ganz im Norden der Gräberstraße steht das älteste erhaltene Gebäude der Anlage, das Mausoleum Xoj'a Ahmad (Xo'ja usbek. für Hodscha). Das **Portal** hat eine spitzbogige Eingangsnische und ist mit türkiser Terrakotta verkleidet. Arabische Inschriften aus dem Koran und florale Elemente bilden harmonische Verzierungen. Rechts vor dem Bau steht ein Mausoleum aus den Jahren 1360/61, das für eine adelige Frau errichtet wurde. Möglicherweise ist hier eine von Timurs Frauen, Qutluq oqa, bestattet worden. Auch diese Grabstätte ist reich und kunstvoll mit glasierter und geschnitzter Terrakotta verziert.

▸ Karte S. 135

Eingang zum Mausoleum Xo'ja Ahmad

Qussam-ibn-Abbos-Komplex

Rechts vom dritten Chortaq befindet sich der Komplex des ›lebenden Scheichs‹ Qussam ibn Abbos. Durch eine filigrane, aus Karagachholz geschnitzte Tür, die von einer Mosaikborte umrahmt wird, gelangt man zum Mausoleum. Rechts im Eingang sind die **Reste eines Minaretts** erkennbar, das aus der Samanidenzeit stammt und ähnliche Verzierungen wie das Mausoleum der Samaniden in Buchara aufweist. Derzeit finden hier intensive Restaurationsarbeiten statt. Das Gebäude besteht aus zwei Räumen: dem **Gedenkraum**, auch Gedenkmoschee genannt, und der **Gorxona**. Beides wurde im 16. Jahrhundert verändert. Es sind zwei innen und außen reichgeschmückte Räume. Sie stammen aus den Jahren 1334/35. Cohn-Wiener, ein Kunsthistoriker, der in den 20er Jahren Usbekistan besuchte, beschreibt sie so: »Das Gebäude ist durch die Strenge seiner Ornamente gekennzeichnet, die fast ausschließlich aus Arabesken bestehen, und durch die Schärfe, mit der die Stützbogen in die Mauern eingeschnitten sind. Im Innenraum dieses Gebäudes wurde eine besondere Technik der Vergoldung, welche die heimische Brokatstickerei nachahmte und ›kundal‹ genannt wurde, zum ersten Mal angewandt.«

Von dem Gedenkraum kann man durch Holzgitter auf den Sarkophag schauen, gegen einen kleinen Betrag kann man manchmal auch direkt zur Ruhestätte des Heiligen gelangen. Um 1380 wurde über dem Grab das bis jetzt erhaltene stufenförmige Grabmal errichtet. Es ist mit Majoliken und vergoldeten Inschriften aus dem Koran verziert.

Majolika, auch als Fayence bezeichnet, ist eine Technik, bei der Gegenstände oder Schmuckfriese aus gebranntem Ton mit einer farbigen Zinnglasur überzogen werden. In Shohizinda kann man, wenn man will, zum Majolikaexperten avancieren. Jedes Mausoleum ist einzigartig und bietet dem Betrachter etwas Neues. Unterhalb der Anlage bieten verschiedene Händler antiken Silberschmuck zum Verkauf.

Das Observatorium des Ulug'bek

Im Nordosten der Stadt, an der Straße nach Taschkent, befindet sich das astronomische Observatorium Ulug'beks. 1424 bis 1428 errichtete er hier neben dem Bewässerungsgraben Obi Rachmat (›gesegnetes Wasser‹) eine Forschungsstätte, deren Überreste 1908 freigelegt wurden. Anhand von Chroniken aus dem 17. Jahrhundert gelang es dem russischen Archäologen Vjatkin (1869–1963), die Sternwarte zu finden. Das Hauptinstrument der Sternwarte war vermutlich ein gemauerter Quadrant oder Sextant mit einem Radius von 40,4 Metern am Ende einer durch einen Hügel geführten und durch Mauern abgestützten Mittagslinie. Die Ruine des riesigen Sextanten ist erhalten geblieben, das eigentliche Gebäude, ein zweistöckiger Rundbau, der mit farbigen Fliesen reich verziert und innen mit Sternensujets bemalt war, ist dagegen völlig zerstört worden. Mit dem Sextanten, der sich im Gebäude befand, wurde der Sternenatlas des Ulug'bek (›Sidsh-Guragoni‹) erstellt. Die in Samarkand entstandenen astronomischen Tafeln weisen eine im Abendland erst sehr viel später erreichte Genauigkeit auf. 1648 wurden in London Auszüge aus Ulug'beks Atlas herausgegeben und 1665 vom Konservator der Oxforder Universitätsbibliothek der volle Katalog in persischer und lateinischer Sprache veröffentlicht.

Heute befindet sich an der Stelle des Observatoriums ein Memorialkomplex, der 1970 errichtet wurde und neben einem Denkmal Ulug'beks auch Vjatkins Grab und ein Museum beherbergt, in dem die Wirkungsgeschichte Ulug'beks dokumentiert ist (geöffnet täglich von 9 bis 18 Uhr).

In der Nähe der Anlage können in einem Seidengeschäft verschiedene, auch alte Stoffe erworben werden.

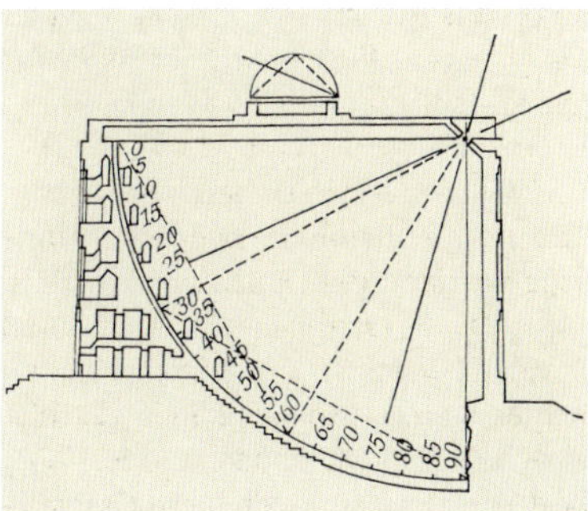

Rekonstruierter Querschnitt durch den Sextanten des Observatoriums

Der König der Sterne

Wahrscheinlich hatte Mohammed Taragay eine günstige Sternenkonstellation, als er am 22. März 1394 geboren wurde. Timur jedenfalls muss die Nachricht von der Geburt seines Enkels, die er während seines Westasienfeldzugs erhielt, sehr erfreut haben, denn der 58jährige erließ der gerade eroberten mesopotamischen Stadt Mardin die Tributzahlungen. Timur fielen die außergewöhnlichen Begabungen seines Enkels schnell auf, zuerst ließ er ihn von seiner Lieblingsfrau Bibi Xanom erziehen und nahm ihn später auf seine Feldzüge in den Kaukasus und nach Indien mit. Mit zehn Jahren wurde er von seinem Großvater mit seiner Cousine Ögebegüm verheiratet. Clavijo, der Gesandte des kastilischen Königs, berichtet von der prachtvollen Hochzeit.

Nach Timurs Tod wurde Ulug'bek (›Großfürst‹) von seinem Vater Scharuch, der von Herat aus Persien regierte, bereits mit fünfzehn Jahren zum Regenten von Samarkand ernannt. Er interessierte sich für Poesie, Medizin, Mathematik, Geschichte, Theologie und Musik. Seine Leidenschaft jedoch war die Astronomie. Als der berühmte türkische Astronom Qozizoda Rumiy nach Samarkand kam, begann sich Ulug'bek intensiv mit der Astronomie zu beschäftigen. 1447 wurde er Herrscher über das inzwischen kleine Samarkand und Haupt der Timuridendynastie. Er setzte seine Forschungen fort und hielt sie in einem berühmten Sternenkatalog fest, der über Jahrhunderte als eine der wichtigsten astronomischen Arbeiten anerkannt wurde. So gelang es ihm, das Erdenjahr mit geringfügigen Abweichungen sehr genau zu bestimmen.

Nicht zu vergessen ist jedoch, dass damals Astronomie und Astrologie sehr eng verknüpft waren. Ulug'bek soll gesagt haben: »Religionen verwehen, Kaiserreiche zerfallen, Werke der Gelehrten aber bleiben in Ewigkeit erhalten.« Er, der die Wissenschaft höher als islamische Dogmen schätzte, wurde am 27. Oktober 1449 enthauptet. Zu den Verschwörern, die ihn in einen Hinterhalt lockten, gehörte auch sein eigener Sohn.

Im Inneren des Observatoriums

Afrosiyob

Auf einem Gelände nordwestlich der Metropole Shohizinda, an der Straße nach Taschkent, befand sich das erste Samarkand, die in der Awesta erwähnte legendäre Hauptstadt der Sogden. Man findet es in den Chroniken der Griechen, Perser, Chinesen und Araber. Die Erforschung Afrosiyobs begann Ende des 19. Jahrhunderts. Jetzt sind hier die Ausgrabungen zu besichtigen, die für Nicht-Archäologen jedoch nur schwer nachzuvollziehen sind. Zunächst sollte man jedoch trotzdem einen Blick auf die Forschungsstätte werfen, um einen Eindruck von den Dimensionen zu bekommen. Die Ausgrabungen auf dem Hügel reichen noch tiefer als in die sogdische Zeit. Man hat hier auch Funde aus der griechisch-baktrischen Periode antreffen können.

Interessant ist das auf dem Gelände gelegene **Museum für die Entstehungsgeschichte Samarkands**. Direkt gegenüber des Einganges ist das Schmuckstück des Museums zu besichtigen: eine sogdische Wandmalerei aus dem 6. Jahrhundert. Leider sind die Bilder, nachdem sie freigelegt wurden, teilweise schwarz geworden. Links kann man einen vielfigurigen Hochzeitszug mit realen und sagenhaften Symbolen sehen, viele verschiedene Farben sind erhalten geblieben. Man kann Vögel, Elefanten und Kamele erkennen. Ein anders Bild zeigt, wie ein Samarkander Herrscher Botschafter aus verschiedenen Fürstentümern empfängt und Gaben überreicht bekommt. An der dritten Wand wird ein Boot mit einem darin sitzenden chinesischen Mädchen, das vermutlich in den Harem gebracht wird, ausgestellt. Am Ufer kämpfen Ritter gegen Raubtiere. An der vierten Wand sind nur wenige Details erkennbar. Von

Die Ruinenstadt Afrosiyob

den Eroberern wurden vielen Figuren die Augen ausgekratzt und ihre Gesichter verunstaltet. Ansonsten kann man im Museum diverse Ausstellungen zur Kunst der Zoroastrier sehen, einer ihrer Hausaltäre ist rekonstruiert.

Den **Palast von Afrosiyob** hat man 1912 entdeckt, in den folgenden Jahren wurde mit den Ausgrabungen begonnen. Den Palast, eine rechteckige Erhebung, kann man sehen, wenn man den Hügel ganz besteigt. Die Mauern wurden aus gestampftem Lehm vermutlich im 6. und 7. Jahrhundert errichtet. Er gehörte wohl nicht dem Herrscher von Samarkand, sondern einem hohen Beamten. Anhand der Ausgrabungen kann man gut die Komposition der Anlage sehen: große Räume, von kleineren Nebengemächern und Korridoren umgeben. Das komplizierte Bewässerungssystem und die verschiedenen Stadtmauern des alten Afrosiyobs kann man nur noch erahnen. Geöffnet täglich von 9 bis 17 Uhr, Marshrutnoe taksi (Sammeltaxi) 17 und 45 ab Basar.

Sogdische Wandmalereien im Museum von Afrosiyob

Grab des Propheten Daniel

Nicht weit vom Afrosiyob-Museum entfernt, am Ufer des Siyob-Kanales liegt das Grab des Propheten Daniel (Doniyor). Der Schrein wurde vom letzten Emir erneuert. Es soll Glück bringen, wenn man das 18 Meter lange Grab dreimal umrundet. Unterhalb des Mausoleums befindet sich eine heilige Quelle, deren Wasser man trinken kann.

Samarkand

Vorwahl: aus dem Ausland 00998/66, innerhalb Usbekistans 8/366.

Reiseagenturen:

Orient Voyages bietet Informationen, Ausflüge, Flugtickets und Hotelreservierungen auch für Individualreisende an. Ebenso können Kameltouren und Jurtenübernachtungen gebucht werden. Die Firma verfügt über eigene Hotels, Busse, Guides und PKW mit Fahrern und ist ein sehr verläßlicher Partner. Dagbitskaya 33, Telefon 2320875, 2359379, www.tour-orient.com.

Eine weitere Reiseagentur ist **Esprit du Temps**, Omar Khayam ko'chasi 7/1, Tel. 2350761, Fax 2310641, www.esprit.da.ru.

Die Firma **BCD Travel** ist auf Flug- und Zugtickets spezialisiert, Mirzo-Ulug'bek 132/5, Tel./Fax 2342975, samarkand@dolorez.uz, www.ticket.uz.

Der Flughafen liegt 6 km nördlich des Stadtzentrums am Ende der Akademik Abdullaev ko'chasi und ist am besten mit dem Taxi zu erreichen. Fünfmal wöchentlich kann man von Samarkand nach Taschkent fliegen. Es gibt auch internationale Verbindungen, z.B. nach Moskau, St. Petersburg und Kazan.

Der Bahnhof liegt im Norden der Stadt. Täglich gibt es Verbindungen

▶ Karte S. 135

nach Taschkent (12 Dollar) und Buchara (s. S. 103). Man kann die Sitzplätze im voraus reservieren. Mehrmals wöchentlich fahren Züge nach Termiz, Karshi, Urganch und Nukus. Alle Zugverbindungen nach Nukus bzw. Urganch von Taschkent aus gehen über Samarkand, Navoiy und Uchquduq.

Busse halten in der Nähe des Observatorium Ulug'bek an der Straße nach Taschkent. Busse nach Taschkent (2,5 Dollar) und Buchara (4 Dollar) fahren alle ein bis zwei Stunden von hier ab. Einmal täglich gibt es einen Bus nach Urganch.
Von Taschkent fahren Busse nach Samarkand vom Parkplatz des Hippodroms (Ippodrom) ab (siehe S. 104).

Sammeltaxis nach Taschkent kosten zwischen 10 Dollar (Minibus) und 12 Dollar (PKW). Fahrtzeit 3,5 Stunden.
Sammeltaxis nach Buchara kosten ebenfalls umgerechnet 12 Dollar. Sie fahren jedoch nicht vom Observatorium Ulug'bek ab, sondern vom Parkplatz Povorot (Pavarot) am westlichen Stadtrand. Wer mit dem Taxi nach Buchara fahren will, sollte einplanen, in Navoiy umzusteigen, da es nicht immer durchgängige Taxis von Buchara nach Samarkand (und umgekehrt) gibt. Nach Navoiy fahren aber sowohl von Buchara als auch von Samarkand immer Taxis. Manche Taxifahrer fahren gegen Aufpreis (circa 10–20 USD pro Auto) direkt nach Samarkand.
Von **Taschkent nach Samarkand** fahren Taxis und Marschrutkas in der Nähe der Metrostation Sobir Rahimov ab.

Das Vier-Sterne **Hotel President** ist das erste Haus am Platz. DZ ab 165 Dollar. Shokhrukh ko'chasi 53, Tel. 2332475, 2334086, Fax 2334976, www.uzhotelpresident.com.
Das **Hotel Afrosiyob** wurde Anfang der 90er Jahre von einer indischen Firma errichtet. Es steht auf den Ruinen von Timurs ›Grünem Schloß‹ (Ko'k Saray), die man in einer der Hotelbars bewundern kann. Das Haus ist mit mehreren Restaurants und Bars ausgestattet und verfügt über einen Swimmingpool. Ein DZ kostet je nach Saison um die 150 Dollar. Zehn Minuten Fußweg zum Registan. Registan ko'chasi 2, Tel. 2311195, 2336313, Fax 2311044, www.afrosiyobpalace.com.
Das Drei-Sterne **Hotel Orient** liegt etwa fünf Autominuten vom Registan entfernt. Die Zimmer verfügen über Bad/WC, Telefon, Minibar, Sat-TV und individuell regulierbare Klimaanlage. Das Standard-DZ kostet 60 Dollar. Dagbitskaya 33, Tel. 2358962, 2352716, Fax 2310027. Hier kann auch offiziell Geld getauscht werden.
Das **Hotel Asia** ist ebenfalls eine gute Wahl. Direkt in der Altstadt gelegen, haben alle Zimmer Blick auf die traditionellen Lehmbauten. Alle Zimmer verfügen über Klimaanlage, Sat-TV, Minibar und Bad/WC. Je nach Saison kostet ein DZ zwischen 85 und 120 Dollar. Kosh-Havuz- ko'chasi 50, Tel. 2358230, Fax 2350655, asiasamarkand@marcopolo.uz (Orientierungspunkt: Tschorracha, eine Kreuzung in der Nähe der Bibi-Xanom-Moschee)
Das **Hotel Malika** befindet sich etwas außerhalb in ruhiger Lage und ist im usbekischen Stil eingerichtet. Die Zimmer sind mit Bad/WC, Kühlschrank und Klimaanlage ausgestattet. Das DZ

kostet 50 Dollar. Khamraev ko'chasi 37, Tel. 2330197, 2370154, Fax 2334349, www.malikahotels.com.
Gegenüber dem Registan gelegen ist das **Hotel Zarina**. Es ist modern mit traditionell usbekischen Elementen eingerichtet. Das DZ kostet 40 Dollar. Umarov ko'chasi 4, Tel. 2350761, Fax 2310641, www.esprit.da.ru.
Das **B&B Furkat** ist ein familiär geführtes Haus im usbekischen Stil und liegt nur fünf Gehminuten vom Registan entfernt. Die DZ verfügen alle über Klimaanlage, Bad/WC und einen Kühlschrank und kosten zwischen 30 und 50 Dollar. Von einigen Zimmern hat man einen schönen Ausblick auf die Stadt. Das Hotel kann auch Ausflüge, Tickets, Führungen und englischsprachige Fahrer organisieren, Mulokandov ko'chasi 105, Tel. 2356299, 2310154, hotelfurkat@mail.ru.
Das **B&B Antica** liegt unweit des Gur Emir, Iskandarov ko'chasi 58, Tel. 2352092, muhandis@online.ru. DZ mit Frühstück ab 25 Dollar. Die Betreiber können auch Stadtführungen in englischer und deutscher Sprache organisieren.
Bei Backpackern ist das **B&B Bahodir** unweit des Registan beliebt. Hier geht es sehr familiär zu. Das Haus verfügt über Internetanschluß. Das DZ kostet 20 Dollar. Mulokandov ko'chasi 132, Tel. 2358529.

Gegenüber dem Registan, an der Registanstraße 7, befindet sich das **Labi G'or,** das bei Touristen sehr beliebt ist. Auf zwei Etagen sitzt man auf den Tachta (einer Art Betten) und kann jede Art von Schaschlik probieren. Tel. 2350156.

Restaurant Platan, Pushkin ko'chasi 2. Noble Adresse mit sehr guter Küche. Kennt jeder Taxifahrer.
Astoria Classic, Jomiy ko'chasi (Querstraße zur Ulug'bek ko'chasi,in der Nähe des Kaufhaus GUM). Trotz des noblen Ambientes kann dort zu moderaten Preisen gespeist werden. Häufig finden Bauchtanzshows statt. Die Tanzfläche steht zudem auch für Gäste des Hauses offen.
Restaurant Tumor (Tumor ist im Usbekischen der Glücksbringer gegen den bösen Blick). Gemütliches Restaurant mit usbekischen und türkischen Spezialitäten. (Orientierung für Taxifahrer: ›Dotschinar‹ oder ›Sebo‹), Telefon 2336727
Ein weiteres Restaurant ist das **Karim Bek**, Gagarin ko`chasi 194, Telefon 2212756. Europäische und nationale Küche.
Sehr gut usbekisch essen kann man in der **Chaichona Siab** in der Nähe des Afrosiyob-Museums. Der kleine Fluss Siab fließt mitten durch den Innenhof der Teestube. Einige Tachta sind direkt über den Fluss gebaut. Im Innenhof spenden große Bäume Schatten. Die Teestube ist allerdings nur schwer zu finden. Hinter dem Afrosiyob-Museum die erste Straße rechts abbiegen und sich am besten bei den Einheimischen durchfragen.
Viele Restaurants mit Live-Musik befinden sich in der **Papanina ko'chasi**. Hierzu gehört auch das **Café Standard** – berühmt für sein Schaschlikangebot. Falls das Standard zu voll ist, ist das **Café Fortuna** mit sehr gutem Service eine – wenn auch nicht ganz so gemütliche – Alternative, Tel. 3351441. Die Cafés in der Papaninastraße schließen um 23.30 Uhr. Orientierungspunkt für Taxis: Café Standard.

▶ Karte S. 135

Wer abends noch etwas trinken möchte, ist im **Blues Café** gut aufgehoben. Es ist eine gemütliche Kneipe mit Live-Musik am Wochenende und englischsprachiger Bedienung, die in Samarkand ihresgleichen sucht. Kleinere Gerichte werden ebenfalls angeboten. Sollte die Tür verschlossen sein, kann man ans Fenster klopfen. Erst wenn der letzte Gast geht, wird zugemacht.

Opern- und Balletttheater, Mustakilliq Maidoni 3. Informationen über den Spielplan gibt es im Hotel Afrosiyob, das sich in unmittelbarer Nähe befindet.

Einen Besuch wert ist auch das **Samarkander Puppentheater** in der Mustakillik k.

In der ältesten russischen Kirche von Samarkand befindet sich die **Samarkand Picture Gallery**. Hier gibt es Bilder zeitgenössischer Künstler, Keramik, Antikes und ein Glas Wein. Mustakillik ko'chasi 58, Tel. 335142, geöffnet täglich von 11 bis 20 Uhr.

Sadriddin-Ayni-Memorial-Museum, Ayni (1878 bis 1954) ist der Begründer der tadschikischen Sowjetliteratur. Er schrieb historische Romane, u.a. ›Buchara‹. Registon ko'chasi 7, tägl. 9 bis 17 Uhr.

Museum für für Geschichte und Kultur (O'zbekiston davlat madaniyat tarixi muzeyi), in der Nähe des Registan. Geöffnet täglich 9 bis 17 Uhr. Der Schwerpunkt der Exponate liegt auf der Geschichte und Kultur der Stadt Samarkand.

Im ›russischen‹ Samarkand des 19. Jahrhunderts außerhalb der Altdtadt befinden sich die meisten Geschäfte.

Ein **Kaufhaus** liegt an der Shohruh Mirzo ko'chasi, in der Nähe befinden sich die **Fußgängerzone** (Mustakilliq ko'chasi) und einige weitere Märkte. Hier kann man so aufregende Souvenirs wie Boxer-Shorts mit den Buchstaben UZB für einen Dollar erwerben.

Der beste Einkaufstip ist allerdings der bunte, laute und lebendige **Siob Basar rund** um die Moschee Bibi Xanom. Neben Lebensmitteln aller Art kann man von gefälschten Markenturnschuhen über Kleider und Geschirr alles erwerben.

Suzanis (bunte Seidenteppiche) können im Registan, am Mausoleum Gur Emir oder in den Geschäften in der Nähe der Bibi-Xanom-Moschee erworben werden. Sie sind hier in der Regel billiger als in Taschkent.

Gold: Usbekistan hat bekanntlich große Goldvorkommen, aber nur wenige Goldgeschäfte. Eines davon, allerdings ein sehr kleines, befindet sich in der Amir Timur ko'chasi 6. Hier kann auch alter Goldschmuck erworben werden.

Gegenüber dem Registan, neben dem Restaurant Labi Gor, befindet sich das **Internetcafé Jasur**.

Die meisten Hotels und B&Bs verfügen mittlerweile über einen Internetanschluß, den sie gegen Gebühr zur Verfügung stellen.

Timur - Tamerlan

In der heutigen Geschichtsschreibung fällt das Urteil über Timur Lenk, den man in Europa Tamerlan nennt, vernichtend aus. Aus dem Geschichtsunterricht ist das Bild eines grausamen Menschenschlächters präsent. Seine Feldzüge führten von Kleinasien bis an die Grenzen von China, sein Reich reichte vom Transkaukasus in den Nordteil Indiens, bis in den Iran, nach Afghanistan und Syrien. Er schlug das erste Osmanische Reich; der Bau seiner Metropole Samarkand war nur möglich, weil er Künstler und Handwerker zwangsweise dorthin verfrachtete.
Von keinem Historiker wird das Unheil bestritten, das Timur begangen hat, dennoch wurde er viele Jahrhunderte völlig anders beurteilt. Diese Beurteilung erlebt im heutigen Usbekistan ein Renaissance. So werden die Touristenführer angewiesen, nicht mehr von Timur dem Lahmen (Timur Lenk), sondern von Amir Timur (dem Fürsten/Emir Timur) zu sprechen. Auch seine Körpergröße steigt jährlich: Hatte man nach seiner Exhumierung 1941 festgestellt, dass er 1,72 Meter maß, spricht man heute schon von 1,80 Metern.
Timur wurde um 1330 (in manchen Quellen wird 1336 angegeben) bei Kesch in Transoxanien geboren. Er stammte aus keiner herrschenden Familie, vielmehr aus einer Art Räuberbande. Allerdings war er entfernt verwandt mit Tschagatai Chan, einem der Söhne Dschingis Chans, der Gründer eines Reiches mit der Hauptstadt Samarkand war. Timurs Vater folgten nur drei oder vier Reiter. Als Zeltnomade hatte er von Viehzucht und ein wenig Ackerbau gelebt. Als junger Mann soll Timur mit einer kleinen Bande von Gefährten Viehdiebstähle begangen haben. Bei einem seiner Abenteuer wurde Timur verwundet, es entstand die Legende vom ›lahmen Timur‹. Timurs Erfolg und seine Tapferkeit zogen Tausende von berittenen Gefolgsleuten an. Er geriet in Auseinandersetzungen mit dem Herrscher von Samarkand, den er kurzerhand durch einen Staatsstreich absetzte.

Wandschmuck im Mausoleum Gur Emir, dem Grab Timurs

Das Denkmal für Timur in Shaxrisabz

Bei einem seiner Feldzüge nach Delhi ließ Timur 100000 Gefangene hinrichten. Der russische Maler Vereščagin malte Ende des 19. Jahrhunderts das Bild ›Apotheose des Krieges‹, auf dem eine Pyramide aus Totenschädeln dargestellt ist. Dieses Szenario hat es wirklich gegeben, als Timur in Bagdad eine Pyramide aus 90000 Menschenschädeln errichten ließ. Das Reich um Samarkand war Timurs Ausgangspunkt für seine ausgedehnten Feldzüge. Die nahe an Samarkand liegenden Gebiete vergab er an seine Söhne und Enkel, während er die weiter entfernt liegenden Eroberungen von treuen Vasallen verwalten ließ. Die Randzone seines Herrschaftsgebiets bildeten tributpflichtige Reiche.

Timurs höchstes Anliegen war die Sorge um seine Gefolgschaft. Der Kern stammte noch aus der Zeit der gemeinsamen Überfälle. Sie nannten sich alle Tschagatai, obwohl sie mit dem Sohn Dschingis Chans keineswegs direkt verwandt waren. So bezeichnet man heute allgemein die militärische Anhängerschaft Timurs als Tschagatai. Die Männer in seiner Gefolgschaft waren Zeltnomaden, die an kein Gebiet gebunden waren. Lediglich dem Herrscher waren sie zur Heerfolge verpflichtet. Während der Kriegszüge mussten sie keine Abgaben erbringen. Timurs Erfolge beruhten auf der Schlagkraft seiner Tschagatai. Bei seinem längsten Eroberungszug – Timur kehrte für sieben Jahre nicht nach Samarkand zurück – nach Damaskus und Ankara waren wohl eine Million Menschen in seinem Gefolge, auch Frauen und Kinder. Diese konnten sich auch militärisch nützlich machen, wenn sie etwa ein volles Lager vortäuschten, während die Männer einen heimlichen Überfall durchführten. Auch wenn aus heutiger Sicht eine solche Menschenmasse unbeweglich erscheinen muss, straft Timurs Truppe diese Ansicht Lügen. Er erreichte mit dieser Truppe solche Geschwindigkeiten, dass die Angriffe manche Städte wie aus heiterem Himmel trafen. Die Truppe war in Hundert-, Tausend- und Zehtausendschaften eingeteilt, deren Führer in taktischen Fragen volle Handlungsfreiheit, aber auch volle Verantwortung besaßen. Auch den Oberbefehl überließ Timur gelegentlich seinen engsten Vertrauten. Die wichtigsten Schlachten hat er allerdings selbst geplant.

Innenpolitisch legte Timur starken Wert auf die Förderung des Handels, innere Sicherheit und Stabilität. Auch die notwendige Infrastruktur gewährleistete er: Die Straßen wurden instandgehalten, in abgelegenen Gegenden wurden Karawansereien errichtet, das Handwerk wurde gefördert.

Im Winter 1405 starb Timur. Das von ihm errichtete Reich zerfiel kurz nach seinem Tod.

Shaxrisabz

Wenn man dem Verlauf der Großen Seidenstraße über das Serafashangebirge folgt, kommt man durch das Dörflein Amakutan und kann im Schatten weißer Akazien ausruhen. Hier befand sich der Sitz von General Abramov, dem ersten russischen Herrscher über Samarkand. In der Nähe, hinter dem Jugendcamp, befindet sich eine 80 Meter tiefe Höhle, die tiefste in Mittelasien. Hier fand der russische Archäologe Lev die Überreste einer paläolithischen Siedlung. Die Straße erreicht die Passhöhe bei 1675 Metern und bietet ein schönes Panorama auf das Kashkadarja-Tal und die alte Stadt Shaxrisabz. Durch Kitab – hier kann ein Observatorium besichtigt werden – gelangt man nach Shaxrisabz.

Shaxrisabz liegt, wenn man um die Bergkette herumfährt, 160 Kilometer von Samarkand entfernt. Fährt man über den Paß, sind es nur 80 Kilometer. Die ›grüne Stadt‹, wie der Name übersetzt lautet, ist die Geburtsstadt Timurs. In seiner Zeit war sie als Kesch oder Quix, wie sie Clavijo, der Gesandte des kastilischen Königs nennt, bekannt. Timur wurde in der Nähe der Stadt geboren und hat sie als Sitz seines Sommerpalastes Oq Saray auserkoren.

Die Stadt hat heute 60 000 Einwohner. Besonders auf dem zentralen Platz vor den Ruinen des großen Palastes herrscht immer ein reges Treiben. Hier kann man mit ein wenig Glück einen traditionellen Hochzeitszug sehen oder sich in einer der vielen Teestuben ausruhen. Den besten Blick über die Stadt hat man vom Riesenrad, das sich hinter den Palastruinen befindet. Es wirkt zwar etwas desolat (eine Fahrt kostet 500 Sum), aber man hat einen exklusiven Blick auf das Portal und kann die Dimensionen erst richtig erahnen.

Reste der alten Stadtmauer

▲ Karte S. 157

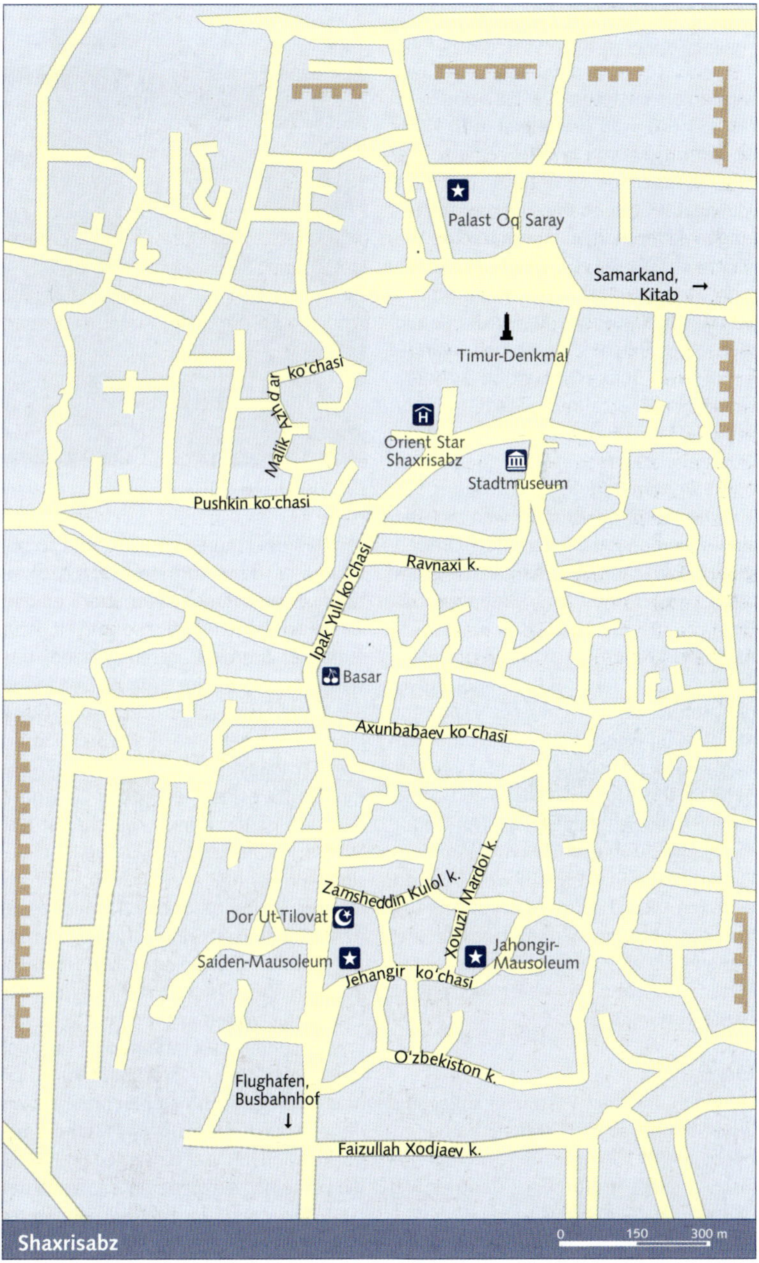
Palast Oq Saray
Samarkand, Kitab →
Timur-Denkmal
Malik Azhdar ko'chasi
Orient Star Shaxrisabz
Stadtmuseum
Pushkin ko'chasi
Ipak Yuli ko'chasi
Ravnaxi k.
Basar
Axunbabaev ko'chasi
Zamsheddin Kulol k.
Xovuzi Mardoi k.
Dor Ut-Tilovat
Saiden-Mausoleum
Jahongir-Mausoleum
Jehangir ko'chasi
O'zbekiston k.
Flughafen, Busbahnhof ↓
Faizullah Xodjaev k.
0 150 300 m

Shaxrisabz

Stadtgeschichte

Die sogdische Stadt Kesch wurde nach der arabischen Invasion vergessen. Den Mongolen leisteten die Einwohner im Jahre 1220 wenig Widerstand. 1336, als Timur geboren wurde, regierte hier der Barlas-Clan, Mongolen aus dem Tschagatai-Chanat, die sich wegen ihres langen Aufenthaltes in dem fruchtbaren Kaschkardarja-Tal türkisiert hatten. Obwohl Samarkand die bessere Lage hatte und deshalb auserwählt wurde, das Juwel seines Reiches zu werden, wandte Timur auch Shaxrisabz große Aufmerksamkeit zu. Die innere Stadt war von hohen Mauern und einem Wassergraben umgeben, der mit Zugbrücken überquert werden konnte. Die Krönung von Timurs Verschönerungen war der Bau seines weißen Palastes und die Umbenennung der Stadt in Shaxrisabz, grüne Stadt, wegen ihrer ausgedehnten Gärten.

Auf dem großen Platz im Zentrum der Stadt steht der neue Timur imposant vor den Ruinen seines Schlosses. Hier kann man häufig Hochzeiten, die von einem traditionellen Festzug begleitet werden, beobachten. Um die Mittagszeit posieren auch die Schulkinder in ihren Uniformen gerne für die Touristenkameras. Die moderne Stadt reicht weit über die Grenzen der Timuridenstadt hinaus. Von der einst reichen Architektur sind weniger als ein Dutzend Denkmäler erhalten geblieben, die eindrucksvollsten baute Timur 1379.

Oq Saray

▲ Karte S. 157

Nur die Ruinen des Portaleinganges sind vom Sommerpalast Timurs erhalten geblieben. Die Übersetzung ›weißer Palast‹ ist leicht irreführend, denn er war himmelblau. Die Bezeichnung ›Oq‹ wurde hier nicht in direkter Bedeutung,

Die Ruinen von Oq Saray

sondern übertragen genutzt, und so bedeutet es dann ›erhaben‹, ›aristokratisch‹. Timurs Panegyriker Sherif ed Din Ali Yedzi schreibt, dass die Welt kein ähnliches Bauwerk gesehen habe, das seine Spitze von der Erde bis zur Höhe des Himmelsgewölbe streckt, und fügte hinzu: man gab ihm den Ehrennamen ›Weißer Palast‹.

Ruy Gonzales de Clavijo, der Gesandte des kastilischen Königs, beschreibt das Schloß, das er kurz vor Timurs Tod besichtigen konnte, so:

»Dieses Schloß hatte einen langgezogenen Eingang mit einem hohen Portal. Zur Rechten des Eingangs sah man Bögen aus Ziegeln und desgleichen zur Linken. Sie waren mit Kacheln verdeckt und girlandenartig miteinander verbunden. Unter diesen Türen befanden sich nischenartige Kämmerchen ohne Türen, deren Boden ebenfalls mit Kacheln bedeckt war. Dies war dafür gedacht, dass die Leute sich setzen konnten, wenn der Herr anwesend war. Wenn man weiter ging, kam man an ein weiteres Portal

und dahinter in einen großen Innenhof mit weißen Fliesen und rundum mit reich verzierten Portalen abgeschlossen. Mitten in diesem Hof befand sich ein ausgedehntes Wasserbassin. Insgesamt mochte der Hof wohl 300 Schritt breit sein. Dieser Hof führte zu einem großen Gebäudekomplex, den man durch eine riesige und hohe Tür, die reich mit Gold und Kacheln in sehr schöner, künstlerischer Arbeit verziert war, betrat. Über dieser Tür war in der Mitte ein sich sonnender Löwe dargestellt und an den Pfosten weitere Löwen. Dies war das Wappentier des Herrschers von Samarkand. [...]
Durch die beschriebene Tür gelangten die Gesandten in einen quadratischen Empfangsraum, dessen Wände mit Gold und Blau bemalt und mit Kacheln verziert waren, mit einer völlig vergoldeten Decke. Von dort wurden die Gesandten in einen Zwischenstock geführt, denn das ganze Gebäude war durch Zwischenbauten wie gepolstert. Man zeigte ihnen so viele Räume und Suiten in diesem Haus, dass es lange dauern würde, sie alle aufzuzählen. Alle waren mit Gold und Blau und mit vielen anderen Farben bemalt, so dass sie hübsch anzuschauen waren. Im Innern besonders, wo die Silberschmiedemeister tätig waren, musste es herrliche Dinge zu sehen geben. Dort zeigte man ihnen die Räume und Zimmerfluchten, die der Herrscher für sich und seine Frauen hatte errichten lassen, mit den ausgefallensten und reichsten Schmuckwerken, sowohl an den Wänden wie an der Decke und dem Fußboden. In diesen Räumen waren die verschiedensten Meister ihrer Künste am Werk. Von dort aus führte man die Gesandten zur Besichtigung eines Raumes, den der Herrscher für sich besonders reich hatte schmücken lassen, um dort mit seinen Frauen zu verweilen und zu speisen. Vor diesem Saal lag ein großer Garten mit vielen schattenspendenden Bäumen und diversen Fruchtbäumen. Dazwischen lagen zahlreiche Wasserbecken und eigenhändig plazierte Steine. Dieser Garten war so ausgedehnt, dass sich dort im Sommer eine große Menschenmenge zum Vergnügen im Schatten und nahe den Wasserbecken hätte lagern können. Die Ausschmückung des Schlosses war so herrlich und so reich, dass sie unmöglich zu beschreiben ist: man muss schon selbst hingehen und sie mit Muße betrachten.«
Der Palast ist heute fast vollkommen zerstört. Ziegelräuber, Erdbeben und mutwillige Zerstörungen lassen heute Clavijos Rundgang nicht nachvollziehen. Nur eines der monumentalen Eingangsportale ist erhalten geblieben. Es beeindruckt die Besucher heute noch: der Seitenhöhe des Portals von 22 Metern stand eine Scheitelhöhe des Bogens von ungefähr 45 Metern gegenüber. Im Innern der zwei erhaltenen Türme befinden sich Wendeltreppen mit mehreren Ausgängen in verschiedenen Höhen. Das Portal ist mit Kacheldekor überzogen. Offenbar hat die Nordorientierung der Anlage, die ihre Hauptfassade der herrlichen Licht- und Schattenspiele beraubte, die Baumeister veranlaßt, auf den Einbau von vorspringenden und zurücktretenden Einrahmungen zu verzichten, die Oberfläche ist vollkommen glatt gehalten, da kein blendendes Sonnenlicht Lichtreflexe ermöglichte. So bot sich die Möglichkeit, die Fassade in geschlossener, farbenprächtiger Komposition zu gestalten. Da sie im Schatten liegt, ist das Dekor eher gedämpft, dennoch ist die Vielfalt der Ornamente erstaunlich.

Eine große Rolle im Dekor spielen die Verkleidungen aus Majoliken und geschnittenen Mosaiken, die eine breite Farbpalette aufweisen. Die vorherrschende Hintergrundfarbe ist saphirblau. Scheinbar grenzenlos ist die Vielfalt von Motiven: Rosetten, Kartuschen, Ranken, Laubwerk und Blumen. Die Ornamente lassen sich lange betrachten und lesen sich wie wundersame orientalische Märchen. Die Idee des Grandiosen ist verwirklicht. Vor dem Portal sind an einigen Stellen die Verzierungen der Fußböden ausgegraben, auch sie in Blautönen gestaltet – als wollten die Baumeister der heißen Sonne eine kühle Eiswelt entgegensetzen.

Schon in der zweiten Hälfte des 16. Jahrhunderts wurde der Palast zerstört und seine Ziegel als Baumaterial weggeschleppt. In jener Zeit war Abdullah Chan der Regent von Buchara. Die Legende berichtet, dass eines Tages Abdullah Chan nach Shaxrisabz geritten sei und den Riesenbau von Oq Saray sah. Er gab dem Pferd die Sporen und jagte den besten, schnellsten Boten voran, weil er dachte, er wäre schon in der Nähe der Stadt. Lange stürmten sie dahin. Der Bote war tot vor Erschöpfung, aber der Palast schimmerte immer noch in der Ferne. Der Chan ärgerte sich über seinen Irrtum so, dass er befahl, den Palast zu zerstören. In Wirklichkeit wurde der Palast aus politischen Gründen aus dem Gedächtnis des Volkes gelöscht: Die Timuriden, die von den Schaibaniden abgelöst worden waren, sollten vergessen werden. In der zweiten Hälfte des 18. Jahrhunderts waren nur noch Pfeiler und Teile der Portalbögen erhalten. Noch zu Beginn unseres Jahrhunderts nahmen die Bewohner der Altstadt das Ziegelmaterial für den Bau ihrer Wohnhäuser.

Teestube in Shaxrisabz

▲ Karte S. 157

Sehenswert ist das **Museum für die Geschichte der Stadt Shaxrisabz**. Es liegt in einer kleinen Moschee aus dem 16. Jahrhundert, direkt dem zentralen Platz gegenüber, auf der anderen Seite der Hauptstraße. Bemerkenswert ist hier ein Foto der von Gerasimov erstellten Büste Timurs, ein Roßhaarschleier (Tschadschwan), wie ihn die Frauen bis zur Revolution trugen und durch den man selbst durchschauen kann, sowie ein Koran, der so klein wie ein Fingernagel ist. Montags ist das Museum geschlossen, die Öffnungszeiten sind unregelmäßig. Ein kurzer Besuch lohnt sich.

Stadtrundgang

Dor Ut-Tilovat

Folgt man der Alten Seidenstraße, heute Ipak Yuli ko'chasi, Richtung Süden, kommt man, nachdem man den Basar passiert hat, nach etwa zehn Minuten zum Ensemble Dor Ut-Tilovat. Die blaue Kuppel der **Ko'k-Gumbaz-Moschee** (1435) sticht sofort ins Auge. Die Inschrift im Portal zeugt davon, dass sie durch Ulug'bek im Namen seines Vaters Scharuch errichtet wurde. Einst diente sie als Freitagsmoschee von Sharisabz. Heute ist nur noch der Zentralraum in

Das Jahongir-Mausoleum

Form eines großen Kuppelbaus mit nach Osten gerichtetem Portral erhalten. Die Gebetsnische kann man in der Westwand sehen. Gegenüber befinden sich noch einige **Grabstätten**, so zum Beispiel die Mausoleen des Shayxs Shamsiddin Kulol (1373-1374) und Gumbazi Saidons (1437).

Jahongir-Mausoleum

Hinter dem Komplex finden sich weitere Mausoleen. Neben einer Moschee, um die herum neben jahrhundertealten Platanen Wohnzellen für alte, gebrechliche Pilger errichtet wurden, steht das Mausoleum für Timurs Sohn Jahongir, der mit 12 Jahren vom Pferd fiel und starb. Timur hat unter dem Verlust seines Sohnes sehr gelitten. Maksim Gorkij beschreibt in einer Erzählung Timurs tiefe Trauer und seinen Charakterwechsel: »Seit dem Tage, als sein Sohn Dschangir starb und das Volk von Samarkand schwarz und dunkelblau gekleidet den Sieger über die bösen Dshetti begrüßte, von diesem Tag an bis zur Stunde der Begegnung mit dem Tode [...], lächelte Timur 30 Jahre nicht ein einziges Mal – so lebte er, die Lippen zusammengekniffen, vor niemandem das Haupt beugend, und sein Herz war auf 30 Jahre dem Mitleid verschlossen.« Das Mausoleum trägt Züge der choresmischen Architektur, also datiert es vermutlich aus der Zeit um 1379/80. Bis 1404 wurde daran gebaut, 1394 wurde auch Timurs Sohn Omar Scheich hierher überführt. Damit war die Idee der Familiengrabstätte entstanden. Tatsächlich hatte Timur eine Gruft für sich und andere Familienangehörige errichten lassen, die in den 1940er Jahren zufällig von spielenden Kindern entdeckt wurde. Der Schlüssel für die düstere, unbeleuchtete Gruft, die nie als Grabstätte diente, ist am Eingang des Komplexes zu bekommen.

Shaxrisabz

Vorwahl: aus dem Ausland 00998/75 52, innerhalb Usbekistans 8/375 52.

Orient Star Shaxrisabs, Ipak Yuli ko'chasi 26, unmittelbar neben der Timurstatue, Tel. 522 06 38, Fax 522 06 47. DZ 40 Dollar. EZ 20 Dollar. Zu reservieren über Orient Voyages (siehe Samarkand S. 150).

Essen kann man am besten in den kleinen Restaurants auf dem zentralen Platz.

Zwar gibt es einen Bahnhof, der 3 km vom Zentrum entfernt ist, allerdings verkehren hier nur Güterzüge. Deswegen muss man auf Taxis ausweichen.

Am einfachsten ist Shaxrisabz von Samarkand aus mit dem Taxi zu erreichen. Für die Strecke über den Tahtakarachapaß muss man etwa zwei Stunden einplanen. Die Fahrt ist landschaftlich reizvoll und kostet pro Person im Taxi ca. 4 Dollar pro Strecke.

Taxis in Richtung Shaxrisabz fahren von Samarkand ab der So'zangaron-ko'chasi gegenüber dem Registan bzw. dem Museum ab. Man erreicht sie, wenn man vom Registan kommend der So'zangaron-ko'chasi in die Mahalla folgt. Auf der linken Seite warten die (Sammel-)Taxis. Die Taxis fahren gewöhnlich bis in den Ort Kitab. Von dort aus kann man jedoch mit dem Minibus (Damas) in ca. 15 Minuten Shaxrisabz erreichen.

Auf der Hauptstraße Ipak Yuli ko'chasi gibt es einen **Basar** und viele Geschäfte.

Urgut: Auf dem Weg von Shaxrisabz nach Samarkand passiert man nach ca. 65 km Urgut. Dort wird sonntags vormittags einer der größten Antiquitäten- und Trödelmärkte Usbekistans abgehalten, dessen Besuch sehr empfehlenswert ist.

Gästehäuser in der Nuratau-Region

Abseits der Seidenstraße zwischen dem Aydarko'l-See und dem Nuratau-Naturreservat, 200 Kilometer nordwestlich von Samarkand gibt es das bisher einzige Projekt des Community Based Tourismus in Usbekistan. Es wird durch den Deutschen Volkshochschulverband und den Deutschen Entwicklungsdienst unterstützt. Zehn tadschikisch sprechende Gebirgsbauern bieten einfache, aber saubere und liebevoll gestaltete Übernachtungsmöglichkeiten an. Die abwechslungsreiche Gebirgslandschaft, die Steppe und die Feuchtgebiete um den Aydarko'l sind hervorragend zum Wandern, für Vogelbeobachtungen und für Reitausflüge geeignet.

Kuppel der Ko'k-Gumbaz-Moschee in Shaxrisabz

Für Touristen bietet sich die einmalige Möglichkeit das traditionelle Landleben in Usbekistan kennenzulernen, daran teilzuhaben und die Herzlichkeit sowie die Gastfreundschaft der Bergbauernfamilien zu genießen. Die Gäste können sich in den grünen Tälern unter den schattenspendenden Walnuss- und Maulbeerbäumen von dem anstrengenden Kulturprogramm erholen und neue Kraft schöpfen.

Die Übernachtung kostet 15 Dollar inklusive Frühstück. Weitere **Informationen** erhält man von: Tabiati Forish in Yangiqishloq, Tel. +998/72/452 17 68, Fax 452 17 67, Mobil +998/98/261 27 97 (in russisch, usbekisch und tadschikisch) oder +998/90/980 49 38 (deutsch, englisch, französisch und spanisch), E-Mail: nature-of-farish@mail.ru, www.nuratau.com.

▲ Karte S. 157

Der Islam in Usbekistan

Drei islamische Richtungen lassen sich unterscheiden: der Volksislam, der von anderen Religionen und Traditionen, die man als Aberglaube bezeichnen würde, durchdrungen ist, der ›offizielle Islam‹, den die Regierung vertritt und der wichtig für die Nationalitätsbildung ist, und der Islam der Extremisten, deren Ziel ein islamischer Staat ist.

Der Besucher wird immer wieder auf den Volksislam treffen, zum Beispiel wenn Familien die Gräber von Sufi-Heiligen besuchen oder im Samanidenmausoleum beten. In vielen Moscheen und Mausoleen, die früher nur eine reine Sehenswürdigkeit waren, sitzt inzwischen ständig ein Mullah, der gemeinsam mit den Gläubigen betet.

Gab es in der Sowjetunion ein Muftiat für alle mittelasiatischen Republiken, das in Taschkent ansässig war, so hat jetzt jede Republik ihr eigenes Muftiat, das auch in Usbekistan der Träger der ›islamischen Wiedergeburt‹ wurde. Hier wird der offizielle Islam vertreten. Gerne verweist man darauf, dass etwa 1900 Moscheen geöffnet sind, vor der Unabhängigkeit waren es nur 100.

Die staatliche Islampolitik ist jedoch ambivalent. Einerseits wurden mit großem Aufwand kulturelle und religiöse Symbole wiederhergestellt oder neuerrichtet, man eröffnete 1995 das Internationale Zentrum für Islamforschung und gründete 1999 in Taschkent die Islam-Universität. Andererseits ging und geht man rigide gegen alle islamischen Bewegungen vor, die sich der staatlichen Kontrolle entziehen. Nachdem 1998 das Religionsgesetz novelliert wurde, konnten zum Beispiel nichtregistrierte Moscheen geschlossen werden und der Ruf der Muezzin mit Lautsprecher untersagt werden. Das Tragen eines Bartes soll schon genügt haben, um als religiöser Extremist verdächtigt zu werden. Viele Strafverfahren gipfelten in Schauprozessen, und internationale Menschenrechtsorganisationen warfen der Regierung vor, mit dem Vorwurf des religiösen Extremismus jegliche Regimekritik unterdrücken zu wollen.

In den 90er Jahren wurde das Ferganatal von arabischen Predigern überschwemmt, die an die vorsowjetische islamische Tradition anknüpfen wollten. Finanziert durch arabische Spenden wurden viele Moscheen gebaut. Präsident Karimov sah dadurch seinen offiziellen Islam und damit auch seine Macht gefährdet und ließ, unterstützt von der Geheimpolizei, viele junge Männer verhaften. Das Komitee des US-Repräsentantenhauses für internationale Beziehungen wies im Sommer 2001 auf die Gefahren der usbekischen Politik hin und urteilte »... dass diese Verfolgung und Repression nicht gewalttätiger Anhänger des Islam kontraproduktiv ist. Statt eine Bedrohung zu vermindern, radikalisiert dieses Vorgehen die vom Staat entfremdete Jugend und treibt sie in die Arme der IBU (Islamische Bewegung Usbekistans) und ihrer radikalen Verbündeten.«

Ziel der IBU war es, im usbekischen Teil des Ferganatals einen islamischen Staat zu gründen. Finanziert hat sie sich durch den Opium- und Heroin-Transit von Afghanistan über Tadschikistan und durch Spenden islamischer Stiftungen. In einem verlassenen Ausbildungslager wurden Handbücher für den Dschihad mit einem Grußwort Osama bin Ladens gefunden. Aus den gefundenen Dokumenten ging auch hervor, dass die IBU eine eigenständige Organisation war, die sich auf den Kampf gegen Usbekistan konzentrierte. Ein Resultat des letzten Afghanistan-Krieges war die Zerschlagung der IBU, die bis dahin, eng verbunden mit den Taliban, in Afghanistan Ausbildungslager und

Büros unterhalten hatte. Die Regierung der USA setzte sie auf die Liste der gefährlichsten Terrorgruppen, wohl auch deswegen, weil man Usbekistan in die Antiterrorallianz einbinden wollte. Der militärische Führer der IBU, Dschumaboi Namangani, soll während des Krieges bei einem Bombenangriff getötet worden sein. Ob sich die IBU nach der Zerschlagung reorganisieren kann, ist unklar. Hartnäckig hält sich das Gerücht, dass Namangani nicht umkam, sondern sich in Tadschikistan aufhält.

Als gefährlich wird von der usbekischen Regierung auch die islamistische Untergrundbewegung Hizb ut Tahrir al Islami bewertet, bei der es sich jedoch nicht um eine gewalttätige, aber dennoch ideologisch radikal operierende Bewegung handeln soll. Das Ziel ihrer Propaganda-bemühungen ist die politische Integration aller Muslime in einem erneuerten Kalifat. Ihre Lehre fällt in Mittelasien vor allem wegen der ökonomischen Krise auf fruchtbaren Boden; einige Elemente, die auf die arabische Herkunft der Lehre hinweisen, wie antijüdische Parolen, sind der Bevölkerung Mittelasiens aber eher fremd. Erstmals wurden Mitglieder von Hizb ut Tahrir während eines Strafprozesses im Oktober 2001 mit Osama bin Laden in Verbindung gebracht. Die Bewegung selbst betont ihre gewaltlose Überzeugungsarbeit, und auch ausländische Beobachter berichten, dass bei Hausdurchsuchungen immer nur Schriftstücke gefunden werden. Dennoch stellen die Anhänger der Bewegung den größten Teil der politischen und religiösen Häftlinge in Usbekistan. Ihre Mitgliederzahl wird auf 10 000 geschätzt.

Eine Koranschule für Mädchen in Buchara

Die Region Navoiy und die Wüste Kizilkum

Die Region Navoiy (Navoiy viloyati), benannt nach dem Poeten Alisher Navoiy, ist eines der jüngsten Verwaltungsgebiete Usbekistans und wurde erst vor 50 Jahren gegründet. Ihre Geschichte ist mit dem Bergbau verbunden. In der Wüste Kizilkum gibt es zahlreiche Bodenschätze. Vor allem der Förderung von Gold und Uran verdankt die Region ihren Reichtum. Zur Zeit der Sowjetunion siedelten sich hier viele russische Bergleute und Facharbeiter an. Der hohe russische Bevölkerungsanteil prägt bis heute die Kultur- und Sprachlandschaft des Verwaltungsdistrikts.

Das Mausoleum von Qosim Shayx Azizon

Die Stadt Navoiy

Navoiy ist ein Musterbeispiel sowjetischer Stadtplanung aus den 1960er Jahren. Im Gegensatz zu vielen anderen Städten des Landes finden sich hier keine traditionellen Lehmbauten, sondern sowjetische Architektur. Unweit vom Zentrum wurde ein künstlicher Badesee angelegt.

Kino in Uchquduk

Die Stadt lebt vom Bergbau. Der größte Arbeitgeber ist das Navoiyer Bergbau- und Metallkombinat. Aufgrund der Bodenschätze sind die Bewohner verhältnismäßig wohlhabend. Zusammen mit der liberaleren Atmosphäre ermöglicht dies ein beachtliches Nachtleben. So gibt es in der Stadt mehrere Diskotheken und Bars.

Historische Sehenswürdigkeiten befinden sich im Vorort **Karmana**, in dem auch der Busbahnhof von Navoiy gelegen ist.

An der Hauptstraße von Karmana nach Navoiy kann man auf der rechten Seite den **Mausoleumskomplex Qosim Shayx Azizon** aus der Schaibanidenzeit besuchen. Der Komplex verbindet zwei Schreine durch eine Moschee mit Kuppel auf hohem Tambour und einem Giebel mit offenen Blenden.

Der Hauptschrein ist Qosim Shayx Azizon gewidmet, der als Geistlicher unter dem Bucharer Herrschern tätig war. Er

wurde in der Umgebung von Karmana geboren und verstarb 1581.
Auf dem Gelände wurde auch ein kleines Museum eingerichtet, in dem die Geschichte des Schreins sowie historische Fotografien einiger Sehenswürdigkeiten aus der Umgebung ausgestellt werden.

Navoiy

Navoiy liegt an der Fernverkehrsstraße zwischen Buchara und Samarkand. Der **Busbahnhof in Karmana** ist daher ein Verkehrsknotenpunkt. Aus Richtung Buchara, Samarkand, Zarafshon und Nurota treffen sich hier Taxis, Busse und Minibusse.
Von und nach **Samarkand** kostet die Fahrt mit dem Taxi ca. 7 Dollar (ca. 3 Stunden).
Nurota: 2.5 Dollar Taxi, 1.50 Dollar Minibus (ca. 1 Stunde).
G'ijduvon: 2 Dollar Taxi, 1.30 Dollar Minibus (ca. 1 Stunde).
Zarafshon: 4 Dollar Minibus (ca. 2 Stunden).
Taschkent: mit Umsteigen in Samarkand im Taxi 17 Dollar (ca. 6 Stunden). Ohne Umsteigen in Samarkand ca. 20 Dollar im Taxi.
Innerhalb der Stadt Navoiy wird eine einheitliche Taxigebühr pro Person unabhängig von der Fahrstrecke erhoben. Jeder Fahrgast zahlt umgerechnet 50 Cent.

Hotel Navoiy, Xalqlar Do'stligi ko'chasi in der Nähe der Post. Ein DZ kostet je nach Ausstattung zwischen 12 und 40 Dollar. Die Zimmer sind sehr spartanisch im sowjetischen Stil der 1960er Jahre eingerichtet. In der der 2. Etage befindet sich eine Bar.
Hotel Yoshlik, Xalqlar Do'stligi ko'chasi 138. Nicht weit vom Hotel Navoiy entfernt befindet sich das Hotel Yoshlik. Es ist etwas luxuriöser ausgestattet. DZ 34 Dollar.

Die Diskotheken befinden sich auf der zentralen Xalqlar Do'stligi Straße, in der Nähe der Hotels. Zu empfehlen sind Diskotheken **Apelsin** (neben Hotel Navoiy) und **Jazz** sowie die Nachtbar **Zebra** (letzere befinden sich am Ende der Straße in der Nähe des Kaufhauses ZUM und des Basars
Das **Restaurant Viktoriya** lädt ebenfalls zum Tanzen ein. Es liegt in Höhe des Apelsin auf der südlichen Parallelstraße an einer Ecke.

Zarafshon und Uchquduq

Die beiden in den 1960er Jahren entstandenen Bergbaustädte Zarafshon und Uchquduq liegen in der Wüste Kizilkum. Beide sind sowjetische Planstädte, die von der Wasserversorgung durch große Pipelines abhängig sind. Obwohl ein Großteil der russischen Bevölkerung das Land verließ, ist die Lebensweise in diesen Städten weniger traditionell als beispielsweise in den Städten des Ferganatals. Noch immer spürt man den russischen kulturellen Einfluss, so gibt es seit dem Ende der Sowjetzweit in beiden Städten russisch-orthodoxe Kirchen. Beide Bergbaustädte verfügen über ein beachtliches Freizeitangebot.
Obgleich hierher nur selten Touristen kommen, sind die Orte aufgrund ihrer Wüstenlage und sowjetischen Architektur sehenswert. An den Stadtgrenzen beginnt direkt die Kizilkum mit ihren Saxaulsträuchern.

▲ Karte hintere Umschlagklappe

Im Wüstenmuseum von Zarafshon

Zarafshon ist die größere der beiden Städte. Sie verfügt über ein interessantes **Wüstenmuseum** zur Geschichte des Bergbaus und zur Flora und Fauna in der Kizilkum. Eine Abteilung zeigt zudem ethnografische Exponate der Region.

Zarafshon und Uchquduk

Von Taschkent und Samarkand bestehen Zugverbindungen durch die Wüste nach Uchquduk und weiter nach Urganch (2 x wöchentlich) sowie Nukus und Kungrad (1 x wöchentlich).

Zwischen Uchquduq und Zarafshon verkehren Taxis, Minibusse und Busse. Auf der Fahrt von Zarafshon nach Uchquduq passiert man Schafherden, Wüstenjurten und Abraumhalden des Bergbaus. Taxi pro Person 3.5 Dollar (ca. 1 Stunde); Minibus 2 Dollar.

In Zarafshon und Uchquduq beträgt der städtische Taxipreis einheitlich 40 Dollarcent pro Person unabhängig von der innerstädtischen Fahrtstrecke. Man erreicht daher alle Orte bequem mit dem Taxi, ohne verhandeln zu müssen. Die Städte sind allerdings so klein, dass man auch zu Fuß gehen kann.

Zarafshon verfügt über ein einfaches Hotel im sowjetischen Stil in der Nähe des Stadions. DZ 22 Dollar.

Rund um den zentralen Platz in Zarafshon befinden sich Restaurants und Cafes, z.B **Sogdiana**.

Wüstenmuseum Zarafshon: Das Museum befindet sich im 2. Mikrorayon im Gebäude des Institutes MGGI. Der Eingang ist schwer zu erkennen (Mo bis Sa 9 bis 18 Uhr, Eintritt frei; russischsprachige Führungen).

Weiterhin befindet sich im Ort eine kleine **Gemäldegalerie** mit Wechselausstellungen (3. Mikrorayon; Orientierungspunkt: izostudia; Di bis Sa von 10 bis 18 Uhr; Eintritt frei; Tel. 5733859).

Blick von der Festung Nurota über die Stadt

Nurota

Circa 60 Kilometer nördlich von Navoiy, am Fuße der Berge, liegt das hauptsächlich von Tadschiken bewohnte Städtchen Nurota. Die Umgebung wird häufig für **Trekkingtouren** zu dem künstlichen See Aydarko'l genutzt. Aufgrund der zerklüfteten Berglandschaft ist Nurota durch Steinarchitektur geprägt. Von Navoiy (Karmana) aus erreicht man den Ort mit dem Taxi (2.5 Dollar) oder dem Minibus (1.5 Dollar), die Fahrt dauert ca. 1 Stunde.

In Nurota zieht es viele Pilger zur **Chashmaquelle**, um die sich Moscheen, eine Pilgerherberge und ein Heimatmuseum gruppieren. Im **Museum** werden lokales Handwerk, Fotografien sowie Exponate von berühmten Söhnen und Töchtern der Stadt ausgestellt. In der Mineralquelle schwimmen Fische, die als heilig gelten und nicht gefangen werden dürfen.Vom Komplex aus führt eine von Verkaufsständen gesäumte Treppe zu den Ruinen einer **Festung**, welche von Alexander dem Großen 327 v. Chr. gebaut worden sein soll. Von dort aus genießt man einen weiten Blick über die Landschaft.

In der Umgebung von Nurota befinden sich zahlreiche **Steinritzungen aus der Bronzezeit**. Schon aus Navoiy kommend, kann man mit etwas Glück und Aufmerksamkeit einzelne Zeichnungen sehen. Auch der Kurator des Heimatmuseums gibt gerne Auskunft.

G'ijduvon

Auf der Fernverkehrsstraße zwischen Navoiy und Buchara befindet sich die 45 000 Einwohner zählende Provinzstadt G'ijduvon. Aufgrund ihrer günstigen Lage ist die Stadt ein Handelszentrum und verfügt über einen großen **Basar**.

Sehenswert ist auch der **Mausoleumskomplex Abdulhalik G'ijduvoniy**. Die dazugehörige Medrese im timuridischen Stil von 1433 wurde unter Ulug'bek errichtet. Der eingeschossige Bau beher-

▲ Karte hintere Umschlagklappe

bergt 12 Kammern, die bewohnt werden.

Vor der Medrese erhebt sich ein Baldachin mit blauer Kuppel, der über dem Sarkophag Abdulhalik G'ijduvoniys (1103–1179) errichtet wurde. Der Heilige wird als Gelehrter bis heute verehrt. Daneben steht ein kleines, gedrungenes Minarett im Stil des Kalon-Minaretts in Buchara. Neben dem Komplex befindet sich eine schlichte Moschee mit Holzsäulenumgang.

In G'ijduvon lohnt ein Besuch des kleinen **privaten Keramikmuseums** des Familienbetriebs der Gebrüder Narzullaev (Kimsan ko'chasi 24). Hier werden Exponate aus verschiedenen Keramikwerkstätten Usbekistans und Zentralasiens ausgestellt. Zudem kann die Werkstatt besichtigt und typische Keramik der Region Buchara erworben werden (die Preise sind angegeben, so dass handeln nicht nötig ist). Bei einem Tee im hauseigenen Café kommt man leicht mit den anwesenden Usbeken ins Gespräch (Tel. 65/5727412, Fax 65/5727098, www.folkceramic.com).

Das Mausoleum für Abdulhalik G'ijduvoniy

Im Keramikmuseum der Familie Narzullaev

Einst war Buchara ein wichtiges und legendenumwobenes Zentrum an der Seidenstraße. Auf den Basaren und in den Karawansereien trafen sich Menschen aus aller Welt. In den Gassen der Altstadt scheint diese Vergangenheit zum Greifen nah.

Buchara und Umgebung

Buchara

Inmitten von Wüstensand liegt die Oase Buchara. Baumwollfelder, Weideplätze und Obstplantagen umgeben die Stadt. Sie trotzt dem Sand und den Wanderdünen der Kizilkum. Das Gebiet Buchara nimmt fast ein Drittel der Gesamtfläche Usbekistans ein, allerdings leben hier nur acht Prozent der Bevölkerung, in der Stadt selbst leben etwa 260 000 Einwohner. 300 Tage im Jahr scheint in der Region die Sonne. Die Hauptwasserader der Oase und der Stadt ist der Fluss Serafshan, dessen Wasser restlos zur Bewässerung der Oase dient und der dann, ohne den Amudarja zu erreichen, im Sande versickert. Buchara lebt hauptsächlich von der Baumwollverarbeitung und der Verarbeitung der Felle der Karakul-Schafe, die als Persianer bekannt sind.

Auf Sanskrit bedeutet Buchara ›Kloster‹, und einst war die Stadt eines der finanziellen Zentren und wichtiger Warenumschlagplatz der Großen Seidenstraße. Ein intensiver Fernhandel verband Buchara mit Persien, China, Indien und Russland. Aber auch venezianische Kaufleute kamen hierher, um mit orientalischen Gewürzen, Seidenstoffen, Pelzen, Goldstickereien und Goldschmiedearbeiten zu handeln, nicht zuletzt dadurch konnte sich die Stadt entfalten: seit dem Mittelalter gelangte sie neben ihrer Bedeutung als wichtiger Handelsort auch zu kultureller und wissenschaftlicher Blüte. Berühmte Dichter wie Rudaki und Dakhti und auch der Mediziner Avicenna lebten und lehrten im ›weisen‹ Buchara. Auch Sheikh Bahaudin Naqshbandi lebte hier im 15. Jahrhundert. Der von ihm geprägte Glaube, der Naqshbandisma, breitete sich bis in die Türkei, den Iran, den Kaukasus, nach Indien und Afghanistan aus.

Die meisten der über 140 Baudenkmäler stammen aus der Zeit der ›ersten‹ Usbeken, der Schaibaniden. Sie prägten das auch heute noch vorhandene Ge-

Das Kalon-Ensemble

▲ Karte S. 175

sicht der Altstadt mit ihren Medresen, Moscheen und Basaren. In den Gassen der Altstadt scheint die Vergangenheit greifbar zu werden.

Die meisten Einwohner Bucharas leben in der sowjetischen Neustadt. Sie ist großzügig angelegt, allerdings mit vielen Hochhäusern. In den letzten Jahren der Unabhängigkeit hat man versucht, einen Platz in der Neustadt umzugestalten. Südlich der Altstadt, an der Muminov ko'chasi, ist ein neuer Komplex mit administrativen Gebäuden entstanden – eingerahmt von Springbrunnen und einer kleinen Openair-Konzertbühne. Anders als die Altstadt hat die Neustadt kein richtiges Zentrum.

Bucharer Metallkunsthandwerk

Stadtgeschichte

Als eine der ältesten Städte Mittelasiens entstand Buchara (usbek. Buxoro) im ersten Jahrhundert vor Christus am Unterlauf des Flusses Serafshan (usbek. Zarafshon). Bis zur Mitte des vierten Jahrhunderts gehörte Buchara zum Kuschanenreich, ein Jahrhundert später wurde es von den Weißen Hunnen unterworfen.

Als die Araber Ägypten, Palästina und den Iran erobert hatten, rückten sie gegen Mittelasien vor, erschienen 709 vor den Mauern Bucharas und nahmen die Stadt im Sturm. Seit dem achten Jahrhundert wird die Stadt in arabischen Chroniken erwähnt.

Im neunten Jahrhundert geriet Buchara unter die Macht der **Samaniden**. Unter ihnen wurde es zum Mittelpunkt eines ausgedehnten Staates, in dem sich Gewerbe, Kultur und Handel erfolgreich entwickelten. Während der Zeit als Hauptstadt des Samanidenstaates veränderte sich allmählich auch das Stadtbild Bucharas. Es entstanden neue Stadtviertel, die Zitadelle Ark, die Innenstadt (Shahristan) und die Vorstadt (Rabat). Im Herzen der Stadt entstanden die wichtigsten Regierungsgebäude (Divane) sowie die Paläste der Machthaber von Buchara. In den Vorstädten ließen sich nach Berufen geordnet Handwerker nieder. Rings um die Stadt wurde eine Mauer mit elf Stadttoren errichtet.

Nach dem Niedergang der Samaniden stand Buchara unter der Herrschaft verschiedener Nomadenstämme: die ersten waren die **Karachaniden**, die von 999 bis 1141 regierten, gefolgt von den **Karakitai**. Durch eine harte Steuerpolitik gepeinigt, wurden die Einwohner immer widerständiger und organisierten Aufstände. Der Aufstand von 1206 wäre fast erfolgreich gewesen, dann aber kam der mächtige Nachbar, der Schah von Choresmien, mit seinen Truppen, schlug den Aufstand nieder und okkupierte die Stadt. Buchara wurde nun Teil des Staates Choresmien. Aber nur für kurze Zeit, denn aus dem Osten rückten bereits die Mongolenhorden heran.

Im Jahre 1220 eroberte **Dschingis Chan** die Stadt nach einer hartnäckigen Belagerung und gab sie seinen Kämpfern zur Plünderung frei. Binnen weniger Tage wurde aus der blühenden Oase eine Wüstenei. Zusätzlich sorgte eine Feuersbrunst dafür, dass auch die Reste der Stadt niederbrannten. Dschingis Chan zwang die überlebenden Einwohner der Stadt, sie zu verlassen. Wer nicht gehen wollte, wurde getötet. Handwerker verschleppte er.

Als **Timur** in der zweiten Hälfte des vierzehnten Jahrhunderts sein Reich gründete, gliederte er Buchara 1370 diesem Staat an. Wie auch in anderen Städten seines Reiches stand seine Regierungszeit unter dem Zeichen umfangreicher Baumaßnahmen. Er errichtete Paläste, öffentliche Gebäude, Brücken, Straßen und ein verzweigtes Bewässerungssystem. Alte religiöse Bauwerke ließ er renovieren. Unter Ulug'bek setzte sich der Aufstieg Bucharas zu Beginn des 15. Jahrhunderts fort. Die Stadt wurde Zentrum der Kultur und Wissenschaft.

Bucharas nächste Herrscher waren die **Schaibaniden**. Unter ihnen wurde die Stadt Mitte des 16. Jahrhunderts zur Metropole des Chanats Buchara. Die Handelsbeziehungen wurden erweitert, das Handwerk blühte ebenso wie die Bautätigkeit. De facto war Buchara damals der politische und kulturelle Mittelpunkt ganz Mittelasiens.

Im Jahre 1740 wurde das Chanat Buchara vom Perserschah Nadir unterworfen. Er setzte einen Stadthalter aus dem Kreise der einheimischen Adeligen ein, nämlich Muhammed Rachim, der sich einige Jahre später dem Schah widersetzte und sich zum Emir von Buchara erklärte. Damit wurde die neue **Dynastie der Mangyten** eingeleitet, die Buchara von 1753 bis 1920 regierten. Bis 1920 blieb

Textil-Markt in der Medrese Nadir Devon Begi

die Stadt das Zentrum des gleichnamigen Chanats. Zur Zeit des Chanats war Buchara aufgrund der vielen Pilger, die in die Stadt kamen, eine Art Mekka Mittelasiens geworden. Deswegen waren seine Medresen attraktiv für die Studenten, und die Stadt hatte den längsten Basar der gesamten Region; er soll aus einer kilometerlangen Ladengasse bestanden haben. Bei Anbruch der Dunkelheit wurde der Handel auf den Basaren eingestellt, um sieben Uhr schlossen alle elf Stadttore. Nach sieben Uhr war es nur noch Ärzten und Hebammen erlaubt, auf den menschenleeren Straßen zu laufen. Um fünf Uhr morgens öffneten sich die Stadttore erneut.

Im 19. Jahrhundert wurde das Chanat Buchara dem **russischen Reich** als Protektorat angegliedert. Die Sklaverei wurde abgeschafft – betont die russische Geschichtssschreibung. Außerdem be-

▲ Karte S. 175

gann der Eisenbahnbau und damit die Industrialisierung. 1888 gab es einen bewaffneten Bauernaufstand im Ostteil Bucharas, aber der Emir rechnete mit den Aufständischen grausam ab und ließ ihre Anführer hinrichten. 1905 bis 1907 fanden immer wieder Streiks in Baumwollerntefabriken statt. Nach der russischen Revolution wurde der Emir von Buchara gezwungen, Reformen durchzuführen, die jedoch dürftig und halbherzig waren. Die Aufstände setzen

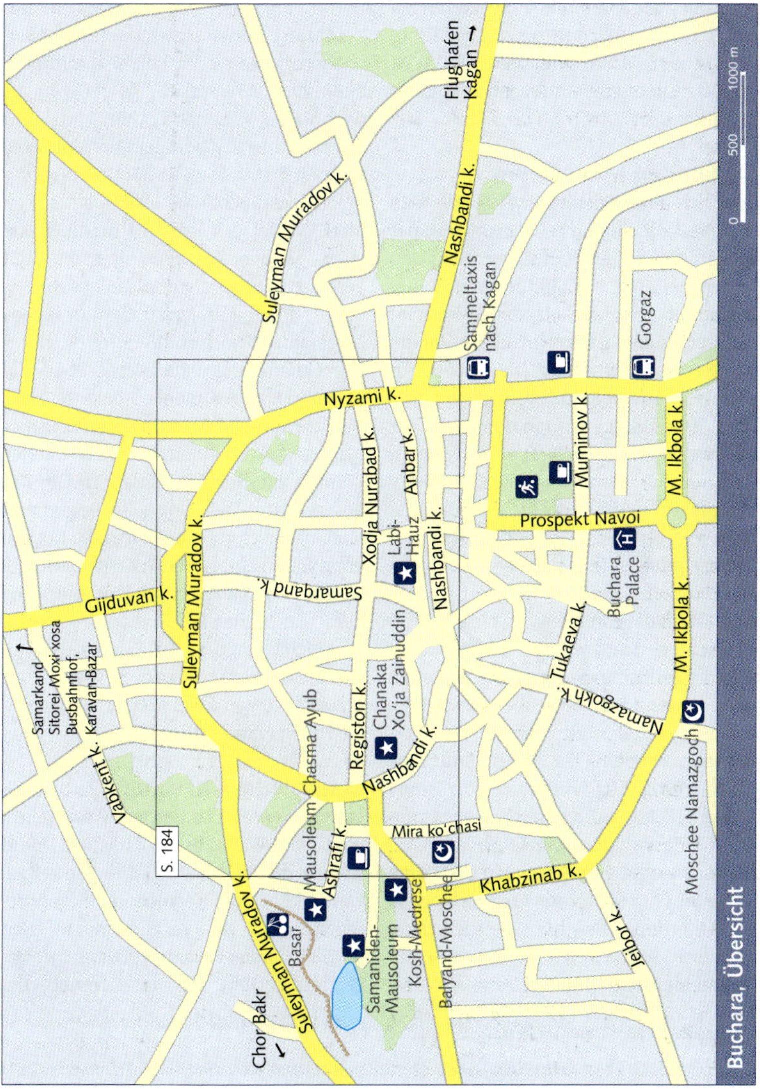

Buchara, Übersicht

sich fort. Im September 1920 wurde die Altstadt Bucharas schließlich von den revolutionären Aufständischen und Truppen der Roten Armee erobert und am 8. Oktober 1920 die **Sowjetische Volksrepublik Buchara** ausgerufen. Auch hier begann in den Folgejahren die Sowjetindustrialisierung. Außerdem wurde der Wohnungsbau verstärkt, Hochschulen gegründet und Theater eröffnet.

Samaniden-Mausoleum

Westlich des Registan, etwas außerhalb der Altstadt liegt das Mausoleum der Samanidendynastie. Es stammt aus den ersten Jahren des 10. Jahrhunderts und ist wegen der Klarheit seiner Formen und seiner einzigartigen Dekoration ein Meisterwerk der frühen islamischen Architektur. Es liegt mitten in einem grünen Vergnügungspark, in dem auch der Helden des Zweiten Weltkriegs gedacht wird, und in dem selbst an den heißesten Tagen ein kühler Hauch zu spüren ist. Das Gebäude wurde von Erdschichten freigelegt, die sich im Laufe der Jahrhunderte über ihm gebildet hatten, und ist jetzt von allen vier Seiten zu betrachten. Sieht man es zusätzlich zu unterschiedlichen Tageszeiten, so geben verschieden Perspektiven – verschiedener Lichteinfall – unterschiedliche Stimmungen wieder. Das Mausoleum entstand in der Regierungszeit von Ismali Samani (892–907), der in seiner Hauptstadt eine Begräbnisstätte für seine Familie errichten wollte. Ursprünglich sollte hier nur sein Vater Achmad beigesetzt werden, tatsächlich wurden dann er selbst, sein Vater und einige seiner Söhne hier begraben.

▲ Karte S. 175

Weder in Mittelasien noch in anderen Ländern des islamischen Orients findet sich unter den Baudenkmälern dieser Zeit etwas Ähnliches oder auch nur entfernt Ähnliches. Deswegen liegt die Vermutung nahe, dass die künstlerischen Verfahren, auf denen das Mausoleum beruht, in die vorarabische Zeit zurückreichen, die uns keine solche monumentalen Werke hinterließ, da sie weniger dauerhafte Werkstoffe wie Holz und ungebrannte Lehmziegeln verwendete. Auf den ersten Blick ist die Komposition denkbar einfach: eine Halbkugel auf einem Würfel, als Baustoff diente Backstein. Alle vier Fassaden sind identisch gestaltet. Die Dreiviertelsäulen an den Ecken, die Spitzbogennischen in jedem Eingang, der horizontale Streifen in der Sockelmauerung, eine leichte Bogengalerie und kleine Kuppel – in allem steckt architektonische Exaktheit und Zusammenhang. Auch innerhalb des Gebäudes dominieren Kreis und Quadrat: Der Kubus geht mit Hilfe von acht Bogen einfach, natürlich und logisch in die Kuppel über. Das Mauerwerk verleiht dem Gebäude Transparenz und Unbeschwertheit. Die Steine liegen flach, übereck, senkrecht, diagonal, im Fischgrätenmuster und hervorstechend. Es scheint, als seien alle dekorativen Möglichkeiten des Backsteins ausgenutzt.

Mausoleum Chashma-Ayub

Unweit vom Samaniden-Mausoleum liegt das Mausoleum Chashma-Ayub (Quelle des Hiob), ein gedrungenes Bauwerk mit hohem Kegeldach und mehreren Kuppeln, das vermutlich aus dem 12. Jahrhundert stammt. Der rechteckige Bau besteht aus vier Räumen, die

Fraglich, ob die Kuppel so früh entstanden ist.

Das Samaniden-Mausoleum stammt aus dem frühen 10. Jahrhundert

Auf dem Basar

sich von Westen nach Osten aneinanderreihen und aus verschiedenen Epochen datieren. Der mit einem Kegeldach überdeckte Raum, in dem heute noch ein Quellbrunnen zu sehen ist, wird als ältester Bauteil angesehen. Seine Entstehung soll der Legende nach mit dem Propheten Hiob zusammenhängen: Als die Stadt Buchara noch nicht existierte und die Umgebung schwach besiedelt war, soll Hiob dort erschienen sein, um Gottes Wort zu predigen. Es herrschte furchtbare Dürre, und die von Durst geplagten Einwohner baten Hiob um Wasser. Er erhörte ihre Bitte, schlug mit dem Stab auf den Boden und das Wasser sprudelte heraus. Im 14. Jahrhundert wurden zwei weitere Räume, im 16. Jahrhundert der letzte Raum angebaut. Da alle Räume von unterschiedlichen Kuppeln bekrönt werden, kann man gut erkennen, wie sich der jeweilige Epochengeschmack in den Kuppeln ausformt. Das Fehlen jeglicher Dekoration lässt das Bauwerk asketisch wirken. Rund um das Gebäude herrscht Markttreiben. Von hier ist nicht weit bis zur Stadtmauer, deren Ruine am Rande des sich immer weiter ausdehnenden Marktes nicht zu übersehen ist.

Kosh-Medrese

Beim Verlassen des Parkes in Richtung Süden gelangt man zu einem weiteren interessanten Ensemble: zu der aus dem 16. Jahrhundert stammenden Gruppe der Kosh-Medrese. Sie besteht aus der Medrese Modari Chan und der Medrese Abdullah Chan. Beide wurden unter der Regierungszeit des strengen und kriegerischen Abdullah Chans errichtet.

Die **Medrese des Modari Chan** erscheint innen und außen ziemlich schlicht. Das ist wohl damit zu erklären, dass sie in den ersten Jahren der Regierungszeit von Abdullah Chan errichtet wurde, als dieser mehr an der Festigung der eigenen Macht als an Allah gefällige Bauwerke dachte. Unter seiner Herrschaft erlebte Buchara eine Zeit des Aufstiegs und eine rege Bautätigkeit. Diese Medrese wurde innerhalb

▲ Karte S. 175

von nur zwei Jahren errichtet. Um Zeit und Mittel zu sparen, zog man die Mauern hohl hoch und füllte dann den Hohlraum mit Ziegelbruch und Bauschutt und übergoss das Ganze anschließend mit Alabasterlösung. Deswegen waren die Mauern recht instabil, sie krümmten sich und verloren ihre Festigkeit und ihre Schönheit. Auch die Wandverkleidung litt darunter. Der trapezförmige Grundriß des Gebäudes ist bedingt durch die Unregelmäßigkeit des Grundstücks und den Wunsch, die Straßenlinie an der Hauptfasssade einzuhalten.

Einen anderen Eindruck hinterlässt die **Medrese Abdullah Chan**, die gegen Ende der Regierungszeit des Stifters errichtet wurde. Offensichtlich machte er sich bereits Gedanken um seine Stellung im Jenseits. Die Zellen an der Hauptfassade weichen vom traditionellen Grundriß ab. Zudem erregen Moschee und Hörsaal rechts und links vom Haupteingang durch die Eigenartigkeit ihrer Bedachung Aufmerksamkeit. Abdullah Chan wollte sich vermutlich hier beisetzen lassen. Das ist aus der unüblichen Ausrichtung der Medrese zu schließen: Da das Grab eines Moslems von Norden nach Süden liegen muss, wurde auch die Medrese in diesen Himmelsrichtungen angeordnet. Eine architektonische Neuheit stellt ein achteckiger überdachter Hof hinter dem westlichen Eingang dar, der von zwei Geschossen aus Wohnzellen umgeben ist. Etwas ähnliches findet man in keiner anderen Medrese Bucharas. Zu bemerken ist das Bestreben, das ganze Gebäude möglichst intensiv und praktisch zu nutzen und keinen Platz zu verschenken, selbst in den Ecken sind Räume untergebracht. Hauptfassade und Hoffassade sind mit Schmelzziegeln und Majolika geschmückt. Ins Auge fällt besonders die hölzerne Eingangstür aus Schnitzerei und Holzmosaik aus der zweiten Hälfte des 16. Jahrhunderts.

Eingang der Abdullah-Chan-Medrese

Moschee Balyand

Südöstlich der Baugruppe der Kosh-Medrese, inmitten von neuzeitlichen Bauwerken, steht die zu Beginn des 16. Jahrhunderts errichtete Moschee Balyand (die Hohe). Ihre Bezeichnung erhielt sie trotz ihrer verhältnismäßig geringen Ausmaße wegen des hohen Fundamentsockels, auf dem sie sich erhebt. Sie entstand wohl als Gemeindemoschee und war mit den Mitteln des Wohnviertels errichtet worden, denn es wurden vor allem preiswerte Baustoffe verwendet. Der bescheidene hölzerne Ayvon umgibt die Moschee von zwei Seiten. Bemerkenswert sind die Feinheit und Eleganz der geschnitzten Blattmuster und der ebenfalls geschnitzten Stalaktitenkapitelle der Säulen. Der Innenraum besitzt eine Wandverkleidung aus intensiv grünen Glasurplatten, auf die eine feine Goldmalerei aufgetragen wurde. Die Wände hat man in Rechtecke aufgeteilt und mit pflanzlichen Motiven bemalt, die an für Buchara typische Teppiche des 16. Jahrhunderts erinnern. Die Gebetsnische weist ein geschnitztes Mosaik mit einem eigenwilligen Muster auf. Die mit Schnitzereien verzierte Holzdecke, wie sie auch in Profanbauten und Wohnhäusern zu finden ist, gilt als eine der ältesten in Buchara.

Chanaka Xo'ja Zainuddin

Westlich von der Moschee Kalon liegt am Rande der Altstadt die imposante Chanaka (Pilgerherberge) Xo'ja Zainuddin vom Anfang des 16. Jahrhunderts, die als Wintermoschee genutzt wurde. Gleichzeitig dient das Gebäude als Mausoleum des Scheichs Zainuddin, der in einer besonderen Nische beigesetzt ist. Im hohen und geräumigen Kuppelsaal, in dem sich in einer Nische die Grabkammer des Scheichs befindet, kann man wie in anderen Bauwerken Bucharas den allmählichen Übergang von Achteck zum Rundgewölbe sehen. Die Wände wurden mit der damals in Buchara weitverbreiteten Kundalmalerei (viele Farben mit Gold kombiniert) ausgemalt. Im Nordosten liegt ein Eckayvon mit Holzsäulen, dessen Treppe zu einem quadratischen Wasserbecken führt. An den Holzsäulen sind unterschiedliche Verzierungen angebracht: während die nördlichen nur sehr wenige aufweisen, sind die östlichen mit geometrischen Ornamenten und geschnitzten Kapitellen geschmückt. Die Decke des Ayvons besteht aus sieben Flächen mit Ornamenten aus Holzplatten, die von einem geschnitzten Holzgesims umrahmt werden. Über den Ayvon gelangt man in einen Innenhof mit einigen Bäumen und einem großen Wasserbecken, einem der ältesten, das in Buchara erhalten geblieben ist.

▲ Karte S. 175

Moschee Namazgoch

Am Südrand von Buchara, an der Ikbola ko'chasi liegt die Moschee Namazgoch mit der Pforte Scheich Jalyal. Die Moschee erhebt sich als ein großer Kuppelbau, dessen Hauptfassade eine riesige, in der ganzen Breite des Bauwerks errichtete Gebetsnische bildet. Während des Gebetes, das an den großen Feiertagen des Islams vor einer vielköpfigen Menschenmenge stattfand, ließen sich die Gläubigen auf dem offenen Platz vor dem Gebäude nieder. An diesem Ort befand sich einst das Gelände des Schemsabad, ein großer Garten mit prunkvollen Palästen und Pavillons, Antilopen und Singvögeln. Gründer dieses Paradieses war Schemsal-Mulk, nach dem der Park dann auch benannt wurde. Nach und nach verödete der Garten, 1119 wurde die Moschee gebaut, die bis heute erhalten geblieben ist. Ursprünglich bestand das Gebäude lediglich aus einer Backsteinmauer mit Gebetsnische und einem leichten Sonnendach auf Holzstützen. Die Nische, deren Schmuckwerk kleine Platten aus unglasierter Terrakotta mit feinen Mustern bilden, ist der älteste Teil des Bauwerks, sie ist noch älter als das Minarett Kalon. Im 14. Jahrhundert wurde die Moschee renoviert und fast gänzlich mit bunten, glasierten Terrakottaplatten verkleidet. Unter Abdullah Chan fand im 16. Jahrhundert ein Umbau statt. Der gesamte monumentale Teil des Bauwerks wurde an die ältere, westliche Mauer angebaut. Auf diese Weise blieb die Gebetsnische und ihr Dekor erhalten, ebenso die in der Wand eingelassenen waagerechten Majolikaplatten mit arabischen Aufschriften religiösen Inhalts.

»Reise nach und in Bokhara«

Sir Alexander Burnes wurde 1805 in Schottland geboren und unternahm von Indien aus Forschungsreisen nach Zentral- und Mittelasien, was in den 30er Jahren des 19. Jahrhunderts keine ungefährliche Angelegenheit war. Burnes Landsmann W. Moorcroft etwa war in dieser Zeit in den Gebieten ermordet worden, die Burnes besuchen wollte. Davon ließ sich Burnes nicht abhalten und trat 1832 eine Expedition an, mit der es ihm gelang, bis in das damals in Europa noch wenig bekannte Buchara vorzudringen. Bei einer späteren diplomatischen Mission fand er 1841 bei einem Aufstand in Afghanistan den Tod.

In seinem Buch ›Reise nach und in Bokhara von Indien aus durch Cabool, die Tartarey und Persien‹ beschreibt er das städtische Leben in Buchara:

»Vom Morgen bis zum Abend macht die versammelte Menge ein murmelndes Getöse, und man ist ganz erstaunt über die sich bewegende Masse menschlicher Wesen. In der Mitte des oben erwähnten freien Platzes werden die Früchte der Jahreszeit unter dem Schatten einer viereckigen Matte, die nur von einem einzigen Pfahl schwebend erhalten wird, verkauft. Man muss sich wundern über die nimmer ruhende Beschäftigung der Fruchthändler im Verkauf ihrer Trauben, Melonen, Aprikosen, Äpfel, Pfirsiche, Birnen und Pflaumen, zu denen sich fortwährend Käufer einfinden. Nur mit Mühe kann man sich durch die Straßen den Weg bahnen, und es kann nur mit der jeden Augenblick sich erneuernden Gefahr geschehen, von irgend jemand überritten zu werden, der auf einem Pferde oder Esel sitzt. Diese letzteren Tiere sind ausnehmend schön und traben mit ihren Reitern und Bürden rasch einher. Auch Karren von leichter Bauart bewegen sich vorüber, da die Straßen die Passage von Räderwagen gestatten. In allen Teilen des Basars sind die Leute mit dem Bereiten des Tees beschäftigt, wozu man sich großer europäischer Teemaschinen (Ums), statt der Teetöpfe, bedient und den Tee mittels einer Metallröhre warm erhält. Die Vorliebe der Bokharen für Tee ist, wie ich glaube, beispiellos; denn diese Leute trinken ihn zu allen Zeiten und an allen Orten und auf ein halb Dutzend Arten: mit und ohne Zucker, mit und ohne Milch, mit Fett, mit Salz usw. Zunächst bei den Verkäufern dieses heißen Getränks kann man ›Rahut jau‹ oder die Wonne des Lebens – Traubengallerte oder Sirup mit zerhacktem Eise vermengt – kaufen. Diese Fülle von Eis gehört zum größten Luxus in Bokhara. Es wird im Winter in Gruben gesammelt und zu einem Preise verkauft, der es auch dem Ärmsten zugänglich macht. Es fällt in Bokhara niemandem ein, Wasser zu trinken, ohne es mit Eis vermischt zu haben, und so kann man einen Bettler in demselben Augenblicke kaufen sehen, wo er seine Armut zu erkennen gibt und die Mildtätigkeit des Vorübergehenden in Anspruch nimmt.

Es gewährt einen erfrischenden Anblick, wenn man bei 90 Grad Fahrenheit Hitze die ungeheuren, farbigen, geschabten und wie Schnee in Haufen aufgestapelten Eismassen sieht. Es würde ins unendliche führen, wollte man den ganzen Kaufmannsverein beschreiben; es genüge daher die Bemerkung, dass in dem Registan fast alles zu haben ist: Juwelier- und Schwertfegerarbeiten aus Europa (freilich grob genug gearbeitet), Tee aus China, Zucker aus Indien, Gewürze aus Manila usw. Auch kann man seine Weisheit durch das Türkische sowohl wie das Persische in den Bücherläden vermehren, wo die Gelehrten oder vermeintlich Gelehrten die zerrissenen Bücher durchblättern.

Wenn man am Abend aus diesem lärmenden Gedränge in die entlegeneren Teile der Stadt sich fortbegibt, windet man sich durch gewölbte, um diese Zeit leere Basars und kommt an Moscheen vorbei, die mit schönen Kuppeln versehen und mit dem bei den Mohammedanern geduldeten Zierrat ausgeschmückt sind. Nach den Basarstunden sind die Moscheen mit Menschen angefüllt, die ihr Abendgebet verrichten An den Türen der in der Regel den Moscheen gegen-überliegenden Schulgebäude kann man die Studenten nach den Arbeiten des Tages sich ausruhen sehen, die übrigens nicht so fröhlich oder so jung wie die Schüler auf einer europäischen Universität sind, sondern unter denen sich viele ernste und ehrbare alte Leute befinden, welche scheinheiliger sind, aber keineswegs weniger Torheiten oder Ausschweifungen begehen als die Jünglinge in anderen Teilen der Welt. Mit eintretendem Zwielicht nimmt die Geschäftigkeit ein Ende, die königliche Trommel wird gerührt und findet Nachhall in allen übrigen Teilen der Stadt, und zu einer gewissen Stunde darf niemand ohne eine Laterne mehr ausgehen. In solchen Anordnungen ist die Polizei der Stadt vortrefflich, und in jeder Straße bleiben große Güterballen in den Buden während der Nacht in vollkommener Sicherheit liegen. Es herrscht nunmehr überall Ruhe und Stille bis zum Morgen, wo das Getöse in dem Registan aufs neue beginnt. Der Tag wird wie der vorhergehende mit Zechen und Teetrinken begonnen, und Hunderte von Knaben und Eseln eilen mit Milch beladen dem geschäftigen Gedränge zu. Die Milch wird, mit dem Rahm oben schwimmend, in kleinen Näpfen verkauft, von denen ein Knabe zwanzig bis dreißig auf Brettern, die durch einen auf seine Schulter gelegten Stock unterstützt und gehalten werden, nach dem Markte zu tragen imstande ist. Wie viel Milch auch herbeigeschafft werden mag, sie verschwindet schnell unter die teetrinkende Bevölkerung dieser Stadt.«

Keramik auf dem Basar

Sie wurden im 14. Jahrhundert mit hellblauer, dunkelblauer und weißer Glasur hergestellt. Es gab keinen speziellen Hof für die Gläubigen, sie ließen sich auf dem geräumigen Platz vor der Gebetsnische nieder. Hier sind Ornamente zu sehen, die von zoroastrischem Einfluss zeugen. Insgesamt ist die Moschee jedoch in einem sehr schlechten Zustand.

Rund um Labi Hauz

Die Altstadt wirkt um das Labi-Hauz herum lebendig, sonst hat man manchmal das Gefühl, in einem Freilichtmuseum zu sein, obwohl die Altstadt nach wie vor bewohnt ist. Alle Medresen und Moscheen, bis auf die Koranschule Miri-Arab sind Museen – oder eher Souvenirgeschäfte, in denen sich natürlich nur wenige Bucharaer aufhalten.

Den Altstadtrundgang beginnt man an besten am Labi-Hauz. Um das Wasserbecken (Hauz) gruppiert sich ein einheitliches architektonisches Ensemble. Direkt am Becken, das im Sommer auch die Funktion eines Innenstadtfreibades hat, gibt es mehrere Openair-Teestuben (Choixona), in denen man sich erholen und Domino spielen kann. Hier sitzen die Rentner den ganzen Tag, trinken Tee, spielen Domino oder schlafen auf den gemütlichen Sitzbänken (tachta). Nachmittags setzen sich dann auch jüngere Leute zu einer Tasse Tee dazu. Hier kann man den ganzen Tag gemütlich sitzen, das Leben beobachten und in der Regel vorzüglich essen, beispielsweise Plov oder Schaschlik, der meistens vor den Augen der Gäste frisch zubereitet wird. Auch wenn die Musik manchmal laut dröhnt, hier geht alles ruhig zu. Am Labi-Hauz kann man auch abends sehr romantisch die Atmosphäre genießen – nicht nur mit Tee.

Das Wasserbecken in der Mitte des Platzes ist mit massiven Blöcken verkleidet, die so wirken, als sollten Stufen in das Wasser geleiten. Das Wasser kam aus dem städtischen Hauptkanal Shachrud, was soviel heißt wie ›Königlicher Fluss‹. Aus dem Hauz wurden die meisten Einwohner Bucharas mit Wasser versorgt. Wegen der Enge der Gassen konnte man kein Bewässerungssystem installieren. So wurde das Bassin immer wieder völlig geleert. Der einzige Kanal und das Hauz waren die Lebensquelle Bucharas, aber andererseits auch Quelle von Krankheiten. Es gab professionelle Wasserträger, die das Wasser in speziellen Ledereimern auf die Basare und Höfe des Emir-Buchara brachten. Damit verbreitete sich eine bestimmte Wurmart. Der parasitäre Wurm konnte bis zu einem Meter lang werden und fühlte sich direkt in der menschlichen Muskulatur wohl. Von Zeit zu Zeit ging man zum Friseur und ließ sich die Würmer, von denen ein Ende sichtbar war, herausziehen und auf eine Spule aufwickeln. Erst als ein sowjetischer Arzt die Hygienevorschriften veränderte, konnte die Wurmübertragung beendet werden. In der sowjetischen Zeit wurde das Hauz ausgetrocknet, 1960 restauriert und erneut mit Wasser gefüllt. Auch der Kanal Schachrud wurde in den 70er Jahren ausgegraben.

Hermann Vámbéry kritisiert mehrfach die hygienischen Zustände im ›edlen Buchara‹; er spricht von fußtiefem Staub und der ›Armut der Straßen und Häuser‹, beschreibt das schmutzige Wasser, in dem Pferde, Kühe und Esel gebadet werden. Ironisch zieht er ein Fazit: »Das ist die Wasserversorgung des ›edlen‹ Bochara, wo Tausende von Zöglingen jene Religion lernen, die da sagt: ›Die Reinlichkeit stammt von der Religion

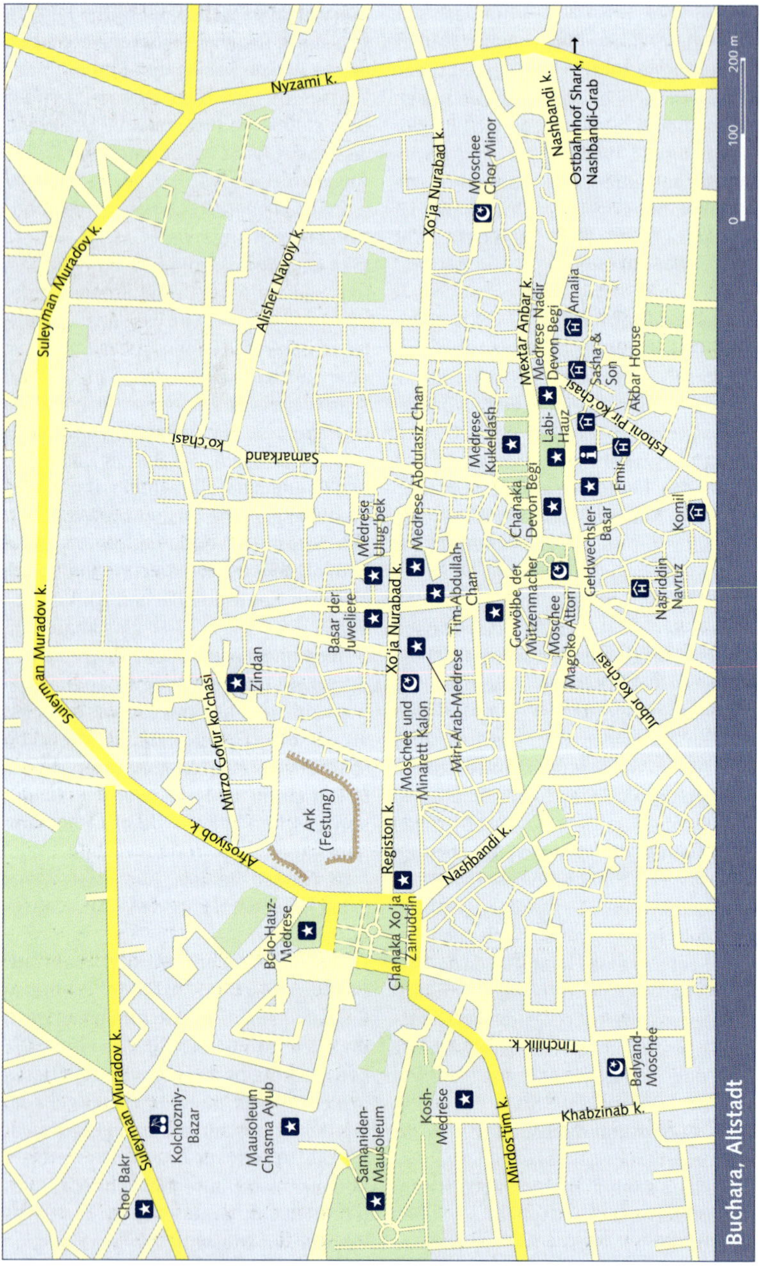
Buchara, Altstadt
0
100
200 m
Nyzami k.
Suleyman Muradov k.
Alisher Navoiy k.
Xo'ja Nurabad k.
Moschee Chor Minor
Nashbandi k.
Ostbahnhof Shark, Nashbandi-Grab
Mextar Anbar k.
Medrese Nadir Devon Begi
Amalia
Sasha & Son
Akbar House
Eshoni Pir ko'chasi
Labi-Hauz
Medrese Kukeldash
Samarkand ko'chasi
Medrese Abdulasiz Chan
Emir
Chanaka Devon Begi
Geldwechsler-Basar
Komil
Medrese Ulug'bek
Basar der Juweliere
Tim-Abdullah-Chan
Gewölbe der Mützenmacher
Moschee Magoko Attori
Nasriddin Navruz
Zindan
Xo'ja Nurabad k.
Moschee und Minarett Kalon
Miri-Arab-Medrese
Jubor ko'chasi
Mirzo Gofur ko'chasi
Ark (Festung)
Registon k.
Afrosiyob k.
Nashbandi k.
Bolo-Hauz-Medrese
Chanaka Xo'ja Zainuddin
Tinchlik k.
Balyand-Moschee
Khabzinab k.
Kosh-Medrese
Mirdos'tim k.
Samaniden-Mausoleum
Mausoleum Chasma Ayub
Kolchozniy-Bazar
Suleyman Muradov k.
Chor Bakr

her‹.« Er beschreibt auch den Wurm, der durch das Wasser übertragen wurde: »Das Wetter war während meines Aufenthaltes in Bochara unerträglich heiß, und dabei hatte ich doppelt zu leiden, weil ich aus Furcht vor der Ritsche, einem Fadenwurm, von dem während des Sommers von zehn Leuten einer befallen wird, immer warmes Wasser oder Tee trinken musste. So leicht, wie man bei uns Schnupfen bekommt, so leicht nimmt es der Bochariot oder Fremde, der sich dort im Sommer aufhält, wenn es ihn am Fuße oder auch an anderen Teilen des Körpers zu kitzeln anfängt. Etwas später wird ein kleiner roter Fleck bemerklich, und aus diesem taucht ein bindfadendicker Wurm hervor, der oft eine Elle lang wird und den man einige Tage behutsam auf einer Spindel herauswinden muss. Dies ist die gewöhnliche Prozedur, die keine besonderen Schmerzen verursacht; reißt aber der Wurm ab, so erfolgt eine Entzündung, und statt eines kommen sechs bis zehn Würmer hervor, die einen wochenlang unter heftigen Schmerzen ans Lager fesseln. Der Beherzte lässt sich die Ritsche gleich am Anfang herausschneiden; die Barbiere in Bochara sind ziemlich geübt in dieser Operation, die Stelle, wo man das Kitzeln verspürt, schneiden sie in einem Nu auf, der Wurm wird herausgezogen, und die Wunde heilt bald wieder.«

Evgenij Markov, ein russischer Reisender des letzten Jahrhunderts, beschreibt die Atmosphäre um das Labi-Hauz: »Der Teich mit seinem stehenden Wasser, das warm wie frische Milch ist und von alten Maulbeerbäumen überschattet wird, liegt am Fuße der alten Moschee Devon Begi [...] In bunten Gruppen verteilen sich Betende und müßiges Volk rings um die Moschee und den Teich. Auf den Stufen sitzend, waschen die Menschen ihre staubigen Füße, andere stehen bis zum Hals im Wasser, andere waschen Wäsche, wieder andere gießen aus großen Tonkrügen verschiedene Flüssigkeiten hinein.«

Eingangsportal der Devon-Begi-Medrese

Medrese Nadir Devon Begi

Im Westen von Labi Hauz, hinter dem Denkmal für Hodscha Nasreddin, steht die Medrese Nadir Devon Begi aus dem Jahre 1622/23. Das Gebäude wurde zunächst als Karawanserei geplant und ausgeführt. Kurz vor Abschluß der Bauarbeiten ritt jedoch der Chan durch die Straßen und lobte die schöne Medrese. Da sich Chane nie irren, wurde aus der geplanten Karawanserei eben eine Medrese. Das Gebäude wurde jedoch für die neue Funktion nicht umgebaut. Im Gebäude gibt es also keine Ayvone und keinen für Medresen üblichen überkuppelten Unterrichtsraum (Darshane). Als Unterrichtsräume wurden die großen Eckzimmer genutzt. Erhalten geblieben sind der große und breite Durchgang durchs Portal und der Ausgang zum Gebäude des Wirtschaftshofes, beides typisch für Karawansereien.

Fröhliche Usbeken in Buchara

Nur die Hauptfassade ist üppig verkleidet, der Pischtak (Eingangsportal) mit fliegenden phantastischen Vögeln und anderen floralen Mustern und Tieren geschmückt. Zusätzlich blinken vielfarbige Ornamente in der Sonne. Wie der gesamte Komplex wurde die Medrese zwischen 1960 und 1970 restauriert und erdbebensicher gemacht. Die Mosaikflächen wurden neugeschaffen. Der Märchenvogel Semurg entfaltet seine Schwingen wieder. Heute befinden sich im Inneren Souvenirgeschäfte und ein kleines Restaurant.

Chanaka (Xonaqoh) Devon Begi

Gegenüber auf der anderen Seite steht die Chanaka Devon Begi. Die Chanaka und das Wasserbecken wurden gleichzeitig gebaut, so ist es wohl geplant worden, dass sich die Hauptfassade wunderschön im Wasser spiegelt. Das Gebäude ist vergleichsweise klein, kompakt, mit quadratischem Grundriß, zweigeschossig und fast völlig hinter dem Portal verborgen. Nur über der seitlichen Fassade ist gerade eben die flache Kuppel zu sehen. Innen liegt ein weiträumiger Saal mit drei Türen und einer Gebetsnische in der Westwand. All das ist jedoch nicht zu sehen, denn auch hier befinden sich Souvenirgeschäfte, wo man Bilder von zeitgenössischen Malern erwerben kann.

Medrese Kukeldash

Die Medrese Kukeldash (1568/69) ist nach dem Staatsmann und Truppenführer Kubalcaa Kukeldash benannt, dessen Finanzkraft Buchara mehrere Bauwerke und Bewässerungsanlagen zu verdanken hat. Sie befindet sich im Norden des Wasserbeckens auf der gegenüberliegenden Straßenseite. In der Gestaltung der Medrese findet sich eine Besonderheit, die allerdings keine Nachahmer fand: Die Baumeister haben in der ersten Etage Loggien eingebaut, die sich an den Seitenfassaden anordnen. Kukeldash ist eine der größten Medresen in Buchara. Sie hatte Zimmer (Chudzirs) für 160 Studenten – das hatte natürlich Auswirkungen auf den Komfort, die Räume mussten kleiner ausfallen.

▲ Karte S. 184

Hodscha Nasreddin

In Buchara sitzt der orientalische Till Eulenspiegel, in Usbekistan Hodscha (Xo'ja) Nasreddin genannt, auf einem Esel und schaut sich das Treiben der unter ihm liegenden Choixona an, in der Tee getrunken, geplaudert und geschlafen wird. Nasreddin wurde ursprünglich unter unterschiedlichen Namen überall dort ins kulturelle Erbe einbezogen, wo Sufi-Orden aktiv waren. Seine Geschichten sind von den umherziehenden Derwischen immer wieder neu erzählt worden. So heißt Nasdreddin in der Türkei Nasrudin Hodscha oder auch Mulla Nasredin. Aber auch die Griechen betrachten ihn als ihre Kultfigur, Cervantes hat einige Anekdoten Nasreddins in seinen Roman ›Don Quichotte‹ einfließen lassen, und in der Sowjetunion wurde der Film ›Die Abenteuer des Hodscha Nasreddin‹ gedreht. Die meisten Geschichten sind – mit geringfügigen Abwandlungen – auch bei uns bekannt:

Jeden Tag überquerte Nasreddin mit seinem Esel die Grenze. Der Esel trug hoch mit Stroh beladene Körbe. Da Nasreddin zugab, ein Schmuggler zu sein, durchsuchten ihn die Zöllner sehr gründlich. Sie machten Leibesvisitationen und verbrannten sogar gelegentlich das Stroh, das Nasreddin transportierte. Nichtsdestotrotz wurde Nasreddin sichtlich wohlhabender. Schließlich setzte er sich zur Ruhe und zog in ein anderes Land. Dort begegnete er eines Tages einem Zöllner, der ihn früher häufig kontrolliert hatte. »Jetzt könnt Ihr es mir ja verraten, Nasreddin«, sagte der Zöllner »was habt Ihr damals eigentlich geschmuggelt?« »Esel«, antwortete Nasreddin.

Nasreddin hat eine listige Art, durch starre Denkstrukturen hindurch zu schlüpfen und zu überraschenden, ungewöhnlichen Lösungen zu kommen.

Niemand weiß genau, wer Nasreddin war, wann und wo er gelebt hat. Man hat versucht, ihm eine Lebensgeschichte ›unterzuschieben‹ und hat seine angebliche Grabstätte entdeckt. Der Versuch, sein Geburtsjahr zu entschlüsseln, mißlang.

Oberflächlich kann man die meisten Nasreddin-Geschichten als Witz auffassen. In den Teehäusern, den Karawansereien, den Radiosendern und in den Privathäusern werden sie in vielen Teilen Asiens immer wieder erzählt.

Allerdings zeigen die Geschichten dieser klassischen Figur, die die Derwische ins Leben riefen, auch andere Bedeutungsebenen. Es gibt immer auch eine Moral von der Geschicht', ein gewisses Etwas. Der Sufismus – in dem die Derwischorden zu Hause sind – behauptet deswegen, Nasreddins Geschichten dienten als Grundlage des sufischen Verständnis des Lebens.

Andere Interpretationen sehen in den unverwüstlichen Nasreddin-Geschichten die Meinung bestätigt, dass Humor überall und immer derselbe sei.

Esel sind auch heute noch wichtig

Die Handelsgewölbe

Wenn man die Chanaka Devon Begi rechts liegen lässt, kommt man zum Geldwechsler-Basar. An den wichtigsten Straßenkreuzungen wurden zur Zeit der Schaibaniden fünf Handelsgewölbe errichtet, die Beispiele für die Profanbaukunst des 16. Jahrhunderts lieferten: Toqi-Saragon, das Gewölbe der Juweliere, Telpak Furushon, hier konnte man jede Kopfbedeckung kaufen, Toqi-Sarrafon, hier wurde Geld gewechselt, Toqi-Tirgaron, in dem Pfeile hergestellt wurden, und schließlich Toqi-Ord-Furushon, in dem die Mehlhändler saßen. Nur die drei zuerst genannten Handelskuppeln sind erhalten geblieben und ermöglichen einen Einblick in das Geschäftsleben des alten Buchara.

Toqi-Sarrafon

An der Spitze des ist ein hellblaues Türmchen zu sehen, hier wurde hauptsächlich von Indern Geld gewechselt. In der Zeit des interkontinentalen Fernhandels war Geldwechsel natürlich ein gutes Geschäft. Als das Gewölbe entstand, wurden in Buchara die Kuppeln auf vier einander überschreitende Gewölbebogen gebaut. Bei dieser Überkuppelung wurden Bogen von zwölf Meter Spannweite benutzt. Sie sind nicht verdeckt und gut erkennbar. In den Ecken der Basisquadrate wurden Durchgänge zur Moschee, zum Bad und zu zwei Handelsräumen angelegt.

Moschee Magoki Attori

Eines der interessantesten Bauwerke Bucharas liegt in nördlicher Richtung hinter dem Geldwechslergewölbe: die kleine **Moschee Magoki Attori**. Sie gab den Historikern und Archäologen Rätsel auf. Ihr Name verweist jedoch auf ihre Entstehungszeit. Magoki bedeutet Grube, Vertiefung, denn die Moschee stand tiefer als die heutige Ebene der Straße und des Platzes. Attori erinnert an den Handel mit Gewürzen und Heilkräutern, der in der Nachbarschaft betrieben wurde. In der Zeit der Sogden, in der Mitte des ersten Jahrtausends vor Christus, befanden sich hier ein Markt und ein heidnischer Tempel. Nach der Eroberung durch

▲ Karte S. 184

Das Mützenmacher-Gewölbe

die Araber wurde hier eine Moschee errichtet, die dann mehrfach umgebaut wurden. Bei Grabungen fand man Überreste aus dem 10. Jahrhundert. Die ebenfalls aus dem 10. Jahrhundert stammende Hauptfassade ist unverändert geblieben und bietet die Möglichkeit, die Bautechnik der Karachaniden (10. bis 12. Jahrhundert) zu bewundern. Im 16. Jahrhundert war Magoki Attori eine gewöhnliche Gemeindemoschee; sie versank stellenweise bis zu sechs Metern im Erdreich. Unter den Schaibaniden bekam sie im 16. Jahrhundert eine neue Überdachung, an der Ostseite wurde zu Beginn des 20. Jahrhunderts ein neues Portal errichtet. Die Moschee ist ein geschlossenes Gebäude, dessen Dach auf sechs steinernden Pfeilern ruht. Schön ist das im 12. Jahrhundert erbaute südliche Portal: Es erhielt zusammen mit dem nischenartigen Eingang ein Dekor aus Alabasterschnitt, geschliffenen Backsteinen, Majolika und geschnitztem Terrakotta. Auf den Halbsäulen sind deutlich zoroastrische Motive zu erkennen.

Telpak-Furushon

Geht man geradeaus weiter in nördlicher Richtung, gelangt man zum **Telpak-Furushon**, dem Gewölbe der Mützenmacher. Das Gewölbe Telpak-Furushon hieß ursprünglich Toqi-Kitab, weil dort mit Büchern gehandelt wurde, erst später siedelten sich hier die Hut- und Mützenmacher an. Da hier fünf Straßen in unterschiedlichen Winkeln zusammentreffen, die alle durch das Gebäude führen, war es schwierig für den Architekten, das Gewölbe überhaupt zu errichten. Es entstanden kunstvoll angelegte, geknickte Übergänge. Das Gewölbe hat die Form eines Rechtecks und ist überspannt von einer Zentralkuppel mit Fenstern. Rings um das Gebäude sind

Detail an der Magoki-Attori-Moschee

Handels- und Lagerräume unter kleinen Kuppeln untergebracht, die an die einheimische Kopfbedeckung, die Tjubetejka (usb. Do'ppi) erinnern. Hier werden heute nett gearbeitete Scheren mit Vogelschnäbeln verkauft.

Außer den Handelsgewölben gab es in der Stadt zahlreiche überdachte Passagen, wo ebenfalls ein lebhafter Handel mit einheimischen Erzeugnissen und Waren aus dem Abend- und Morgenland stattfand. Eine dieser Passagen ist der **Tim Abdullah Chan**, das einstige Zentrum des Bucharaer Seidenhandels. Die Passage ist von vielen Kuppeln überspannt. Auf dem quadratischen Grundriß mit seinen Bogennischen war Platz für 50 kleine Geschäfte. Der Mittelraum ist von einer Galerie und zahlreichen kleinen Kuppeln umgeben. Zur Beleuchtung der Läden gab es im Tambour der Hauptkuppel sowie in den kleinen Kuppeln Fenster und Lichtaugen. Auch heute kann man hier Seide erstehen und sehen, wie Seide gewebt wird.

Vámbéry beschreibt die Situation in letzten Jahrhundert: »Den nächsten Morgen ging ich [...] aus, um Stadt und Basare zu besehen, und obwohl die Armut der Straßen und Häuser, die hinter den elendesten Wohnungen persischer Städte weit zurückstehen, besonders aber der fußtiefe Staub mir von dem ›edlen‹ Bochara einen sehr unedlen Begriff gaben, so war ich doch überrascht, als ich mich zum ersten mal im Bazar und inmitten der dort wogenden Menge befand. Weit entfernt, schön, prachtvoll und großartig zu sein, wie die von Teheran, Täbris und Isfahan, bieten die Basare Bocharas durch die Verschiedenheit der Rassen, Kleider und Sitten dem Auge des Fremden einen auffallenden, eigentümlichen Anblick dar. [...]«

Medrese Ulug'bek

Wendet man sich am Tim Abdullah Chan rechts, sieht man die Fassaden von zwei sich gegenüberstehenden Medresen. Zwischen der Medrese Ulug'bek, links, und der Medrese Abdulasiz Chan, rechts, liegt eine Straße und 200 Jahre Geschichte Bucharas. Nicht nur die Gebäude sind verschiedenartig, auch die Bauherren waren verschiedene Menschen. Der Machthaber Ulug'bek ließ über den Eingang seiner Medrese meißeln: »Das Streben nach Wissen ist die Pflicht eines jeden Moslem und einer jeden Moslime«. Auf dem bronzenen Türklopfer ist ein zweiter weiser Spruch verewigt: »Möge für den Kreis der in der Bücherweisheit bewanderten Menschen die Pforte des göttlichen Segens jederzeit geöffnet sein«. Die Medrese entstand in der Blütezeit der mittelasiatischen Baukunst (1417–1418). Der Grundriß der achteckigen Anlage mit Eingangsportal, Ecktürmen und quadratischem Innenhof, Ayvon und zwei Geschossen Wohnzellen um den Hof, entspricht der typischen Medresenform. Das Gebäude gilt als Idealtyp der Medrese in Mittelasien. Aus der Eingangshalle kann man die sich zu beiden Seiten der Eingangshalle befindenden Übergänge in den Hof, in den Hörsaal und in die Moschee benutzen. In den Portalpylonen befinden sich die Treppen ins Obergeschoß, zu den Wohnzellen und in die Bibliothek. Die Hauptfassade ist reich geschmückt: die Nische der Portalwand ist mit heraustretenden Bändern, die Aufschriften aus Majolika tragen, versehen. Auch die Hofseite ist prachtvoll gestaltet, trotzdem ist die Verhaltenheit des Dekors spürbar. Aufdringlichkeit und Pomp wurden vermieden. Der Baumeister war Ismail Ibn Tahir Ibn Machmud Isfahani, sein Name geht aus einer Aufschrift am Gebäude hervor. Während einer kompletten Renovierung im Jahre 1585 wurde das Gebäude stark verändert; stellenweise ging die ursprüngliche Gestalt der Dekors ganz verloren.

Ulug'bek-Medrese

▲ Karte S. 184

Die Medrese Miri Arab

Medrese Abdulasiz Chan

Die gegenüberliegende Medrese Abdulasiz Chan, aus dem Jahre 1652, übertrifft die Medrese Ulug'bek an Pracht und Größe. Abdulasiz Chan wollte alle seine Vorgänger in dekorativer Ausstattung und architektonischem Wert übertrumpfen. Der Grundriß erinnert an die gegenüberliegende Medrese: ein Hof mit vier Ayvonen, Eingangsportal und offene Nischen in den Hof und in der Fassade. Auf dem Mosaik der Hauptfassade und in der Ausmalung der Innenräume sind Märchenvögel, Vasen mit Blumensträußen, Parklandschaften – ungewöhnlich, da im Islam eigentlich nicht figürlich gemalt wurde – die an die indischen Minaturen der Mogulzeit erinnern, zu bewundern. In den Gemeinschaftsräumen befinden sich dekorative mit Verflechtungen aus Murqarnatschmuck gestaltete Gewölbe, in den Wölbungen und Nischen finden sich Stalaktitenmotive, Wandmalerei und die Reliefmalerei ›Kundal‹. Die bemalten Majolika in den Tympanons der Bogen und das Mosaik des Hauptportals unterstreichen die orientalische Pracht zusammen mit den palastähnlichen Innenräumen.

Toqi-Saragon

Geht man ein Stück nach links zurück, gelangt man zum Toqi-Saragon, dem Basar der Juweliere. Die Handelskuppel liegt an der Kreuzung zweier belebter Straßen des heutigen Buchara. Früher lag hier das Zentrum eines Viertels, in dem überwiegend Kaufleute und Handwerker wohnten. Die Hauptkuppel stützt sich auf einen achteckigen Unterbau mit 16 Bogenöffnungen. Vor ihnen erheben sich kleinere Kuppeln, unter denen Läden und Werkstätten untergebracht waren. Einst beherbergte Toqi-Saragon einen ganzen Handelskomplex für Juweliererzeugnisse: Ringe, Ohrringe, Armbänder und alle anderen Arten von Geschmeide wurden hier verkauft. Die Juweliere übten in erstaunlich dunk-

len und kleinen Werkstätten ihr Handwerk aus. Auf Bestellung wurden auch Futterale für Waffen, Siegelringe und Broschen angefertigt. Auch billige Waren gab es, nämlich die Erzeugnisse der Lehrlinge. Heute werden hier unter anderem antiquarische arabische Bücher angeboten.

Miri-Arab-Medrese

Jetzt kann man nach links auf die Xoja Nurabad ko'chasi einbiegen und steht fast sofort an der Miri-Arab-Medrese, die 1530 bis 1536 entstand. Zu jener Zeit gewann die führende islamische Priesterschaft an Macht. Die weltlichen Machthaber waren gezwungen, die Scheichs zu respektieren und zu akzeptieren, da ihr Stammbaum bis zum Propheten Mohammed zurück zu verfolgen war. Im 16. Jahrhundert hatte der Scheich Abdullah aus dem Jemen, der den Beinamen Miri Arab trug, in Buchara großen Einfluss. Er ließ die Medrese mit dem Geld, das ihm der regierende Chan geschenkt hatte, bauen. Der Chan wiederum hatte das Geld für 3000 als Sklaven verkaufte auf Kriegszügen ›erbeutete‹ Männer und Frauen erhalten.
Die Medrese steht auf einer leicht erhöhten Backsteinplattform, da der Platz nach Osten leicht abfällt, und ist nach dem traditionellen Schema errichtet. Um den quadratischen Innenhof gruppieren sich abgerundete Ecken und zwei Wohnzellengeschosse. Besonders bemerkenswert ist das hohe **Portal**. An das Portal schließen sich zu beiden Seiten zwei Nischen an, in den Ecken kann man die charakteristischen Ecktürme, die sogenannten Guldasta, sehen. Links und rechts der überwölbten Eingangshalle befinden sich **zwei Kuppelsäle** für unterschiedliche Zwecke: der nördliche dient als Beisetzungsstätte für Scheich Miri Arab, seine Verwandten und seine Nächsten. Auch der damalige Gebieter Bucharas Ubaidullah Chan ist hier bestattet, im südliche Saal befindet sich eine Moschee. Außer denen für die Medrese üblichen Räumen gibt es noch 111 Wohnzellen.
Heute ist die Medrese eine islamisch-geistige Lehranstalt, das war sie übrigens auch in sowjetischer Zeit. Deswegen kann man als Tourist den Innenhof in der Regel nicht betreten. Vor dem Eingang sind immer viele junge Männer anzutreffen.

Moschee und Minarett Kalon

Gegenüber steht die **Moschee Kalon**. Sie ist eines der ältesten islamischen Gotteshäuser und die zweitgrößte Moschee nach Bibi Xanom in Mittelasien und wurde Anfang des 16. Jahrhunderts im typischen Stil der Timuriden gebaut. Die Moschee hat einen großen rechteckigen Hof für bis zu 10000 Betende. Die Galerie wird von 288 Kuppeln überdeckt, die sich auf 208 Säulen stützen. Sieben Eingänge führen in die Moschee. An der Westwand im Hauptgebäude befindet sich eine eindrucksvolle Gebetsnische, ein hohes Portal mit Mosaiken und Innenkuppel. Außen wird das Ganze von einer weithin sichtbaren Kuppel auf einem hohen, geschmückten Tambour gekrönt.
Das dritte Gebäude des Ensembles ist das **Minarett Kalon**. Das 1127 von Arslan Chan errichtete Minarett ist das Wahrzeichen der Stadt. Ein vorangegangener Bau stürzte wegen technischer

Das Minarett Kalon

Die Moschee Kalon

Fehler ein. Nach Beseitigung der Trümmer wurde ein neuer Versuch gemacht: das neue Minarett sollte schön und stabil sein. So bemühten sich die Baumeister, frühere Fehler zu vermeiden. Sie errichteten das Minarett ohne Hast und zogen die verschiedenen Konstruktionsmöglichkeiten sorgfältig in Betracht. Einer Legende nach soll der Baumeister, der das Fundament mit einer Lösung aus Alabaster und Kamelmilch ausgelegt hatte, aus Buchara verschwunden sein, damit ihn niemand zwingen konnte, vorzeitig, bevor das Fundament getrocknet war, weiter zu bauen. Erst nach zwei Jahren wurde er wieder gesehen. Er überzeugte sich, dass sich das Fundament gesetzt hatte und ließ die Arbeiten fortsetzen. Das Minarett ist 46 Meter hoch. Sein sich nach oben verjüngender Schaft trägt eine Rotunde mit 16 Kielbögen. Darunter umschlingt ein Murqanatkranz das Gebäude. Von oben bis unten ist es mit dekorativen Mustern der Ziegelmauerung geschmückt. Die einzelnen Gürtel sind durch hochkant gestellte Ziegel voneinander getrennt. Jeder Gürtel hat sein eigenes Ornament, auch hier werden, wie Jahrhunderte vorher im Samanidenmausoleum, die dekorativen Möglichkeiten des Backsteins genutzt. Unter dem Muqarnatkranz der Rotunde befand sich früher ein blauer Majolikafries, dessen Bruckstücke im Heimatkundemuseum zu besichtigen sind. An Stelle des Frieses wurde während der Renovierung 1924 die Verkleidung mit Schmelzziegeln gewählt.

▲ Karte S. 184

Eine Wendeltreppe mit 105 Stufen führt zur Rotunde, von der einstmals ein Chor von Gläubigen zum Gebet rief. Außer der religiösen Funktion hatte das Minarett auch die Funktion, ›Leuchtturm‹ für Karawanen zu sein und Wachturm, um sich nähernde Feinde zu sichten. So war in der Spitze des Minaretts denn auch ein Raum für die Turmwache. Im 18. und 19. Jahrhundert wurde das Minarett zum Todesturm, von dem auf Befehl des Emirs zum Tode Verurteilte hinabgeworfen wurden. Die letzte Hinrichtung dieser Art vollzog sich 1884. Man kann das Minarett und das Kuppeldach der Moschee gegen eine Gebühr besteigen. Im Eingang der Moschee sitzen immer junge Männer, die den Aufgang öffnen. Der Aufstieg ist mühsam, aber lohnend.

Registan und Ark

Folgt man der Hauptstraße der Festungsmauer entlang, gelangt man zum Registan. Früher war der Platz von Palästen, Moscheen und Medresen umgeben – jetzt wirkt er ein wenig leer. Rechts neben dem Haupttor der Festung stand die Hauptmoschee Pojanda, auf deren Portalwand Geschütze postiert waren, die im Falle der Belagerung

Blick über den Ark

der Zitadelle auf die Flanke des Angreifers zielten. Links vom Tor befand sich der befestigte Sitz des Hauptbefehlshabers, seine Werkstatt für Waffenreparaturen und das Arsenal.

An Markttagen herrschte auf dem Registan reges Treiben: Obst, Gewürze, orientalische Süßwaren und Tee wurden verkauft. Auf diesem Platz wurden auch die Erlasse und Befehle der ›Sonne Bucharas‹, seiner Majestät des Emirs verlesen. An Festtagen zeigten hier Gaukler, Musiker, Ringkämpfer, Seiltänzer und Spaßmacher ihr Können. Auch die berühmten Dichterwettkämpfe fanden hier statt. Selten gab es einen Tag ohne Hinrichtung oder Auspeitschungen. Den Registan im Sattel sitzend zu überqueren war streng verboten. Der Reiter war verpflichtet abzusteigen, das Pferd zu führen und sich, das Gesicht dem Ark – der Festung der Stadt – zugewandt, pausenlos zu verneigen. Verstöße gegen diese Vorschrift wurden hart bestraft.

Ark

Die Entstehung des Arks datiert vermutlich vom Beginn des ersten Jahrtausends nach Christus. Die Zitadelle war mehrfach zerstört worden und wurde im 7. Jahrhundert mit einem ungewöhnlichen Grundriß wieder aufgebaut. Nachdem die Festungsmauern bereits errichtet waren, so erzählt die Legende, wurde mit dem Bau des Palastes begonnen. Das fast vollendete Bauwerk stürzte aber leider ein. Weil die Ursache dafür nicht geklärt werden konnte, beschloß man, sich auf Übersinnliches zu verlassen, und errichtete den Palast in der Form des Sternbilds ›Großer Bär‹ auf sieben steinernen Pfeilern. Die Gesamtfläche der Festung beträgt fast 35000 Quadratmeter. Früher gelangte man durch zwei Tore in die Festung. Das Osttor Gurian ist nicht mehr erhalten; heute betritt man durch das westliche **Registan-Tor** die Festung. Hier ist die Loge zu sehen, in der der Emir saß und seine Urteile verkündete; auch die Peitsche, die die Härte der Bucharaer Justiz symbolisiert, ist über dem Eingang angebracht. Das Westtor wurde in den zwanziger Jahren restauriert.

Der Ark diente als befestigte Residenz der Gebieter Bucharas. Dort gab es Paläste, Heiligtümer, Kasernen, Kanzleien, einen Münzhof, Speicher und Vorratshäuser, Werkstätten, Stallungen, ein Arsenal sowie ein Gefängnis.

Die Festung wurde im Laufe ihrer Geschichte mehrfach zerstört, jedoch meistens wieder aufgebaut. Im 16. Jahrhundert wurde sie von den Schaibaniden renoviert, und in dieser Form ist sie erhalten geblieben. Allerdings entstanden alle sich heute auf dem Gelände des Arks befindlichen Gebäude hauptsächlich im 17. bis 20. Jahrhundert. Die einzelnen Räume der Festung sind auch in Englisch ausgeschildert.

Von der Auffahrt gelangt man in einen **überdachten Gang**, mit Nischen links und rechts. Diese Nischen waren nicht nur bauliche Verzierungen, sondern die linken bildeten eine Art Gefängnis.

Wendet man sich beim Verlassen des Ganges nach rechts, kommt man zur **Hauptmoschee**, einem Gebäude mit fünf Holzsäulen. Unweit der Moschee befand sich früher der Speiseraum für die Dienerschaft, dahinter der Münzhof, in dem aber auch Papiergeld gedruckt wurde. Nordöstlich liegt der **Hof des ersten Ministers** (Kuschbeg), der durch einen schmalen Durchgang vom **Thronsaal** getrennt ist. In letzterem fanden Zeremonien, wie der Empfang ausländischer Gesandter oder die Krönung der Emire statt. Vom Thronsaal sind nur ein gepflasterter Hof, ein Teil der Überdachung auf Holzsäulen und der Marmorthron erhalten geblieben. Es schlossen sich Wohnräume, Schlafgemächer und sonstige Wohnräume für den Emir und sein Gefolge an.

▶ Karte S. 184

Auch heute finden in der Festung, vor allem im Ostteil, noch immer archäologische Grabungen statt. Man entdeckte zum Beipiel verrußte Rauchabzüge und Heizungsgänge mit Tonröhren, die darauf schließen lassen, dass die Festung ein geheimes Wassernetz für den Fall einer Belagerung hatte. Seit 1927 befindet sich hier ein Museum für Heimatkunde.

Nicht weit von der Zitadelle liegt der einstige **Zindan**, das im 18. Jahrhundert erbaute Gefängnis der Stadt. Das Gebäude ist umgeben von einer fensterlosen Backsteinmauer. Im rechten Flügel befand sich das Schuldgefängnis: drei große unterirdische Kammern, von denen zwei durch einen weiten Bogengang verbunden waren. Im linken Flügel lag hinter dem Raum der Wächter ein vierter Kerker. Man sieht in einen überdachten, feuchten Schacht von fünf Meter Tiefe. Ein winziges Fenster ist die einzige Lichtquelle. Dieser Schacht ist der eigentliche Zindan, aus dem nur selten jemand lebendig herauskam.

Moschee Bolo Hauz

Aber zurück zum Registan. Überquert man die vor ihm liegende Straße, sieht man in einer kleinen Grünanlage die Moschee Bolo Hauz liegen. Im 18. Jahrhundert als Gemeindemoschee gebaut, diente sie auch als Hauptmoschee und Freitagsmoschee, da sie vorwiegend dem Hof des Emirs zur Verfügung stand. Wenn der Emir die Moschee aufsuchte, wurden über den ganzen Platz Teppiche gelegt, die Menschen legten sich ihm, während er zum Gebet schritt, zu Füßen.

Die prunkvoll gestaltete Moschee bildet mit dem Wasserbecken (Hauz) und dem niedrigen Minarett eine in sich geschlossene Baugruppe. Das Gebäude der Mo-

Bolo Hauz

schee entstand etappenweise. Im Jahre 1712 wurde der überkuppelte Hauptsaal errichtet, aber erst im 19. Jahrhundert wurden an die nördliche und südliche Fassade Medresen angebaut, deren Zellen auf die Innenhöfe hinausgingen. Später erhielt das Gebäude am Osttor ein Obergeschoß und Ecktürme.

Ihr heutiges Aussehen bekam die Moschee im 20. Jahrhundert: 1914 bis 1917 fanden umfassende Renovierungsarbeiten statt. Der zerstörte Teil der Ostfassade wurde wiederhergestellt und ein mit Schnitzerei verzierter bemalter **Ayvon** auf 20 Holzsäulen angebaut. Die 12,5 Meter hohen Säulen des Ayvon haben wunderbare pilzförmige Muqarnatkapitelle, die sich sowohl in Form als auch in Gestaltung voneinander unterscheiden. Von drei Seiten besteht die Moschee aus gewöhnlichem Backsteinmauerwerk, nur die Ostwand weist ein hohes Portal auf, das ursprünglich mit kleinen Schmelzziegeln verkleidet war und später mit farbiger Alabasterstukkatur bedeckt wurde. In der Portalmitte ist die holzgeschnitzte zweiflügelige Pforte sehenswert. Holzschnitzerei ist in Buchara, ebenso wie in Chiwa, ein verbreitetes Verfahren zur Ausschmückung von öffentlichen Gebäuden.

Chor Minor

Die Moschee Chor Minor, die 1807 von einem reichen Turkmenen namens Kalif Nijazkul errichtet wurde, liegt am Rande der Innenstadt. Ihre Bauweise weicht vom traditionellen Baustil ab, sie orientiert sich am indischen Taj Mahal. Ursprünglich befand sich hier ein ganzer Komplex mit einem Innenhof, einem Wasserbecken, einer Sommermoschee und dem bis heute erhaltenen viertürmigen Bauwerk. Wegen ihrer vier Minarette setzte sich der Name Chor (vier) Minor (Minarett) durch. Das für diese Region ungewöhnliche Bauwerk wurde zu einem Wahrzeichen Bucharas.

Die Moschee Chor Minor

Der Sommerpalast des letzten Emirs von Buchara

Die Umgebung von Buchara

Sommerpalast

Der Sommerpalast der letzten Emire von Buchara, Sitorai mohi xosa (was soviel heißt wie ›wo sich Mond und Sterne begegnen‹), liegt vier Kilometer nördlich, bereits außerhalb der Stadt. In einem Teil des Palastes hat eine **Filiale des Heimatkundemuseums** ihren Sitz, in anderen Palastteilen ist ein Kindererholungsheim untergebracht. Bemerkenswert ist die Waffensammlung, die alle Arten von Waffen umfasst: Feuer-, Hieb- und Stichwaffen. Zu sehen sind außerdem Goldstickereien und gewebte Teppiche. Neben dem Palast ist ein großer Teich mit Springbrunnen zu bewundern. Die im usbekischen Nationalstil gehaltenen Gebäude wurden Ende des 19. Jahrhunderts errichtet, aber die Arbeiten zogen sich über 20 Jahre lang hin. Als letzter Emir Bucharas ließ Said-Alim-Chan seinen Geschmack einfließen.

Auf manche mag der Palast mit seinem Gemisch aus asiatischen und europäischen Stilrichtungen kitschig wirken, die zu besichtigenden luxuriösen Räume sind aber sehenswert, da man auch einen Einblick in das Leben der Herrscher von Buchara bekommen kann. Den Empfangsraum stattete der Maler Chadsandshan aus, den Alabasterschnitt fertigte Shirin Muradov an. Er bewahrte die für die Bucharaer Wohnarchitektur traditionelle Aufteilung der Wände in Flächen und Nischen, wandte jedoch eine Neuheit an: Er brachte die Schnittmuster nicht auf die Mauerwerke, sondern auf Spiegel, wodurch diese noch transparenter und eleganter wirkten. In dem Museum, das sich neben dem Wasserbecken befindet, können alte Wandteppiche (Susani) erstanden werden. Man erreicht den Palast mit den Marschrutkas Nr. 7 und 21.

Chor Bakr

Acht Kilometer nordwestlich von Buchara in Qishlak Sumitan liegt das Ensemble Chor Bakr aus dem 16. Jahrhundert. Vom Basar fahren Busse in diese Richtung. Wer sich ein Taxi nimmt, sollte sicherstellen, dass der Taxifahrer wartet, denn manchmal ist es schwierig, ein Gefährt für den Rückweg zu bekommen. Das Gebäude, das 1560–1563 auf Befehl von Abdullah Chan errichtet wurde, besteht aus drei Teilen. Steht man vor dem Hauptportal, so befindet sich links die Chanaka, in der Mitte die Medrese und rechts die Moschee, davor stehen die Überreste eines Minarettes. Von hier bietet sich ein schöner Panoramablick auf die Umgebung. Neben dem Komplex befinden sich eine Reihe kleiner Familienfriedhöfe der einstmals mächtigen Scheiche. Besonders das Mausoleum Abu-Bakr-Saad ist sehenswert.

Naqshbandi-Grabstätte

Östlich von Buchara liegt die Grabstätte des Bahauddin Naqshbandi. Die Grabstätte selbst und der darum gebaute Komplex sind, will man lebendigen Islam erleben, äußerst interessant. Naqshbandi (1318–1389), Begründer eines wichtigen Sufi-Ordens, wurde nicht weit von hier in einer Metalltreiberfamilie geboren. Sein Name bedeutet übersetzt Metallgraveirer. An sein Grab kommen täglich Pilger, die in dem Komplex übernachten. 1993, zum 675. Geburtstag von Naqshbandi, wurde der Komplex mit Hilfe türkischer und pakistanischer Gelder renoviert. Inzwischen werden hier Touristen nicht mehr so gerne gesehen – obwohl es außerordentlich interessant ist. Deswegen sollte man sich dezent, also lange Hosen und Röcke, anziehen und die Betenden nicht fotografieren. Einige Anhänger Naqshbandis glauben, motiviert durch das Bilderverbot im Islam, nämlich bis heute, dass sie ihre Seele verlieren, wenn sie fotografiert werden. Ein Sammeltaxi fährt vom Kolchoznij Basar zu dem Komplex (Nr. 125 und 60).

Buchara

Vorwahl: aus dem Ausland 00998/65, innerhalb Usbekistans 8/365.

Direkt am Labi Hauz befindet sich eine **Touristeninformation**, in der sehr gut Englisch gesprochen wird. Hier können Zimmer vermittelt, Ausflüge und Stadtführungen organisiert werden. Tel. 2242246, bicc@bukhara.net.

Reiseagenturen:

Folgende Unternehmen sind bei der Organisation von Unterkunft, Transportmöglichkeiten, Führern und Tikkets behilflich: **Emir Travel**, Husaenov ko'chasi, Tel. 2244965, Fax 2244117, www.emirtravel.com.

Salom Travel, Sarrafon ko'chasi 9, Tel. 2244148, Fax 2241266, www.salom-travel.

Über die Firma **BCD Travel** kann man Flug- und Zugtickets bestellen, Mustalkillik 17, Tel./Fax 2239191, www.ticket.uz.

Der Flughafen liegt 5 km östlich der Altstadt. Ein- (So, Fr) bis zweimal (Mo–Do, Sa) täglich kann man nach Taschkent fliegen. Zweimal wöchentlich nach Moskau, einmal wöchentlich nach St. Petersburg. Der Flug Taschkent–Buchara kostet für die einfache Strecke 40 USD.

Züge verlassen Buchara von Kagan aus, das 10 km östlich von Buchara liegt. Der Bahnhof von Buchara selbst wird nicht mehr benutzt. Kagan kann man mit dem Taxi für etwa 3 Dollar erreichen oder mit der Marschrutka Nr. 68 vom Labi Hauz.

Zweimal täglich fährt ein Zug von Buchara über Samarkand nach Taschkent. Ein Ticket kostet umgerechnet ca. 12 Dollar.

Der staatliche Avtovokzal liegt 3 km nördlich vom Zentrum und hat bessere Tage gesehen. Mehrmals täglich fahren Busse nach Taschkent und nach Samarkand. Busse in östlicher Richtung fahren vom Ostbahnhof (Shark) ab.

Sammeltaxis in andere Städte Usbekistans fahren von verschiedenen Orten im Stadtgebiet ab.
Taxis **nach Urganch** (5 Stunden, 16 Dollar pro Platz) und **Nukus** (8 Stunden, 32 Dollar pro Platz) fahren vom Karavan-Basar im Norden der Stadt ab.
Sammeltaxis **nach Taschkent** (7 Stunden, 16 Dollar), **Samarkand** (4 Stunden, 8 Dollar) und **Navoiy** (45 Minuten, 2 Dollar) fahren vor dem Avtovokzal Buchara ab.
Taxis nach **Termiz** (7 Stunden, 16 Dollar) fahren vom Ostbahnhof Shark ab.

Gruppenreisende übernachten in der Regel im **Hotel Buchara Palace**. Das Hotel liegt etwa 20 Minuten Fußweg von der Altstadt entfernt, Navoiy Prospekt 8, Tel. 223 50 04, 223 02 21, Fax 223 14 71, www.hotelbukharapalace.com. DZ 140 Dollar.
Das **Hotel Malika** liegt im Zentrum der Altstadt. Shaumyana ko'chasi 25, Tel./Fax 224 62 56, 224 59 07, www.malikabukhara.com. Der Preis für ein DZ beträgt 50 Dollar.
In unmittelbarer Umgebung des Labi Hauz, vor allem in der Eshoni Pir ko'chasi, befinden sich zahlreiche kleinere Hotels und B&Bs. Fast alle verfügen über Internet.
Traditionell usbekisch ist das **Hotel Sasha & Son** eingerichtet. Es befindet sich in einem von außen eher unscheinbaren Haus jüdischer Händler aus dem 16. Jahrhundert. Die Zimmer wurden von Handwerkern und Malern aus Usbekistan in Handarbeit dekoriert. Eshoni Pir 3, Tel. 224 49 66, Fax 224 29 06, www.sacholga.narod.ru. Das DZ kostet 50 Dollar. Es ist ratsam, zu reservieren.
Die Reiseagentur **Emir Travel** besitzt ein Hotel mit Zimmern im bucharischen Stil. Emir Travel, Husainov ko'chasi, Tel. 224 49 65, Fax 224 41 17, www.emirtravel.com. DZ 50 Dollar.
Im **Hotel Lyabi House** sind alle Zimmer mit Klimaanlage, Kühlschrank, TV und Dusche ausgestattet. Hier kann auch mit Visa-Karte bezahlt werden. N. Husainov ko'chasi 7, in der Nähe des Emir, Tel. 2242484, 224 59 47, Fax 224 21 77, www.lyabihouse.com. Der Preis für ein DZ beträgt 50 Dollar.
Das **B&B Nasriddin Navruz** wird familiär geführt. Babahanova 37, Tel. 224 34 57, 224 98 88, Fax 224 60 89, nasriddinnavruz@rambler.ru. Das DZ kostet 15 Dollar mit Bad und TV, 20 Dollar mit Klimaanlage. Die Tochter des Hauses betreibt auch die am Labi Hauz gelegene Boutique Umida, in der usbekische Seide erworben werden kann.
Sehr freundlich ist es auch bei **Sukhrob-Barzu**, Babahanova ko'chasi 9, Tel./Fax 224 29 47, sukhrob@intal.uz. Das DZ kostet 30 Dollar.
Das **B&B K. Komil** in der Nähe des Labi Hauz bietet schöne Zimmer im

▶ Karte S. 184

usbekischen Stil, eine freundliche Atmosphäre und umfangreichen Service (Internet, Wäscheservice, Organisation von Ausflügen). Der Besitzer spricht deutsch. Barakiyon ko'chasi 40, Tel. 2238780, Fax 2237812, www.komiltravel.com. DZ ca. 40 Dollar.

Empfehlenswert ist auch das familiär geführte **Hotel Akbar House**. Das Doppelzimmer kostet 50 Dollar inklusive Frühstück. Es überzeugt durch seine gut erhaltene traditionelle Einrichtung. Tel. 2242112, Eshoni Pir 22 (in der Nähe des B&B Sasha & Son).

Freundlich und familiär ist auch das über www.orexca.com zu buchende **Hotel Amelia**, Bozor Hoja ko'chasi 1, Tel. 2241263, www.hotelamelia.com, 10 Minuten vom Labi Hauz.

Amulet Madrassah Hotel, Naqshbandi ko'chasi 73, Tel./Fax 2241728, amulet-hotel@bk.ru, www.amulet-hotel.com. DZ ca. 30 Dollar. 8 Zimmer in einer renovierten ehemaligen Medrese. Gutes Frühstück, Vermittlung von Fahrern und Fremdenführern.

Rund um das Labi Hauz sind sehr viele nette Restaurants, auch in der **Medrese Nadir Devon Begi** kann man gut essen. Wenn man in einem Privathaus wohnt, kann man auch dort in der Regel gut und günstig essen – meistens wird traditionelle usbekische Küche serviert.

Eine **Pizzeria** befindet sich in nicht weit vom Labi Hauz in der Naqshband ko'chasi.

Eine **Chaihona** befindet sich im Park gegenüber dem Ark.

Einkaufen kann man direkt am **Labi Hauz**. Hier gibt es mehrere Apotheken und Lebensmittelgeschäfte.

In allen Medresen und Basaren der Innenstadt kann man **Souvenirs**, d.h. Teppiche, Stoffe, Koranständer, Juwelierarbeiten und antike Bücher kaufen.

Der **zentrale Basar** (Dexkon Bozori) befindet sich an der Mustaqillik ko'chasi. Hier bekommt man alles: Sonnenbrillen, Trockenfrüchte, selbstgestrickte Socken, Hochzeitskleider, Gewürze und vieles mehr.

Nüsse auf dem Basar von Buchara

Ausflüge von Buchara

In der weiteren Umgebung von Buchara liegen einige weitere historisch bedeutsame Orte, in denen jedoch nur wenig Sehenswertes erhalten geblieben ist. Dazu zählen Afshona, Varaxsha, Paikend oder Vabkent. Da sie abseits der Touristenstraßen liegen, werden sie in naher Zukunft auch nicht an Attraktivität gewinnen. Zu erreichen sind sie mit einem Taxi von Buchara aus.

Afshona

Im Qishlak Afshona wurde im Jahre 980 Ibn Sinna, im Westen bekannt als Avicenna, geboren. Das kleine **Museum** wartet auf bessere Zeiten und mehr Besucher. Sein medizinisches Handbuch ›Kanon der Medizin‹ war, nachdem es im 12. Jahrhundert ins Lateinische übersetzt worden war, 700 Jahre lang das Standardwerk der Medizin. Seine unbestrittene Autorität galt auch in Europa bis ins 17. Jahrhundert. Aber auch das philosophische Werk Avicennas ist von Bedeutung. Beeinflusst von Aristoteles und Plotin traf er eine neue Unterscheidung von Essenz und Existenz, also von Wesen und Sein. Avicenna starb 1037.

Seine Lehren waren in der europäischen Medizin bis in die Aufklärung weit verbreitet. In der Zeit des großen Arztes und Philosophen dehnte sich das Kalifat von Nil bis zum Syrdarja und von der Atlantikküste bis zur Halbinsel Hindustan aus. Der junge Avicenna studierte die Schriften der großen Denker der Antike, vor allem die Platons, Sokrates, Euklids und Hippokrates, die damals bereits ins Arabische übersetzt waren. Als erster Mediziner unterschied Avicenna Masern und Windpocken, zeigte die Unterschiede zwischen Cholera und Pest, entwickelte Therapien zur Behandlung von Leberkrankheiten und befürwortete die Narkose bei chirurgischen Eingriffen. Auch auf den Gebieten Ernährung, Augenheilkunde und Hygiene hat er wichtige Impulse gesetzt. Noch in diesem Jahrhundert setzt sich die Medizin mit seinen Thesen auseinander. Außer seinem ›Kanon der Heilkunde‹ verfasste er über 250 Werke zu Problemen der Physik, Mineralogie, Zoologie, aber auch der Philosophie, Jurisprudenz und arabischen Sprachwissenschaft. Bekannt sind auch seine philosophischen und lyrischen Verse.

▲ Karte hintere Umschlagklappe

Varaxsha

Das 32 Kilometer von Buchara entfernte Varaxsha war im 8. Jahrhundert eine wichtige Stadt auf dem Weg der Karawanen in die Oase Choresm. Sogdische Prinzen haben in der Kizilkum einen Palast gebaut, in dem vorislamische Malerei gefunden wurde. Das Gelände, über 500 Quadratkilometer groß, ist wieder unter dem Sand der Kizilkum begraben. Es muss bis zum 11. Jahrhundert dicht besiedelt gewesen sein und verödete in der Zeit der Samaniden, die sich hauptsächlich in Buchara aufhielten. Kenner sehen, dass sich unter den zahlreichen Hügeln einst Häuser und Stadtmauern befanden. Die sogdische Malerei, ähnlich der von Afrosiyob, die in anderen Reiseführern so ausführlich beschrieben wird, befindet sich leider nicht in Varaxsha, sondern in Taschkenter Museen. Ein Besuch der Stadt selbst lohnt sich kaum. Ein Taxi kostet von Buchara aus etwa 20 Dollar.

Paikend

Die Kupferstadt Paikend ist eine der ältesten Handelsstädte in Transoxanien. Sie liegt 60 Kilometer südwestlich von

Buchara auf der alten Karawanenstraße. Die Stadt hieß, wohl wegen geringer Kupfervorkommen, Kupferstadt, oder auch Stadt der Kaufleute. In vorislamischer Zeit betrieben die ansässigen Kaufleute Handel mit China und Regionen jenseits des kaspischen Meeres. Gleichzeitig war die Stadt ein militärischer Vorposten. Als im 9. und 10. Jahrhundert langsam wieder Sicherheit in der Region herrschte, verlor die Stadt an Bedeutung. Heute sind hier Ausgrabungen zu besichtigen. Auf Wunsch können z. B. von der Touristeninformation am Labi-Hauz in Buchara Touren dorthin organisiert werden. Der Preis beträgt mindestens 20 Dollar und ist von der Personenanzahl abhängig.

Vabkent

Vabkent (usb. Vobkent) ist ein Dorf, das vor allem durch sein Minarett und den sonntäglichen Markt berühmt wurde. Am besten besucht man den Ort auf der Fahrt nach Samarkand. Oder man steigt am Labi-Hauz in ein Sammeltaxi Richtung Samarkand. Obwohl es gerade einmal zwei Kilometer nördlich der Königlichen Straße von Buchara nach Samarkand zu finden ist, wird es dennoch von vielen Reisenden nicht besucht. Das dünne, zerbrechlich wirkende Minarett ist ein Bauwerk der Karachaniden, den unbestrittenen Helden der mittelasiatischen Architektur. Es ist geschmückt von zehn dekorativen Bändern aus Ziegeln und Schleifen. Inschriften zeugen davon, dass es 1196, gerade siebzig Jahre später als das Kalon-Minarett in Buchara, vom lokalen Herrscher Buxari Ad din Ayud al Aziz in Auftrag gegeben wurde. Es ist eindrucksvolle 39 Meter hoch. An Wochenenden lohnt sich ein Besuch in Vabkent zusätzlich wegen des sehenswerten Viehmarktes.

Rabat-i-Malik

An der Strecke Buchara–Samarkand, etwa 80 Kilometer von Buchara entfernt, erhebt sich direkt an der neuen ›Autobahn‹ das mächtige Portal einer Karawanserei aus dem 11. Jahrhundert. Gebaut wurde diese Anlage mit ihrem 12 Meter hohen Portal von dem Karachanidenfürsten Chan Shams al Mulk Nasr, der große Teile Transoxaniens in den Jahren 1068 bis 1080 beherrschte. Leider ist außer dem Portal nur noch wenig zu sehen, die Grundrisse lassen sich erahnen. Auf dem Portal sind besonders die vortimuridischen dekorativen Elemente bemerkenswert, die an die zoroastrische Kunst anknüpfen, obwohl der Einfluss des Islams nicht zu übersehen ist – schließlich war der Erbauer ein aktiver Förderer und Verbreiter des Islams.

Auf der gegenüberliegenden Seite (das Überqueren der Autobahnabgrenzung erfordert ein wenig Geschick) liegt eine

Portal der Karawanserei Rabat-i-Malik

kleine Teestube. Direkt daneben befindet sich ein ebenfalls aus der Karachanidenzeit stammender Wasserspeicher, der zur Karawanserei gehörte. Hier kann man sehen, wie das Wasser aus einem Brunnen geholt, gesammelt und vor dem Verdunsten geschützt wurde.

Termiz

Termiz ist die südlichste Stadt Usbekistans, am Amudarja und der Grenze zu Afghanistan gelegen. Vor allem durch das buddhistische Erbe ist die Stadt historisch bedeutsam. Die wichtigsten Funde der Ausgrabungen jedoch befinden sich in Taschkent, vorwiegend im Historischen Museum, teilweise auch in der Eremitage in Sankt Petersburg. Dennoch ist ein Besuch von Termiz sehr interessant.

Von Buchara kann man über Karshi nach Derbent und weiter nach Termiz fahren. Die Strecke führt durch das Gasfelder von Shurtan, kilometerweit sieht man das Gas brennen.

Über Karshi nach Termiz

Karshi liegt auf der alten Handelsroute Balch–Buchara. Die Stadt wurde von den Mongolen gegründet. Heute gibt es in dem Ort noch einige kleinere Moscheen und Medresen zu sehen. Mit dem Bus fährt man von Buchara drei Stunden und von Termiz fast fünf Stunden. An der Strecke Buchara–Karshi, etwa acht Kilometer vor Karshi, direkt an der Eisenbahnlinie, befinden sich die Ruinen der bedeutenden sogdischen **Erkurgan-Festung**, die wahrscheinlich schon im 9. Jahrhundert vor Christus entstand. Die Bewohner, Anhänger der Lehre Zarathustras, errichteten hier einen Turm des Schweigens, auf den sie ihre Toten legten.

▲ Karte hintere Umschlagklappe

Karshi ist eine moderne Stadt, hat 180 000 Einwohner und verfügt über gute und häufige Busverbindungen nach Buchara (Fahrzeit 3 Stunden), Shaxrisabz (2,5 Stunden) und Termiz (5 Stunden). Der Busbahnhof liegt direkt im Stadtzentrum.

Karshi bedeutet auf mongolisch ›Palast‹ – es sollen hier 1320 zwei Paläste der Tschagatai-Chane gebaut worden sein. Zeitweilig war Karshi die zweitwichtigste Stadt im Emirat Buchara. Im Stadtzentrum liegt der **Basar**, hier kann man in einer der zahlreichen Teestuben etwas essen.

Von Interesse ist die oberhalb des Basars gelegene **Frauen-Medrese Bekmir**, die Anfang des 20. Jahrhunderts gebaut wurde und in der auch heute wieder studiert wird. In der Nasaf ko'chasi, wenige Gehminuten vom Basar entfernt, liegt die im 16. Jahrhundert errichtete **Namazgoch-Moschee**, ein blasser Abklatsch der Kok-Gumbaz-Moschee von Shaxrisabz.

Ein Zwischenstop in Karshi lohnt sich auf jeden Fall, übernachten eher nicht. Das einzige halbwegs empfehlenswerte Hotel ist das **Hotel Tong**, O'zbekiston ko'chasi 245, Tel. 37522/51903. Es liegt direkt am Basar. Das Doppelzimmer mit einer Art Dusche kostet ab 30 Dollar.

Die Weiterfahrt nach Termiz ist landschaftlich reizvoll, es wird bergig, aber die Straße bleibt in gutem Zustand. Bei gutem Wetter kann man das Pamir-Gebirge sehen. Bei Derbent kommt man über einen Paß, der das Eiserne Tor genannt wird. Ein buddhistischer Mönch hat auf dem Paß auf seiner Reise nach Termiz im Jahre 629 hier eisenbeschlagene Tore gesehen. Der Paß wurde immer streng kontrolliert – schließlich konnte von hier aus der Oxus überquert werden.

Entlang des Surchondarja (Surxondaryo), des ›roten Flusses‹, der durch Mineralien und Erze rötlich schimmert, gelangt man nach Termiz. Die Kontrollen sind häufig und manchmal langwierig. Manchmal ist die Strecke ganz gesperrt.

Stadtgeschichte

Der Name ›Termiz‹ wird aus dem Sanskrit-Wort Taramato ›Ort hinter dem Fluss‹ abgeleitet. Andere sagen, er gehe auf den Namen des griechisch-baktrischen Herrschers Demetrios (über Damit und Tarmid zu Termiz) zurück. Der erste befestigte Kern von Termiz existierte im 3. und 2. Jahrhundert vor Christus, als sich das in der Antike als Baktrien bezeichnete Gebiet des Amudarja-Beckens im Besitz der griechisch-baktrischen Herrscher befand. Der Hauptfaktor für die günstige Stadtentwicklung war wohl die Lage an einem der wenigen bequemen Flussübergänge über den unberechenbaren Amudarja. An dieser Stelle setzte auch Alexander der Große über den Oxus. Im 3. Jahrhundert vor Christus gab es hier eine erste Siedlung, unter Demetrius begannen die eigentlichen Festungsbauten. Das Territorium der griechisch-baktrischen Stadt dehnte sich aus. In der Zeit der Kuschan (1. bis 3. Jahrhundert) betrug die Fläche des Ortes bereits 500 Hektar und war von starken Festungsmauern umgeben. Im 4. und 5. Jahrhundert verfiel die Stadt, erlebte aber 100 Jahre später einen erneuten Aufschwung. Im Jahre 689 eroberten die Araber Termiz zum ersten Mal, 15 Jahre später endgültig.

Trotz verschiedener Herrscher – Samaniden, Gaznawiden, Karakaniden und Seldschuken – erlebte Termiz vom 8. bis zum 12. Jahrhundert seine Blütezeit, Handel und Handwerk florierten. Der Hafen und die Zitadelle wurden ausgebaut, Vorstädte und neue Stadttore entstanden. Mit der Zerstörung durch die Mongolen im Jahre 1220 nahm diese Entwicklung ein Ende. Erst im ausgehenden 13. Jahrhundert wurde die Stadt an einem anderen Ort wieder aufgebaut. Zu Beginn des 15. Jahrhunderts berichtete ein Reisender von einer »großen Stadt, schön gebaut mit herrlichen Basaren«.

Im 18. Jahrhundert fiel Termiz in Trümmer. Das moderne Termiz ist eine sowjetische Stadt mit fast 90000 Einwohnern, ihr Zentrum ist der Ex-Leninplatz, auf dem jetzt Hakim al Termezi steht. Die Hauptstraße – Al-Termiziy ko'chasi – durchzieht das Zentrum von Nord nach Süd. Zur ehemaligen Altstadt, sechs Kilometer nordwestlich an der Straße nach Karshi gelegen, kommt man am einfachsten mit einem Taxi. In Termiz gibt es keine Touristeninformation, im Hotel Surxon (Al-Termiziy ko'chasi 23) kann man aber manchen nützlichen Hinweis bekommen.

Sehenswürdigkeiten

In den letzten Jahren sind die Architekturkomplexe renoviert und teilweise wiederaufgebaut worden, was sie manchmal zu neu aussehen lässt. Da die Sehenswürdigkeiten in Termiz um die Stadt verstreut liegen und nicht mit öffentlichen Verkehrsmitteln zu erreichen sind, empfiehlt es sich, ein Taxi für einen ganzen Tag zu mieten. Ein Auto pro Tag mit Fahrer kostet ca. 20 Dollar plus Benzin (ca. 12 Dollar extra). Einen Besuch wert ist das Archäologische Museum in der Al-Termiziy ko'chasi 29.

Komplex des Hakkim al Termezi

Der Komplex des Hakkim al Termezi befindet sich auf dem Territorium von Alt-Termiz. Abu Abdullah Mohammed ibn Ali ibn Hussein al Hakkim al Terme-

Im Termezi-Mausoleum

zi war der Begründer des Derwischordens der ›Hakkimi‹. Im Volk hieß er ›Termiz-Ata‹, Vater von Termiz, und wurde wie der Schutzpatron der Stadt verehrt; er galt als der Weise von Termiz. Als Zehnjährigem offenbarte sich ihm sein Wissen in der Steppe, im hohen Alter schlugen ihm Feinde den Kopf ab. Es gibt zwei Todesdaten 877/78 oder 907/08, wobei letzteres wahrscheinlich ist. Er lebte wohl mit seinen Schülern, den Muriden, in einer Chanaka, in der er auch beigesetzt wurde. Später errichtete man über dem Grab das **Mausoleum**, das seinen Namen trägt: ein quaderförmiges Gebäude mit Chortak, Kuppel, Stuck und reichem Schnitzwerk (11. Jahrhundert). Unter der Kuppel sieht man Inschriften in Kufischrift. Die **Moschee** Hakkim al Termezi, eine kleine Gedenkmoschee, von der nur der untere Teil erhalten geblieben ist, befindet sich an der Nordseite des Mausoleums.

Zu Beginn des 15. Jahrhunderts wurde die **Chanaka** Hakkim al Termezi während der kurzen Regierungszeit von Halil-Sultan (1405–1409), einem Enkel Timurs, errichtet. Das Gebäude hat eine quadratische Grundfläche und tiefe Bögen in den Achsen. Im für die Architektur von Termiz charakteristischen, wenn auch für diese Zeit etwas archaischen Stil, ruht die weitgespannte Kuppel auf einem Achteck von Bögen und Ecksegeln, die aus im Fischgrätenmuster vorgelegten Ziegeln erbaut sind. Die Zeit zur Ausführung der Innendekoration reichte nicht, denn Halil-Sultan wurde durch seinen Nebenbuhler Schah Ruch vertrieben. Noch während der Bauzeit an der Chanaka wurde über dem Grab von Hakkim al Termezi ein prachtvolles **Grabmal** aus weißem Mamor – eine Sagana – errichtet. Besonders effektvoll ist die der Moschee zugewandte Stirnseite; mit einer großen Stalaktitennische in der Mitte und zwei kleineren Nischen an den Seiten ist sie wie eine Gebetsnische gestaltet. Umrahmt wird sie von geometrischen Verzierungen, Bordüren und Inschriften. Die Arbeiten am Grab wurden nach der Machtübernahme durch Schah Ruch offenbar eingestellt. Auf dem Gelände des Komplexes befindet sich zudem ein neu errichtetes **Museum**. Dort werden Objekte und Karten zur Geschichte des Geländes ausgestellt. Ebenfalls sind naturkundliche Objekte und Musikinstrumente und andere Kuriosiäten (Schuhe des größten Mann aus Surxondaryo) zu sehen. Eintritt: 2 Dollar.

■ Kara-Tepe

Von Baktrien aus breitete sich der Buddhismus in Mittelasien aus. In der Zeit der Kushan-Dynastie, die auch über Teile Indiens herrschte, erreichte der Buddhismus Termiz. Nachdem in sowjetischer Zeit viele Ausgrabungen

▲ Karte hintere Umschlagklappe

durchgeführt wurden, finanzieren jetzt die Japaner die Ausgrabungen buddhistischer Klöster.
Sehenswert wäre in diesem Zusammenhang der Kara-Tepe (schwarzer Hügel), eine Erhebung aus Sandstein, die nicht weit von der Kala – der Zitadelle – von Alt-Termiz liegt. Allerdings liegt der Hügel im Grenzgebiet und kann daher **zur Zeit nicht betreten werden**. In den ersten Jahrhunderten nach Christus wurde der Hügel von Buddhisten für die Gründung eines Klosters genutzt, dessen Räume zum Teil aus den Felsen herausgeschlagen wurden, zum Teil an seinen Hängen und auf seinen Gipfeln gebaut wurden. Da die Ausgrabungen noch im Gange sind, ist bis jetzt nur ein Teil der Anlage des Klosters ›erahnbar‹. Die Grabungen zeigen, dass das Kloster in Form von zwei abgeschlossenen Komplexen angelegt war, die durch Gänge untereinander in Verbindung standen und mit den höher gelegenen Bauten über Treppenschächte verbunden waren. In jedem Block befand sich ein kleiner geschlossener Hof, der von einer stufenartigen Erhöhung – einer Stupa – umgeben war. Hölzerne Säulen spendeten Schatten. In den Nischen der Mauern standen Statuen Buddhas. An die Höfe grenzte der Höhlentrakt, in dem sich auch das Heiligtum befand: ein quadratischer Raum mit Korridoren an drei Seiten. Der ganze Bau bestand aus Mergelkalksandstein, und die Gebäude waren rot bemalt. Im unteren Teil einer Wand waren Wandmalereien vorhanden. Die Ausgrabungen geben eine gute Vorstellung von einem großen buddhistischen Höhlenkloster – eines Vihara – im kuschanischen Baktrien.

Fajaz-Tepe

Ein anderes buddhistisches Kloster, Fajaz-Tepe (Fayaz Tepe), dessen Renovierung abgeschlossen ist, liegt im Nordwesten der Stadtmauern des kuschanischen

Fresken im Museum von Fajaz-Tepe

Termiz. Es kann heute besichtigt werden. Im 1. und 2. Jahrhundert errichtet, wurde es schon im 3. Jahrhundert verlassen. Im 5. Jahrhundert dienten die Ruinen den Hephtaliten als Begräbnisstätte. Auch hier legen Ausgrabungen den Stil der kuschanisch-baktrischen Architektur, Bildhauerei und Malerei frei. In einem Kloster solchen Types (Sangarama) wurden Reliquien aufbewahrt. Die Wände bestanden aus Lehmziegeln und Stampflehm. Östlich befand sich ein Stupa, ein buddhistischer Kultbau zur Aufbewahrung von Reliquien. Er hatte eine zylindrische Basis, auf der das glockenförmige Hauptmassiv lag, welches aus Lehmziegeln gefertigt war. Die Oberfläche trug Verzierungen aus weißem Stuckmörtel. Bevor das Kloster verlassen wurde, hatte man das Heiligtum zum Schutz in Lehmziegel eingehüllt. In einem **Museum** sind Schautafeln zur Geschichte des Buddhismus in der Region (englisch, usbekisch) und archäologische Exponate zu sehen. Eintritt: 2 Dollar.

Zurmala-Turm

Nordöstlich der Festungsmauer des kuschanischen Termiz liegt der Zurmala-Turm. Er besteht aus luftgetrockneten Lehmziegeln und sieht etwas deformiert aus. Früher hatte er einen Durchmesser von 14,5 Metern und war 16 Meter hoch; er stammt aus der Epoche der Großen Kuschan.

In der Nähe der Nordmauer befindet sich eine Gruppe von Bauten, von denen ein Teil schon vor langer Zeit zur Gewinnung von Baumaterial abgerissen wurde. Hier stand im 6./7. Jahrhundert das Schloß Keschk. Der untere Teil stand auf einer Plattform vom 25 mal 25 Metern. Darauf wurde die Hauptetage errichtet, in deren Mittelachse der zentrale Korridor

Die Ruinen der Festung Kyrk Kyz

verlief, an dessen beiden Seiten je fünf langgestreckte Räume lagen. Möglicherweise lag darüber noch eine Etage.

Moschee Chor Sutun

Die Moschee Chor Sutun mit einem Minarett liegt südwestlich der Ruinen von Keschk. Ihr Name, ›vierzig Säulen‹, ist eine Gattungsbezeichnung für einen Moscheentyp. Diese Gebäude hatten nie vierzig Säulen, vielmehr wurde die Illusion durch die Spiegelung in einem Wasserbecken erreicht. Auch die Chor-Sutun-Moschee in Termiz verfügte über höchstens neun Säulen. Sie war klein und hatte neun Kuppeln, die auf Pfeilern ruhten. Das Minarett war schon im letzten Jahrhundert zerstört. Eine Kufiinschrift gibt das Baudatum an: das Jahr 423 der Hedschra, also 1045/46. Damit ist das schlichte Minarett eines der ältesten in Mittelasien.

Ensemble Sultan Saodat

Acht Kilometer nordöstlich der Neustadt, auf dem Gelände des vormongolischen Termiz, liegt das Ensemble

▶ Karte hintere Umschlagklappe

Sultan Saodat, Begräbnisstätte der Zaidenfamilie, die als direkte Nachfahren des Propheten Mohammed galten und eine hohe Stellung in der moslemischen Geistlichkeit einnahmen. Das ursprüngliche Zentrum befand sich im Südwestteil der Anlage, wo zwei Mausoleen durch einen großen Ayvon vereinigt werden. Das zweite, gegenüberliegende Mausoleum ist das älteste Gebäude und innen wie außen in einem zartrosa gehaltenen Farbton gestaltet. In der zweiten Hälfte des 15. Jahrhunderts erfolgten Anbauten. Zwei neue Mausoleen mit einander zugewandten Portalen grenzen dicht an die Fassaden der beiden ersten Gebäude. Im 16. Jahrhundert entstand etwas abseits ein größerer dreiräumiger Bau mit einem kleinen Ayvon in der Mitte. Die Idee der älteren Mausoleen, die durch eine Gewölbenische miteinander verbunden sind, fand auch hier Verwendung. Später wurden noch zwei Gebäudegruppen nach dem selben Schema hinzugefügt.

Die orthodoxe Kirche von Termiz

Kyrk Kyz

Auch die Festung Kyrk Kyz (Qirq Qiz – 40 Jungfrauen) befindet sich in der Nähe der Sultan-Saodat-Mausoleen. Der Sage nach ist die Festung mit jungfräulichen Amazonen verknüpft. Wahrscheinlich handelt es sich aber um eine Stadt der Samaniden, denn ein alter Name nennt den Ort Shaxri Saman. Offenbar stand hier eine monumentale Sommerresidenz mit 50 Räumen und mehreren Ayvonen. Wegen der noch teilweise erhaltenen 55 Meter langen Mauern ist die Festung gut zu erkennen. Zwar sind die einstigen zwei Etagen längst zu einer verschwommen und auch das Dach ist nicht mehr da, dennoch bekommt man einen Eindruck von einem Schloß aus der sogdischen Zeit. Zwischen der Festung Kyrk Kyz und den Sultan-Saodat-Ensemble befindet sich die restaurierte **Kokildor-Chanaka** aus dem 16. Jahrhundert. Es ist ein schmuckloser Ziegelbau, der innen mit Stuckdekor verziert ist.

Russische Kirche

Eine weitere Sehenswürdigkeit der Stadt ist die russisch-orthodoxe Kirche in der Gagarin ko'chasi. Ihr Vorgängerbau wurde 1896 errichtet. Sie zeugt von der einstigen russischen Militärgarnision. Der heutige massive Klinkerbau vom Anfang des 20. Jahrhunderts wird derzeit renoviert.

Im Gorkij-Prak begrüßt neben den üblichen Karussells eine Gruppe von Märchenfiguren den Spaziergänger.

Afghanische Grenze

Die afghanische Grenze mit der ›Brücke der Freundschaft‹ liegt 18 Kilometer östlich von Termiz. 1979 überquerten hier die sowjetischen Truppen den Grenzfluss Amudarja – es begann der

Afghanistankrieg. Vor dem Krieg 2002 verlief hier eine Hauptroute der Drogenschmuggler und Waffenschieber. Die Brücke und den Amudarja kann man etwa 16 Kilometer südlich von Termiz sehr gut sehen, dort fährt man auch an den Grenztürmen entlang.

Einen guten Blick auf Afghanistan kann man auch im Zoo der Stadt erhalten. Ansonsten bietet der Tierpark ein eher trauriges Bild (Taxifahrer nach ›Zoopark‹ fragen).

Jarqo'rg'on

Circa 35 Kilometer nördlich von Termiz befindet sich in der Stadt Jarqo'rg'on ein sehenswertes Minarett aus dem 12. Jahrhundert (1108–1110). Es wurde unter Sultan Sanjar von dem Meister Muhammed Ali errichtet. Auf einer achteckigen Basis erhebt sich der etwa 15 Meter hohe Turm, der von Halbsäulenpilastern aus Ziegeln in Fischgrätenmuster vollständig ummantelt wird. Nebenan liegt ein kleines **Museum**.

Termiz

Vorwahl: aus dem Ausland 00998/76, innerhalb Usbekistans 8/376.

Täglich gibt es drei Flüge von Termiz nach Taschkent (hin und zurück ca. 90 Dollar). Einmal wöchentlich kann man mit Uzbekistan Airways nach Moskau fliegen.

Taxis vom Flughafen in die Innenstadt kosten insgesamt 3,50 Dollar. Vom Jubeleyniy Basar kann auch der Minibus Nr. 11 genommen werden, der in der Nähe des Flughafens vorbeifährt.

Es gibt regelmäßige Busverbindungen nach Samarkand (sieben Stunden) für ca. 3 Dollar.

Taxis und Sammeltaxis fahren am Avtovokzal ab. Man erreicht ihn mit der Marschrutka 6 vom Basar.

Nach Taschkent kostet die Marschrutka pro Person ca. 22 Dollar (ca. 10 Stunden). Mit dem Taxi kostet es pro Person 26 Dollar (9,5 Stunden).

Nach Samarkand kostet ein Taxiplatz 14 Dollar (ca. 5 Stunden).

Der Bahnhof liegt am nördlichen Ende der Al-Termiziy ko'chasi. Täglich fahren von Termiz Züge nach Taschkent, die turkmenisches Territorium passieren. Man braucht jedoch kein turkmenisches Visum, um die Zugverbindung zu nutzen (Abfahrt Termiz: 14.20 Uhr, Abfahrt Taschkent: 16.25 Uhr).

Das usbekisch-deutsche **Vier-Sterne-Hotel Meridian** ist die erste Adresse am Platz. Das DZ kostet zwischen 70 und 110 Dollar. G. Husanov ko'chasi 23, Tel. 2274851, 2257550, Fax 2272676.

Eine weitere Möglichkeit ist das **Hotel Akmal Holis**, Termiziy ko'chasi 44, in der Nähe des alten Hafens. Das DZ kostet zwischen 22 und 27 Dollar. Es ist etwas abgelegen von der Innenstadt. Warmwasser ist nicht vorhanden. Ein üppiges Frühtück wird für 2,50 Dollar serviert. Das Hotel kann über www.orexca.com gebucht werden.

Eine preisgünstige, saubere und zentrale Alternative ist das renovierte **Hotel Surxon** im Zentrum der Stadt. Al-Termiziy ko'chasi 23. DZ 20 Dollar.

▶ Karte hintere Umschlagklappe

Das **Hotel Sharq** ist ebenfalls zentral gelegen. Ho'jaev ko'chasi Nr. 15. Das Doppelzimmer kostet 27 Dollar.

Gleich nebenan befindet sich das **Hotel Ulug'bek**. DZ 40 Dollar.

Neben dem Archäologischen Museum liegt das **Hotel Assom**. Das Doppelzimmer kostet 60 Dollar.

Die **Russkaja Kuchnja** (›Russische Küche‹) findet man in der Malika Kharat ko'chasi 1, Tel. 222 49 90.

Restaurant Malika, Navoiy ko'chasi, in der Nähe der Kreuzung zum Uhrenturm. Schnelle Bedienung, übliches Speisenangebot, verschiedene Salate.

Restaurant Bek: Angebot wie im Restaurant Malika nur etwas lautere Musik. Dafür sind Separées vorhanden (in der Nähe des Jubeleyniy Basars in einer Seitenstraße; jeder Taxifahrer kennt das Bek).

Restaurant Azizbek, Alisher-Navoiy-ko'chasi in entgegengesetzte Richtung des Malikas, Richtung Hotel Meridian. Gutes Restaurant mit üblicher Küche zu moderaten Preisen (man kann die Taxifahrer nach dem Weg fragen). In der oberen Etage befindet sich eine einfache Diskothek (Eintritt für Männer 70 Cent, Frauen haben freien Eintritt).

Tanzen kann man ebenfalls in der **Diskothek Flamingo** (Diskatjeka Flaminga). Ho 'jaev ko'chasi 26 in der Nähe der Gagarin ko'chasi. Ab 20 Uhr wird schon getanzt. Günstige Preise und angenehme Atmosphäre. Eintritt für Herren 70 Cent, Damen 30 Cent.

Das **Archäologische Museum** liegt auf der Hauptstraße Al-Termiziy ko'chasi und ist von 10 bis 17 Uhr geöffnet. Hier können auch Bildbände über Termiz erworben werden.

Im Puppentheater der Stadt können in einer **Galerie** die Gemälde des aus Termiz stammenden Malers Ro'zi Choriyev besichtigt werden. Der Eintritt ist kostenlos. Sharof-Rashidov ko'chasi 26 (in er Nähe des Stadions).

Der **Markt** (Jubeleyniy Basar) liegt an der Hauptstraße Al-Termiziy ko'chasi, unweit des Uhrturms, 3 km südlich des Bahnhofs.

Frische Brote

Chiwas Innenstadt, die als Festung errichtet wurde, erhielt ihre charakteristische Anlage erst vor 200 Jahren. Seitdem hat sich allerdings wenig verändert, so dass die Stadt heute einem belebten Freiluftmuseum gleicht. Vom nahegelegenen Urganch sind Ausfllüge nach Nukus und an den Aralsee möglich.

Chiwa und Umgebung

Chiwa

Die Oase Choresm, in der sich Chiwa (usbek. Xiva) und Urganch befinden, liegt zwischen der Roten und der Schwarzen Sandwüste. Ihren Vegetationsreichtum verdankt sie dem Amudarja und seinem weitverzweigten Kanalsystem. Ähnlich wie der Nil in Afrika ist der Amudarja der fruchtbarmachende Strom Mittelasiens, sein mitgeführter Schlamm soll sogar noch besser als der Nilschlamm sein. So hat man auch nur selten die Assoziation, mitten in der Wüste zu sein. Nur wenn man mit dem Flugzeug in Urganch landet und den Sand überflogen hat, merkt man, dass man sich tatsächlich in einer Oase befindet. Heute leben in diesem Gebiet eine Million Menschen. Im Norden schließt sich die Karakalpakische Autonome Republik an.

Vor vielen Jahrhunderten wurde Chiwa zu dem Ort, an dem durstige Reisende Rast machten. Mit Avicenna und Al Biruni, dem Mathematiker, erlangte die Oase Choresm (usbek. Xorazm) Weltruhm auf wissenschaftlichem Gebiet. Dann aber war die Stadt bis ins 18. Jahrhundert ein Nest von gefürchteten Karawanenräubern, das strategisch günstig mitten in der Wüste lag. Die Mina-

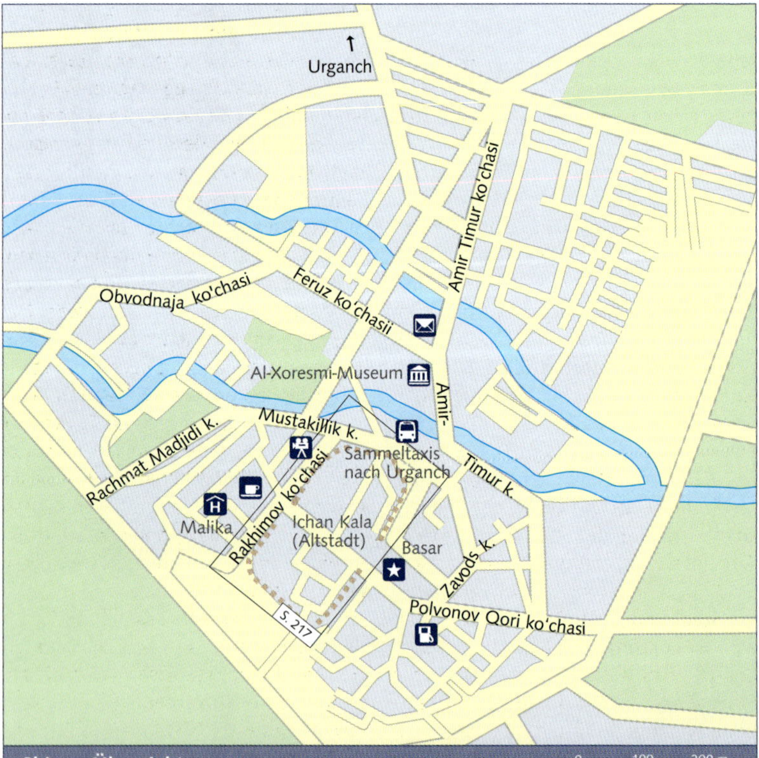

Chiwa, Übersicht

In der Wüste zwischen Buchara und Chiwa

rette der Stadt lockten als Wüstenleuchttürme Karawanen an, welche eine bedeutende Steuereinnahmequelle darstellten. Ende des 18. Jahrhunderts kam es – nachdem der Perser Nadir Schah Mittelasien erobert hatte – zu einem plötzlichen Wiederaufleben der kulturellen Aktivitäten in Chiwa. Schon 1715 interessierten sich die Russen – auf der Suche nach einem kürzeren Weg nach Indien – für die Oase, aber alle ihre Expeditionen scheiterten. Erst 1873 erkannte der Chan von Chiwa die Oberhoheit des Zaren an.

Das heutige Chiwa hat 60 000 Einwohner, von denen 80 Prozent in der äußeren Stadt leben. Das Leben der Chiwaer spielt sich auf dem Basar östlich der Altstadt ab. Ansonsten hat die äußere Stadt kein Zentrum. In der Silhouette der Stadt finden sich keine Hochhäuser, alles wirkt grün und ruhig. Auf den Straßen ist nicht viel los. Wenn man in die Stadt fährt, sieht man zuerst verschiedene Nutzpflanzen, die angebaut werden, neben Baumwolle, Reis und Sago natürlich verschiedene Obstsorten. Aus Chiwa sollen die besten und süßesten Weintrauben kommen, und die Chiwaer Melonen wurden schon im Mittelalter als Delikatessen gehandelt und bis nach Bagdad exportiert. Auch heute schmekken sie wunderbar.

Stadtgeschichte

Wie alle Städte Usbekistans wird auch Chiwa immer älter – denn fast jährlich finden Archäologen neue Beweise, denen zufolge die Ansiedlungen älter sind, als bisher angenommen. 1997 feierte Chiwa sein 2500jähriges Stadtjubiläum. Das architektonische Bild der Stadt, das der Besucher heute sieht, entstand jedoch Ende des 18. bis zu Beginn des 20. Jahrhunderts. Im 14. Jahrhundert war Chiwa eine große Stadt, die auf einem der Haupthandelswege lag. Im 16./17. Jahrhundert geriet es wegen verschiedener Kriege in eine desolate ökonomische Lage und wurde im 17. Jahrhundert Zentrum des selbständigen Chanats von Chiwa. Damals machte sich die Stadt einen Namen als Sklavenhandelsmetropole. Ein Jahrhundert später war das städtische Leben fast ausgestorben. Dazu hatten immer wieder aufflammende Unruhen, Pest und Hunger geführt. In den 60er Jahren des 18. Jahrhunderts schreibt ein Augenzeuge: »In Chiwa lebt bis auf vierzig arme Familien niemand mehr. Das Freitagsgebet fand meist in Anwesenheit von drei bis vier Leuten statt. In der Stadt begann die Tamariske zu blühen, und in den zerstörten Häusern hausten wilde Tiere.«

Als Anfang des 19. Jahrhunderts ein Herrscher aus der Kungrat-Dynastie an die Macht kam, stabiliserte sich die Lage, und es begann erneute Bautätigkeit. Chiwa wurde als Festung errichtet und blieb dies bis zur Integration in die So-

Blick über die Altstadt

wjetunion. Die Stadttore verbanden die innere Stadt (Ichan Kala) mit der äußeren Stadt, in der Gärten mit Obstbäumen und Wasserbecken zu finden waren. Auch die äußere Stadt (Dishan Kala) war von einer Mauer umgeben.

Auf Chiwa treffen bis heute die wesentlichen Merkmale der für diese Region typischen Stadt- und Baugestaltung zu: Die vier Tore verbanden zwei sich in der Mitte kreuzende Straßen. In der Innenstadt von Chiwa liegen auch die religiösen, administrativen und wirtschaftlichen Zentren, also die Hauptmoschee, die Medresen, Mausoleen, die Paläste des Chans, aber auch verschiedene Markthallen und die Karawansereien. Auf vergleichsweise kleinem Raum befanden sich zwei Paläste, mehr als sechzig Medresen und kleine Moscheen, Mausoleen, eine Versammlungsmoschee, Bäder, die Karawanserai sowie die Wohnräume der Vertrauten des Herrschers, von Beamten, Geistlichen und reichen Kaufleuten.Die meisten Bauten in der inneren Stadt stammen aus dem dem 19. Jahrhundert. Der Stadtkern wurde schnell errichtet, deswegen wirkt er zusammenhängend und kompakt. Die engen Straßen, die gesichtslosen Fassaden und die Wachtürme lassen noch heute eine Stimmung von Überwachung und Strenge nachvollziehen. Auch wenn durch die starke Besiedelung der Innenstadt im letzten Jahrhundert vieles verändert wurde, so bietet Chiwa dennoch einen anschaulichen Eindruck vom traditionellen Stadtbild einer mittelasiatischen Oasenstadt. Heutzutage stellt die restaurierte Altstadt ein Freiluftmuseum dar, in dem das Leben pulsiert, denn Schulklassen sind unterwegs, und Brautpaare kommen hierher. Auch ist der Rand der Altstadt nach wie vor bewohnt. 1967 wurde die gesamte Altstadt unter Denkmalschutz gestellt.

Außerhalb der Altstadt befinden sich mehrere Sommerresidenzen, die aber nicht immer geöffnet haben, außerdem ein Kulturpark, der von weitem durch das Riesenrad erkennbar ist.

▶ Karte S. 214

Die Altstadt

Den Stadtrundgang beginnt man am besten am westlichen Tor, dem Ota Darvoza. Sofort fällt das **Kalta Minor** (kurzes Minarett) ins Auge. Es sollte das höchste Minarett der Stadt werden, denn sein Auftraggeber wollte sich damit ein Denkmal setzen, aber leider

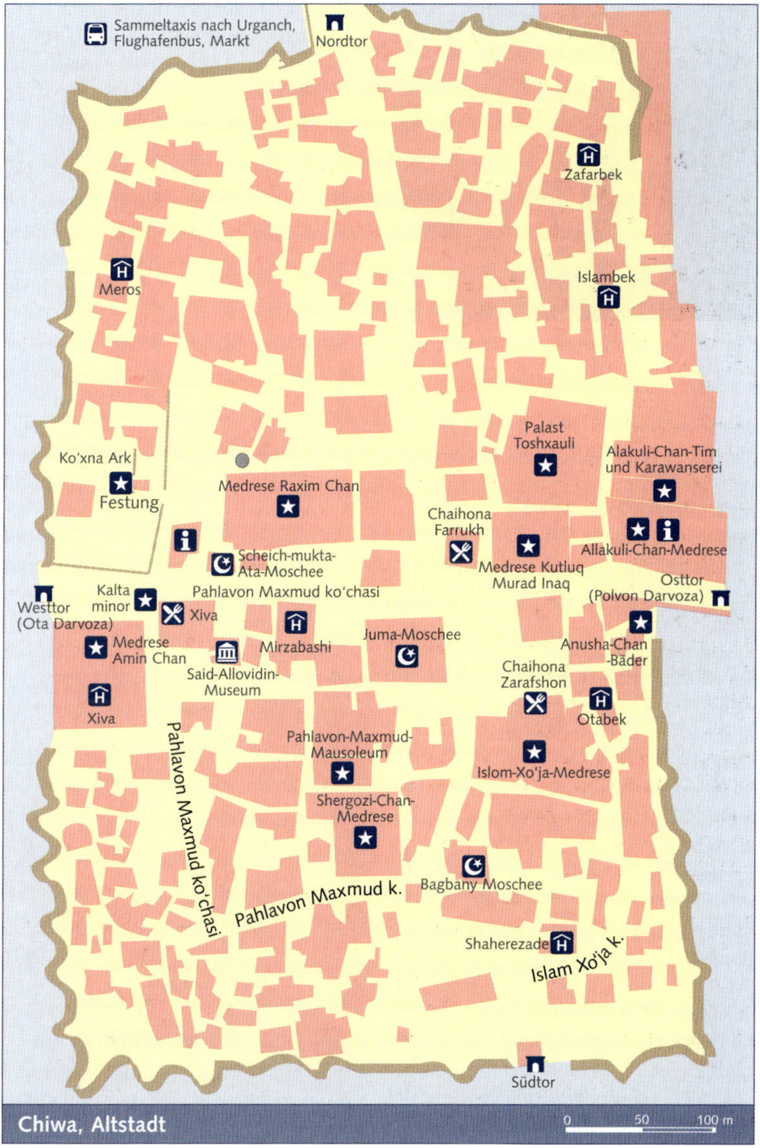

Chiwa, Altstadt

Die Amin-Chan-Medrese, im Hintergrund Kalta Minor

wurde es wegen statischer Probleme nicht weiter gebaut. Der Durchmesser beträgt 14 Meter, und es ist lediglich 26 Meter hoch. Gerüchteweise hat der Baumeister es nicht höher bauen wollen, weil er dem Emir von Buchara ein höheres Minarett als das von Chiwa versprochen hatte.

Rechts dahinter befindet sich die **Medrese Muhammad Amin Chan**, erbaut 1852–1855. Sie mißt 78 mal 60 Meter und ist damit die größte und am reichsten ausgestattete Hochschule für das Studium der Koran- und Islamwissenschaften in Chiwa. Hier studierten im letzten Jahrhundert bis zu 250 Studenten gleichzeitig. Außen- und Innenfassaden wurden, wie es seit dem 17. Jahrhundert in Mode gekommen war, durch doppelgängige Loggiengänge gestaltet. Das restaurierte, imposante Portal führt in einen idyllischen Innenhof. Hier befand sich die Bibliothek und der hohe geistliche Gerichtshof. Der Namensgeber galt als einer der profiliertesten und grausamsten Chiwaer Herrscher.

▲ Karte S. 217

Ko'xna Ark

Biegt man am Kalta Minor von der Hauptstraße nach links ab, kommt man zur Ko'xna Ark, der Zitadelle an der westlichen Mauer von Ichalan Kala, deren Gebäude aus dem 17.–19. Jahrhundert stammen. Ko'xna Ark, was soviel heißt wie alte Festung, diente als offizielle Residenz der Chiwaer Chane. Sie beherbergte eine Kanzlei, das Arsenal, den Münzhof, eine Moschee und den Empfangssaal. ›Alt‹ wurde sie deswegen genannt, weil sie an der Stelle errichtet wurde, wo schon einmal eine Zitadelle gestanden hatte. Begonnen wurde Ko'xna Ark in den Jahren 1804–1806 durch Allakuli Chan, 1825 wurde der Bau fortgesetzt und Anfang des 20. Jahrhunderts vollendet. Der hohen Mauer aus getrocknetem Ziegeln sieht man nicht an, dass sie einen Palast verbirgt. Die Eingangstore zur Festung sind von Türmen verstärkt, was den wehrhaften Charakter noch betont. Unweit der Tore befindet sich ein kleiner Hof mit Winter- und Sommermoschee und dem **Münzhof**, der bereits Anfang des 15. Jahrhunderts hier seinen Platz hatte. Die

Eingang zur Festung Ko'xna Ark

Chiwaer Chane prägten goldene, silberne und kupferne Münzen und wuschen Geld: Das Stoffgeld aus Seide musste nämlich gereinigt werden.

Zentrum des offiziellen Lebens war der kleine **Empfangsplatz**, der Kurinysch-Chan genannt wurde und dessen Entstehungszeit in die Jahre 1804–1806 fällt. Es ist ein abgetrennter, gemütlicher Hof, dessen eine Seite von einem Ayvon umgeben ist, hinter dem sich ein niedriger **Thronsaal** befindet. Hier gaben die Chane häufig ihre Empfänge, dabei saßen sie neben einer Jurte, die auf einer runden Erhebung aus Ziegeln aufgebaut war. Um zum Kurinysch-Chan zu gelangen, mussten die Abgesandten, so berichtet ein russischer Diplomat aus dem letzten Jahrhundert, durch drei nicht allzu große Höfe gehen, die heute nicht mehr erhalten sind. Im ersten wartete man gemeinsam auf die Audienz, im zweiten standen die Wachen, im dritten hatte sich der Rat des Chans versammelt, im vierten saß schließlich der Chan selbst. In den kleinen Zimmern, die sich in umittelbarer Nähe des Hofes befanden, waren der Staatsschatz und die Dokumentenkammer untergebracht. Nur durch Kurinysch-Chan war es möglich, in die Gemächer des Harems zu gelangen, die immerhin die Hälfte des gesamten Terrotoriums von Koxna Ark einnahmen. In einer speziellen Nische am Kopfende des Saales stand ein hölzerner Thron, der mit dünnen Silberplättchen bedeckt war und heute in der Rüstkammer des Kremls in Moskau zu sehen ist. Die Wandverkleidung diente als eine Art Schrank, hier konnten Porzellan und Aromavasen aufgestellt werden.Der **Ayvon** besteht aus geschnitzten Säulen und Türen. Derartige Holzschnitzereien sind überall in Chiwa zu finden, die den Ayvon verkleidenden Majoliken

Tür in der Festung

allerdings konnte sich nur der Chan erlauben. Ihre Muster sind typisch für Chiwa: auf dunklem Untergrund erscheinen hellblaue geometrische und florale Ornamente, die die Wände des Ayvons und der Sommersmoschee wie eine Tapete bedecken. Hat man vorher schon den Majolikaschmuck in Samarkand gesehen, so fällt auf, das die Chiwaer Majoliken wesentlich unsauberer gearbeitet sind. Sie sind außerdem einfacher in der Ausführung, und die geometrischen Figuren sind alles andere als kompliziert. Wenn man die Majolikaverkleidung von Thronsaal und Sommermoschee vergleicht, so fällt sofort ins Auge, dass im Thronsaal unruhige Muster dominieren. Dies liegt daran, dass im Thronsaal auch Gericht gehalten wurde – deswegen durfte der Chan nicht einschlafen. In der Sommermoschee dagegen sind die Majolikamuster ruhig und harmonisch – hier konnte auch schon mal ein Nickerchen gemacht werden.

Blick über die Festung

Man sollte sich unbedingt die unregelmäßigen und hohen Stufen zum **Aussichtspunkt** hinaufquälen. Der Panoramablick entschädigt für alle Mühen. Außerdem kann man sich an den Wänden sehr gut anschauen, wie Stampflehm verarbeitet und als Baumaterial genutzt wird wurde.

Hat man die Festung verlassen, kann man schnell einen Blick nach rechts in den **Zindan**, den Kerker, werfen. Anschaulich sitzt ein Gefangener hinter Gittern, und Bilder stellen eine Steinigungsszene vom Anfang unseres Jahrhundert dar.

Auf der anderen Seite des Platzes liegt die 1871 errichtete **Medrese Muhammad Raxim Chan**. Jeder Herrscher ließ gegenüber seinem Palast eine Medrese erbauen, um sowohl seine Religiösität unter Beweis zu stellen als auch sich selbst ein Baudenkmal zu setzen.

Geht man nun in südlicher Richtung vorbei an der Scheichmuktar-Ata-Moschee über die Hauptstraße, befindet sich rechts das **Mausoleum von Said Alloviddin,** einem Naqshbandi-Sufimeister, der 1303 starb. Das Mausoleum bestand ursprünglich nur aus einem kleinen qaudratischen Grabbau. Die Sagana, also das Grabmal selbst, ist über und über mit Majoliken verziert. Es wurde zu einer heiligen islamischen Stätte, um die herum mehrere Gebäude entstanden. An der Westseite errichtete man einen großen Kuppelbau mit einem Eingangsportal und einem Gedenksaal. Rundherum wurden immer mehr Gräber angelegt.

■ Pahlavon-Maxmud-Mausoleum

Am besten folgt man der Straße weiter Richtung Süden und biegt dann links ab, zum heiligsten und schönsten Mausoleum in Chiwa. In das Pahlavon-Maxmud-Mausoleum kommen auch heute noch Hochzeitspaare und Pilger, um zu beten – außerdem gibt es im Innenhof der Anlage einen heiligen Brunnen, dessen Wasser verjüngende Wirkung haben

▲ Karte S. 217

soll. Pahlavon Maxmud (1247–1325) war, wie sein Nachname sagt, Kürschner. Außerdem war er ein berühmter Dichter, Ringer und ein Krieger, der keine Niederlage kannte. Das Volk nannte ihn ›Pahlavon-Ata‹ – Heldenvater, er galt als der ›Pir‹, als der geistige Führer und Lehrmeister Chiwas. Über seinem Grab wurde zuerst ein Kuppelmausoleum errichtet, das allerdings einstürzte. 1913 entstand ein neuer Gebäudekomplex, der das Grabmal einschließt. Geht man durch den Hof geradeaus, kommt man direkt in das Mausoleum. Will man den Gedenkraum (Sirat-Chane) betreten, muss man sich die Schuhe ausziehen. Links befindet sich der Gurchane mit dem Grab des Pahlavan Maxmud, vor dem in der Regel Gläubige beten. Links vor dem Mausoleum, aber noch im Innenhof, befinden sich Grabmale der Chane von Chiwa. Die türkisblaue Kuppel der Anlage beherrscht die Silhouette von Ichalan Kala.

Im Innenhof des Pahlavon-Maxmud-Mausoleums

Shergozi-Chan-Medrese

Gegenüber dem Mausoleum liegt die Shergozi-Chan-Medrese (1718–1720). Nach 1710 kam die Bautätigkeit in Chiwa für ein Jahrhundert nahezu zum Erliegen. Dennoch wurde in dieser Zeit des Verfalls die Medrese des Schergozi-Chan errichtet. Von einem räuberischen Feldzug nach Meschked brachte der Chan 5000 persische Sklaven mit. Er versprach ihnen, dass sie nach Beendigung des Baus zurückziehen dürften, aber die Fertigstellung verzögerte sich immer wieder. So töteten die Sklaven den Chan in seiner eigenen Medrese. Städtebaulich ist die Anlage etwas ungünstig konzipiert: Sie liegt an einem Abhang mit einem Höhenunterschied von bis zu 20 Metern. Das Gebäude ist eine der größten Medresen Chiwas mit quadratischem Hof und einstöckigen Zellen. Der Bau besitzt keine Dekorelemente und grenzt an das Shergozi-Chan-Mausloeum, in dem der Chan bestattet wurde. Im 18. Jahrhundert lebte der turkestanische Dichter Mahzum Kuli in der Medrese:

Drei Tage, jeden Tag, teiltest du das Salz mit mir, –
Verzeih', ich gehe, schöner Schirgazi!
Du warst ein Heim mir im Winter und im Frühling, –
Verzeih', ich gehe schon.
Ich werde leben, Freund und Feind erkennend,
Mir ist die Wahrheit jetzt die heil'ge Bündnerin;
Hier lag das gold'ne Buch mir offen.
Verzeih', ich gehe, schöner Schirgazi!

Islom-Xo'ja-Medrese

Folgt man der Straße vor der Shergozi-Chan-Medrese in Richtung Osten, gelangt man zur Islom-Xoja-Medrese und

Das Islom-Xo'ja-Minarett

dem gleichnamigen Minarett, beides zu Beginn des 20. Jahrhunderts errichtet. Islom Xoja war in dieser Zeit ein sehr beliebter Großwesir in Chiwa. Das Ensemble ist das letzte Großprojekt, das in den mittelasiatischen Chanaten errichtet wurde. Mit knapp 45 Metern ist das Minarett ein wenig kürzer als das Kalon-Minarett in Buchara, aber fast 800 Jahre jünger. In den Räumen der Medrese befindet sich das interessante Stadtmuseum Chiwas, in dem sowohl Stadtgeschichte als auch angewandte Kunst zu sehen sind. Das Minarett kann man gegen eine Gebühr besteigen. Die Stufen sind unregelmäßig (Muskelkater ist garantiert), und es ist dunkel. Auch ist der Ausblick verglichen mit dem, den man von der Festung aus hat, nicht sonderlich interessant.

Bagbany-Moschee

Weiterhin sehenswert ist die Bagbany-Moschee, die sich südlich des Islom-Xoja-Komplexes befindet. Sie diente einst als eine kleine Stadtviertelmoschee und ist mit Säulen aus dem 14./15. Jahrhundert ausgestattet. Das Baudatum der Moschee selbst ist das Jahr 1809. Zu beachten ist die Eingangstür mit herrlicher ornamentaler Schnitzerei. Die Holzsäulen des Ayvon sind wesentlich älter als die Moschee selbst. Sie sind völlig mit Schnitzereien überzogen. Entweder wurden sie aus anderen Gegenden hierher gebracht, oder sie sind die Reste einer noch älteren Moschee.

Juma-Moschee

Folgt man der Straße vor der Medrese wieder in Richtung Norden, trifft man an der Ecke zur Hauptstraße auf die Juma-Moschee (1788/89). Nur ein hohes Minarett, auf das sich ein schmaler Gürtel blauer Glasur gelegt hat, weist darauf hin, dass sich hier eine Moschee befindet. Die Moschee selbst ist von außen unscheinbar und als solche nicht zu erkennen. Auffällig sind an dem ebenerdigen Gebäude nur die geschnitzten Türen mit ihren Bronzeverzierungen. Der leicht trapezförmige Innenraum besteht aus

Blick vom Minarett der Islom-Xo'ja-Moschee

▲ Karte S. 217

einer **Säulenhalle**, weswegen die Moschee auch als ›Cordoba Mittelasiens‹ bezeichnet wird. Ursprünglich waren es 212 Säulen (heute sind viele in Museen), die die Decke hielten. Die meisten Säulen sind schlank, oben haben sie Kapitelle, unten ein kugelförmiges Element: die Kuzaga, die durch eine Scharnierangel mit der Basis verbunden ist. Viele der hölzernen Säulen wurden aus anderen Gebäuden verschiedener Zeiten und sogar anderen Städten hergebracht. Sie sind in klassischen Formen geschnitzt, die schon im 10./11. Jahrhundert bekannt waren. 25 Säulen stammen aus dem 10. bis 16. Jahrhundert.

Wenn man sich etwas länger mit den Säulen beschäftigt, kann man die Unterschiede erkennen: im 10. Jahrhundert dominiert tiefes Schnitzwerk mit glattem Untergrund und einem abstrakten Ornament, dem s-förmige Elemente zugrunde liegen. Arabische Inschriften wurden in der strengen geometrisierten Kufi-Schrift ausgeführt. Im 11./12. Jahrhundert wird das Schnitzwerk flacher: stilisierte Pflanzenmuster und voll entwickelte Kufi-Schrift sind zu sehen. Im 15./16. Jahrhundert wird die Schnitzerei noch tiefer, Pflanzenornamente und Inschriften in Neski-Schrift auf dem Hintergrund von Pflanzentrieben und ranken treten auf. Auf einer Säule ist das Datum 1510 vermerkt. Belüftet und erhellt wird die Moschee durch eckige Deckenöffnungen, die in den letzten Jahren leider verglast wurden, was dem Gebäude viel von seiner Atmosphäre genommen hat, aber sicherlich bedeutend zur Konservierung beiträgt.

Palast Toshxauli

Der zweite Palast in der Innenstadt nennt sich Toshxauli (Steinernes Haus). Er bestand einst aus drei Höfen, einem Harem, einem Gerichtshof, einem Festsaal und sechs Ayvonen. Alles ist mit glasierten Kacheln und typisch choresmischen Ornamenten reich verziert. Heutzutage ist noch der Harem zu besichtigen.

Im vom Eingang gesehen linken Gebäudeteil befinden sich nebeneinander fünf hohe Ayvone, die durch gleichartige Wohnräume geteilt wurden. In ihnen lebte der Chan mit seinen vier Frauen. Hier soll der letzte Chan auch seinen Goldschatz aufbewahrt haben, der angeblich noch immer von einer Kobra bewacht wird. Wer sich fürchtet, möge lieber nicht in die Räume gehen. Auf der anderen Seite, auf der die Sonneneinstrahlung viel intensiver ist, mussten die Verwandten sowie die Nebenfrauen und Bediensteten wohnen. In der Mitte des Hofes steht ein Sockel für die Jurten. Die Wände des Palastes sind mit Majolika-Schmuck verkleidet. In Chiwa ist allerdings die Farbskala der Kacheln begrenzt, die Zeichnungen sind oft nicht rein und verlaufen ineinander.

Säule im Palast

Vámbéry beschreibt das Haremsleben und die Situation der Herrscherin von Chiwa im 19. Jahrhundert: »Der Harem hier ist bei weitem nicht das, was er am türkischen oder persischen Hofe ist. Die Zahl der Frauen ist beschränkt, das feenhafte Kolorit des Haremslebens fehlt gänzlich, alles ist auf strenge Keuschheit in Sittsamkeit abgesehen, und es ragt auch in dieser Beziehung der Hof von Chiwa über alle östlichen Höfe hervor. Gesetzliche Frauen hat der gegenwärtige Chan nur zwei, obwohl der Koran deren vier gestattet. Die Gesetze der Keuschheit erfordern es, den größten Teil des Tages im Harem zuzubringen, wo auf Putz und Toilette verhältnismäßig wenig Zeit vergeudet wird; auch haben die Frauen des Harems nicht viel Zeit zu vergeuden, da es einer landesüblichen Sitte nach erwünscht ist, dass Kleider, Teppiche und sonstige Zeuge, welche der Fürst gebraucht, wenn schon nicht alle, so doch der größte Teil, von der Hand seiner Gemahlin bereitet sein sollen. Dies erinnert stark an die Sitte der altpatriarchalischen Lebensweise, von welcher Turkestan, trotz seiner Rauheit, noch manchen hübschen Rest aufbewahrt hat.

Spaziergänge und Ausflüge macht die Fürstin von Chiwa nur zu den in der Nähe der Stadt gelegenen Lustschlössern und Sommerpalästen, bei welcher Gelegenheit sie sich nie zu Pferde dahin begibt, sondern in einem buntbemalten, mit roten Teppichen und Tüchern verhängten und verschlossenen großen Wagen. Vor und hinter dem Fahrzeug traben einige Reiter, die mit weißen Stäben versehen sind. Auf ihrem Zuge erhebt sich alles ehrfurchtsvoll von den Sitzen und grüßt in tiefer Verbeugung: Kühne Forscherblicke in das Innere des Wagens zu werfen, fällt niemand ein; es wäre dies bei der sorgfältigen Verhüllung auch nutzlos. Eine so verwegene Tat müßte übrigens nicht bloß bei der Frau des Regenten, sondern auch bei der Gemahlin jedes anderen Beamten mit dem Tode gebüßt werden.«

Die Medrese Kutluq Murad Inaq

▲ Karte S. 217

Medrese Kutluq Murad Inaq

An der Hauptstraße liegt die Medrese Kutluq Murad Inaq (1804–1812). Sie ist die erste zweistöckige Medrese in Chiwa, die nach bucharischem Vorbild gebaut wurde. Ihr Erbauer wurde in ihrem Inneren beigesetzt. Kutluq Murad Inaq war allerdings außerhalb der Mauern von Ichalan Kala gestorben, und es existierte ein Verbot, Verstorbene durch die Stadttore zu tragen. Die Geistlichkeit fand einen Ausweg: vor der Moschee wurde die Festungsmauer durchbrochen, und so gehörte die Medrese zum Gebiet der äußeren Stadt. Der verstorbene Herrscher wurde durch diesen Durchbruch bestattet.

Allakuli-Chan-Medrese

Gegenüber steht die Allakuli-Chan-Medrese, die 1834 errichtet wurde. Die Medrese wurde mit Geldern der UNESCO wiederaufgebaut. Im Inneren befinden sich kleine Handwerksunternehmen, deren Produkte käuflich zu erwerben sind. Interessierte Reisende können beim Teppichknüpfen oder Seidenweben zuschauen. Im Jahre 2005 wurde zudem hier ein Kulturzentrum eröffnet, das Folkloreveranstaltungen in der Medrese organisiert. Zur selben Zeit wie die Medrese entstand auch der Allakuli-Chan-Tim (Handelskuppel), denn bedingt durch die Ausweitung des Handels mit Buchara, Russland und Persien brauchte man mehr Handelsraum. Die Hauptbasare, auf denen mit Getreide, Seife und Wachs gehandelt wurde, legte man direkt an die Stadttore. Damit die Händler auch Unterkunft fanden, baute Allakuli Chan zusätzlich eine riesige Karawanserei, für die die Mauer von Ichan Kala eingerissen wurde. Die Karawanserei war nicht nur Herberge für Kaufleute, sondern auch Ort des Markthandels.

Die Allakuli-Chan-Medrese, im Hintergrund die Kuppeln des Tim

Der Tim ergänzte die Karawanserei und bildete den Durchgang zwischen innerer und äußerer Stadt.

Rund um das Osttor

Das Osttor, Polvon Darvoza, wurde 1804 bis 1806 errichtet. An dieser Stelle standen ursprünglich ganz normale, durch Türen verstärkte Stadttore. Erst Anfang des 19. Jahrunderts, als sich der Handel zwischen Chiwa, Buchara und Russland ausweitete, wurden innere Galerien gebaut. Zwischen dem Polvon Darvoza und der Oq-Moschee befindet sich das älteste Gebäude dieses Viertels – die **Bäder von Anusha Chan** aus dem Jahre 1657. Man baute sie unter die Erde, damit sich die Wärme länger hielt. Wie alle orientalischen Bäder haben sie verschiedene Räume: ein Vestibül, ein Umkleidezimmer und ein Waschzimmer. Gelüftet wird durch kleine Löcher in der Kuppel.

Die **Oq-Moschee** entstand 1838 bis 1842 und wurde auf einem alten Fundament aus dem 17. Jahrhundert errichtet. Von der Säulenhalle bietet sich der Blick in die zwei wichtigsten Straßen Chiwas. In diesem Viertel kann man an den Gebäuden häufig herausstechende Balken entdecken. Sie sollen den bösen Blick vom eigentlichen Gebäude ablenken.

Basar

Jenseits des Osttores befindet sich der Basar, hier kann man verschiedene Stoffe, Melonen und vieles mehr kaufen. In den Gebäuden, quasi den Katakomben der Stadtmauer am östlichen Stadttor, gibt es eine Art Universalkaufhaus, in dem man vom Waschpulver bis zum Teppich alles bekommen kann. Kunsthandwerk kann man in der gesamten Altstadt kaufen – auch in Chiwa ist jede Medrese ein Souvenirshop. Eine Teestube gibt es neben dem Islom-Xoja-Ensemble, ab August kann man hier die köstliche selbstgemachte Maulbeermarmelade probieren.

Melonenverkäufer auf dem Markt

Chiwa

Vorwahl: aus dem Ausland 009 98/62, innerhalb Usbekistans 8/362.

Touristinfo:

Direkt gegenüber dem Kalta Minor befindet sich eine von zwei Touristeninformationen, die Auskunft über die Sehenswürdigkeiten und Attraktionen der Region erteilt. Hier kann man sich bei der Zimmersuche und der Organisation von Transportmöglichkeiten helfen lassen. Tel. 375 79 18, bccxor@bcc.xor.uz. Eine weitere Touristeninformation befindet sich im Inneren der Medrese Allakuli Khan.

Der **Reiseveranstalter Bek Tour** bietet Ausflüge zu den Sehenswürdigkeiten des antiken Khorezm sowie Touren zum Aralsee und nach Moynak an. Darüber hinaus können Fahrten zum Angeln, Campingaufenthalte, sowie khoresmische Folkloreveranstaltungen in der Allakuli-Khan-Medrese organisiert werden. Auch kann hier mit einer Woche Vorlaufzeit ein Visum für Turkmenistan besorgt werden. Kubro ko'chasi 25, Tel. 375 91 97, Fax 375 24 55, bektur@mail.ru, adilbekr@mail.ru, www.bektour.uz

Der Flughafen befindet sich in Urganch (siehe S. 230).

Sammeltaxis und Marschrutkas verkehren regelmäßig zwischen Chiwa und Urganch. Sie fahren vom Nordtor der Stadtmauer ab. Die Fahrzeit beträgt etwa 20 Minuten. Ein Platz kostet etwas weniger als einen Dollar, ein ganzes Taxi sollte nicht mehr als 4 Dollar kosten. Am Nordtor hält auch ein Trolley-Bus, der Chiwa mit Urganch und dem Flughafen verbindet. Die Fahrzeit beträgt ca. 1,5 Std, Ticket 400 Sum.

▶ Karte S. 217

In der Altstadt von Chiwa haben in den letzten Jahren eine ganze Reihe kleinerer Hotels und B&Bs eröffnet, so dass Übernachtungen in allen Preisklassen möglich sind. Es ist daher auch nicht unbedingt zu empfehlen, in Urganch zu wohnen, da die Atmosphäre in der Altstadt von Chiwa gerade abends am schönsten ist.

Hotel Shaherezada, Islam Khodja ko'chasi 35, Tel. 3759565, Fax 3759539, www.khivashaherezada.com. Nahe dem Südtor in der Ichan Kala, der Altstadt oder Inneren Stadt. Das familiär geführte Hotel macht seinem Namen, der übersetzt Prinzessin bedeutet, Ehre und gehört zu den besten Adressen in Chiwa. Die Zimmer sind mit Klimaanlage, Sat-TV und Bad ausgestattet. Der Preis für ein DZ liegt bei 50 Dollar inklusive Frühstück.

Hotel Khiva, Pahlavon Mahmud Str. 1 (direkt hinter dem Eingangstor auf der rechten Seite.) In der Medrese Amin Chan ist dieses Hotel untergebracht, das 2009 renoviert wurde. Die Gäste schlafen in den ehemaligen Wohnzellen der Studenten und haben einen Blick auf den schönen Innenhof. Das Doppelzimmer kostet 80 Dollar.

Hotel Malika Khiva, P. Kori ko'chasi 19a, Tel. 3752665, www.malika-khiva.com. Es liegt direkt gegenüber dem Tor Ota Darvoza am Eingang zur Altstadt und ist wie alle Häuser der Malika-Hotelkette in traditionell usbekischem Stil gehalten. Die Zimmer sind mit Sat-TV, Klimaanlage und Badezimmer ausgestattet. Der Preis für ein DZ beträgt 70 Dollar inklusive Frühstück.

Hotel Mirzabashi, Pahlavon Maxmud k. 1, Tel. 3752753. In der mittleren Preisklasse ist allen voran dieses zu empfehlen. Die Besitzer Zainab und Rashid haben viel Erfahrung im Umgang mit Touristen und gehen auf die Wünsche ihrer Gäste ein. Vom Ayvon hat man einen schönen Blick über die Altstadt. Unbedingt sollte man auch die selbstgemachten Marmeladen probieren.

Hotel Zafarbek, Tashpulatov ko'chasi 28, Tel. 3757185, Fax 3756038, zafar22@intal.uz. Ein attraktives Hotel inmitten des Wohngebietes der Altstadt. Das Zafarbek verfügt über zwei Restaurants, in denen usbekische Küche serviert wird. Das DZ kostet 30 Dollar.

Hotel Islambek, Toshpulatov ko'chasi 60, Tel. 3753023, islambek_hotel@yahoo.com. Dieses 2009 renovierte Hotel ist ebenfalls empfehlenswert. Das DZ kostet 30 Dollar mit Frühstück. Die Zimmer sind mit einem Kühlschrank ausgestattet. Man kann beim Lepjoschka-Backen zuschauen.

Hotel Isak Hoja, Rakhmanova 70, Tel. 3759283, isaqjan02@mail.ru. Der Besitzer des Hotels am Osttor spricht fließend deutsch und bietet Exkursionen durch die Altstadt und in die Umgebung an. Das DZ kostet 30 Dollar.

Hotel Meros, Abdulla Boltaev ko'chasi 57, Tel./Fax 3757642, meros_bnb@mail.ru. Für Individualtouristen mit knappem Budget, an der Stadtmauer gelegen. Die Zimmer sind einfach, aber sehr gepflegt und verfügen alle über Dusche und WC. In der Pension herrscht eine freundliche, familiäre Atmosphäre, die Einblicke in das usbekische Leben erlaubt. Der Besitzer kann die Besichtigung einer Seidenraupenzucht anbieten. DZ 20 Dollar.

Gästehaus Lali Opa, Rahmanov ko'chasi 11a, Tel. 3754449, khivauz@enet.uz. Einladend und preisgünstig, neben dem Westtor gelegen. 5 bis 7 Dollar pro Person.

Otabek-Gästehaus, Islam Hoja Str., Tel. 2756177. Klein und familiär. 10 Dollar pro Person.

In der **Chaihona Farrukh** in der Pahklavon ko'chasi kann man abends draußen sitzen, es wird usbekische Küche serviert. Tel. 3753512.
Eine Alternative dazu ist die **Chaihona Zarafshon** in der Medrese Tolib Maxsum, Tel. 3757051.
Die beste Adresse der Stadt ist das **Khiva Art Restaurant** in der Altstadt in der Medrese Allakuli-Khan. Mit Hilfe des Deutschen Volkshochschulverbandes, des Deutschen Entwicklungsdienstes und der Deutschen Botschaft in Taschkent wurde hier ein Ausbildungsrestaurant auf hohem Niveau eröffnet. Serviert werden traditionelle usbekische und choresmische Gerichte. Die Chefköche zählen zu den besten ihres Fachs in Usbekistan. Da das Restaurant mittlerweile einen sehr guten Ruf erworben hat, ist es häufig ausgebucht. Größere Gruppen sollte daher vorher reservieren, Tel. 3752455.

Die gesamte Altstadt gilt als Museum: Eine Tageskarte kostet acht Dollar und gilt für fast alle Objekte. Einige kleinere Museen verlangen noch Extraeintritte. Hinzu kommt eine Fotogebühr, die für Fotos 4 Dollar (5000 Sum) und für Video 5,5 Dollar (7000 Sum) beträgt. Ein Guide kostet pro Stunde fünf Dollar. Man kann allerdings auch jedes Museum separat bezahlen und so den Gesamteintritt sparen.

Die wiedererrichtete Mauer um die Altstadt

Karte S. 217

Das grausame Chiwa

»Schrecklich ist die Erinnerung an die Szenen, die ich im äußersten Vorhof des Palais erlebte. Dort fand ich gegen 300 kriegsgefangene Tschaudorsm die, in Fetzen gehüllt, von Todesfurcht und Hunger einige Tage gepeinigt, aussahen, als wären sie aus dem Grabe aufgestanden. Sie waren schon in zwei Abteilungen geteilt, nämlich in solche, die noch nicht das vierzigste Jahr erreicht hatten und als Sklaven verkauft oder verschenkt werden sollten, und in solche, die der Stellung oder des Alters wegen als Graubärte oder Rädelsführer angesehen wurden und die vom Chan verhängte Strafe erleiden sollten. Die ersteren wurden je 10 bis 15 mit eisernen Halsringen aneinander fortgeführt, die letzteren fügten sich geduldig in das über sie verhängte Urteil und erschienen wie gebundene Lämmer in den Händen ihrer Henker. Während man mehrere zum Galgen oder Block fortführte, sah ich ganz dicht neben mir, wie acht Greise auf einen Wink des Henkers sich mit dem Rücken auf die Erde niederlegten. Man band ihnen Hände und Füße, und der Henker stach ihnen der Reihe nach beide Augen aus, indem er, auf die Brust eines jenen niederkniend, nach jeder Operation das von Blut triefende Messer an dem weißen Barte des geblendeten Greises abwischte. Grauenvoll war diese Szene, als nach dem schrecklichen Akte die Opfer, von ihren Stricken befreit, mit den Händen herumtappend aufstehen wollten! Manche schlugen mit den Köpfen aneinander, viele sanken kraftlos zu Boden und stießen ein dumpfes Gestöhn aus; die Erinnerung daran wird, solange ich lebe, mich zittern machen. [...]

Übrigens ist diese haarsträubende Bestrafung von Kriegsgefangenen durchaus nicht als Ausnahme zu betrachten. In Chiwa sowie in ganz Mittelasien weiß man nicht, was Grausamkeit ist; dieses Verfahren gilt für ganz natürlich, da Sitten, Gesetze und Religion damit übereinstimmen. Der gegenwärtige Chan wollte sich den Ruf eines Beschützers der Religion verschaffen, den er dadurch zu erlangen glaubte, wenn er das kleinste Vergehen gegen die Religion mit großer Härte bestrafte. Einen Blick auf eine verschleierte Dame zu werfen genügte, um hingerichtet zu werden, wie die Religion es befiehlt. Der Mann wird gehängt, die Frau nahe am Galgen bis zur Brust eingegraben und gesteinigt. Da es in Chiwa keine Steine gibt, so gebraucht man harte Erdschollen, das arme Opfer wird dadurch schon beim dritten Wurf ganz mit Staub bedeckt und der vor Blut triefende Körper gräßlich entstellt, bis der letzte Atemzug ihn von den Qualen befreit. Nicht nur Ehebruch, sondern auch andere Vergehen gegen die religiösen Vorschriften ließ der Chan mit den Tode bestrafen, so dass in den ersten Jahren seiner Regierungszeit die Rechtsgelehrten seinen Religionseifer abkühlen mussten.«

Die Xo'ja-Shberdiboy-Medrese

Aus: Vámbéry, Hermann: Man nannte mich Reschid Efendi. Reise in Mittelasien

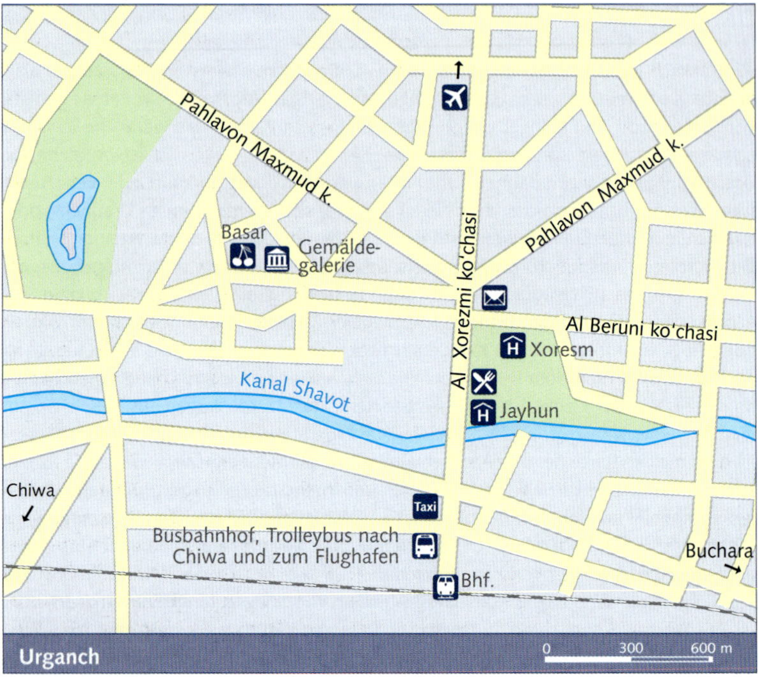

Urganch

Urganch ist eine Stadt, in der man sich nicht verlaufen kann und in der man auf Anhieb alles findet.

Sie liegt am Shavot-Kanal, dem größten Bewässerungskanal des Landes. Von den 140 000 Einwohnern sind über 90 Prozent Usbeken. Die einzige Attraktion neben dem Kanal und seinen zahlreichen Mücken ist die Diskothek, von der alle Hotelgäste ein Lied zu singen wissen. Ansonsten hat die Stadt nichts zu bieten, wegen ihrer halbwegs akzeptablen Hotels dient sie jedoch vielen Touristen als Ausgangspunkt für Ausflüge in das 40 Kilometer entfernte Chiwa und in das 180 Kilometer entfernte Konya-Urgench (Turkmenistan). Gerade wird eine Promenade am Kanal entlang gebaut.

Ausflüge von Urganch oder Chiwa

Von Urganch kann man, wenn man sich für Archäologie interessiert, Ausflüge zu den alten Festungen in der Wüste nach Toprak Kala und Koi Krylgan Kala machen. Oder man unternimmt einen Ausflug nach Turkmenistan in die alte, einst gigantische Hauptstadt des choresmischen Reiches nach Konya-Urgench. Sie liegt drei Autostunden von Urganch entfernt. Dort sind imposante Bauwerke zu besichtigen und lebendige Archäologie zu bewundern. Allerdings sollte man sich vorab um ein Visum für Turkmenistan und die die Wiedereinreise nach Usbekistan kümmern.

Führungen und Jeeps nach Toprak Kala und Koi Krylgan Kala sind in der Juma-Moschee in Chiwa zu buchen.

Toprak Kala

Toprak Kala liegt etwa 75 Kilometer nordöstlich von Chiwa, jenseits des Amudarja. Nähert man sich dem Ort, erscheint mitten in der Wüste ein rechteckiger Hügel, auf dessen Spitze ein Dach zu liegen scheint. Die Festung stammt aus der Kuschanzeit (3. oder 4. Jahrhundert nach Christus) und ist wohl die am besten archäologisch untersuchte Ausgrabungsstätte der Region. Nach Angaben der Archäologen hat sie nur gut 50 Jahre existiert. Die Stadtmauer mit ihren Ausmaßen von 500 mal 350 Metern ist auch heute gut erkennbar, ebenso die Burg, die wohl ein Palast des Choresmschahs war. Sie besaß drei Stockwerke, die Wände der Räume waren mit Malereien geschmückt. In den Räumen hat man Statuen der choresmischen Herrscher und ihrer Gemahlinnen gefunden. Götterstatuen gaben Aufschluß über die Religion. Auf den Wandmalereien erkannte man exotisch aussehende, dunkelhäutige Menschen, die darauf schließen lassen, dass es einen intensiven kulturellen Austausch mit Indien gegeben haben muss. Vieles wurde in die Eremitage nach St.Petersburg gebracht, einige Bruchstücke der Fresken sind noch zu besichtigen. Man fand hier auch Urkunden, auf Tierhaut oder Holz geschrieben, die zwar in einer der aramäischen Schrift ähnelnden choresmischen Schrift verfasst waren, aber nach dem indischen Kalender datiert waren. Auch wenn die Anreise durch die Wüste mühselig ist, ist der Besuch der Festung auch für Nicht-Archäologen sehr beeindruckend.

Wohnviertel in der Altstadt von Chiwa

Koi Krylgan Kala

Südostlich von Toprak Kala liegt Koi Krylgan Kala. Deutlich zu erkennen sind in den Ausgrabungen zwei ineinanderliegende Kreise, der innere hat einen Durchmesser von 45 Metern und war vermutlich die Begräbnisstätte eines Herrschers. Im äußeren Kreis, mit einem Durchmesser von ungefähr 90 Metern, standen Wohnbauten. Der Ort war vom 4. Jahrhundert vor bis zum 1. Jahrhundert nach Christus bewohnt. Mit dem Beginn der Kuschanzeit in Choresm wurde der Stadt ein Ende gesetzt, denn mit dem Eindringen von Feinden wurden in der Regel die komplizierten Bewässerungsanlagen zerstört und damit der Stadt ihre Lebensgrundlage entzogen. Auch hier fanden die Archäologen farbige Wandmalereien, Statuen aus Terrakotta und ornamentierte Keramik.

Ayaz Kala

Sehr sehenswert ist ebenfalls Ayaz Kala. Die Festung steht auf einem exponierten Hügel. Von ihr aus kann man über die weite Wüstenlandschaft blicken.
Gleich in der Nähe gibt es ein **Jurtencamp**, in dem auch übernachtet werden

Im Jurtencamp Ayaz Kala

kann. Aufgrund der Solaranlage und des Wasseranschlusses muss hier auf nichts verzichtet werden. Hinter den Jurten liegt der Ayaz-Salzsee, in dem man auch baden kann. Pro Person kostet die Übernachtung im Jurtencamp 45 Dollar. Im Preis sind Mahlzeiten und (nichtalkoholische) Getränke inbegriffen. Tel. 361/585 19 98; Fax 532 43 61; ayazkala@newmail.ru.

Das Gebiet der heutigen Wüste muss im 4. und 5. Jahrhundert völlig anders ausgesehen haben. Das ganze nordöstliche Gebiet des heutigen Usbekistan war wahrscheinlich ein Sumpfland mit Schilf und Dschungelwald. Erst später mündeten die Flüsse Syrdarja und Amudarja ins Aralbecken, damit trockneten die Sümpfe aus und die Landwirtschaft musste mit Hilfe von Kanälen und künstlicher Bewässerung betrieben werden. Am Beginn des heutigen Amudarja-Deltas liegt die Stadt Nukus.

Möchte man den Ausflug nicht über ein Reisebüro buchen, kann man in Urganch ein Taxi nehmen (Taxistand am Basar oder am Flughafen). Man sollte sich aber vegewissern, dass die Taxifahrer den Weg zu den Festungen (Kalas) kennen.

Qizil, Toprak, Ayaz Kala und die Festung Qirq Qiz liegen auf der selben Strecke und können gut an einem halben Tag besucht werden. Guldursun Kara und Koi Krylgan Kala sind dagegen etwas abseits der Hauptstrecke gelegen. Der Tagesausflug mit dem Taxi kann sowohl von Chiwa als auch von Nukus aus unternommen werden. Die Fahrt sollte je nach Anzahl der besuchten Festungen nicht mehr als 50 bis 60 Dollar pro Auto kosten.

▲ Karte S. 230

Urganch

Vorwahl: aus dem Ausland 00998/6222, innerhalb Usbekistans 8/36222.

Täglich gibt es zwei Flüge nach Taschkent. Darüber hinaus kann man freitags mit Uzbekistan Airways nach Moskau fliegen. Nach Taschkent und zurück kostet das Ticket 120 Dollar.

Zugverbindungen gibt es nach Nukus und Taschkent. Die Zugfahrt nach Taschkent (Di und Sa 15.15 Uhr, Taschkent–Urganch Mo, Fr 19.15) geht durch die Wüste Kizilkum über die Städte Uchquduq und Navoiy (ca. 18 Stunden). Die ehemalige Strecke über turkmenisches Territorium von Buchara aus wird nicht mehr befahren. Das einfachste Ticket nach Taschkent kostet 13 Dollar.

Sammeltaxis nach Buchara fahren in der Nähe des Bahnhofs ab. Die Fahrt dauert 5 bis 6 Stunden und kostet umgerechnet 15 Dollar. **Sammeltaxis nach Chiwa** fahren von der Haltestelle ›Chiwa‹ ab, die man mit dem Marschrutka Nr. 19 vom Bahnhof erreichen kann. Sie befindet sich im Westen des Basars an der Hauptstraße. Die Fahrt nach Chiwa dauert mit dem Auto ca. 20 Minuten und kostet im Sammeltaxi knapp einen Dollar.

Wer von Urganch nach Chiwa reisen möchte, für den ist es wesentlich bequemer und preisgünstiger, direkt in Chiwa zu übernachten.

Das beste Haus in Urganch und das einzige mit Übernachtungslizenz für Ausländer ist das Vier-Sterne-Hotel **Khorezm Palace**, Al Beruni ko'chasi 2, Tel. 49311, 49999, Fax 49308, khorezmpalace@mail.ru. Das DZ kostet 110 Dollar. Das Hotel verfügt über einen Swimmingpool, eine Sauna und ein Businesscenter.

An der Uferpromenade des Shavot-Kanals sind in den letzten Jahren einige Restaurants eröffnet worden.
Empfehlenswert ist das **Café Tabassum**, das man mit den Marschrutkas Nr. 18, 19 und 7 erreichen kann. Wie in anderen Chaihonas auch, kann können hier die choresmischen, mit Ei gefüllten Teigtaschen Tuchum Barak (Tuxum Barak) probiert werden.

Zwar kann man in Chiwa besser übernachten, in Urganch gibt es dafür die bessere Ausgehmöglichkeiten für den Abend. So bietet die Stadt Tanzwütigen mehrere Diskotheken.
Die besten zwei sind die Diskotheken **Asa** und **Aysberg.** Beide befinden sich im Zentrum der Stadt. Zu Orientierung fragt man am besten die Taxifahrer. Eine Taxifahrt in der Innenstadt kostet nicht mehr als 1.5 Dollar.

In Urganch gibt es eine **kleine Gemäldegalerie** (Urganch suratlar galereyasi), in der in Wechselausstellungen Bilder lokaler Künstler gezeigt werden. Sie befindet sich im Osten des Basars. Der obligatorische **Vergnügungspark** mit Riesenrädern und Karussells beherbergt einen kleinen Zoo. Er befindet sich nördlich des Basars.

Die Mahalla

Die Mahalla ist für die usbekische Gesellschaft eine wichtige Institution. Sie ist der Familie übergeordnet und die kleinste administrative soziale Einheit innerhalb des Staates. Neben der Nachbarschaft, also den Haushalten eines Wohnviertels, im Durchschnitt 400, gehören zu ihr beispielsweise ein Teehaus, kleine Geschäfte des Wohnviertels und die Mahalla- oder Wohnviertelmoschee. Eine Mahalla ist ein ›Nachbarschafts-Komitee‹ oder ein ›Organ der Selbstadministration der Bürger‹, das es seit Jahrhunderten in der usbekischen Gesellschaft gibt. Durch den Ältestenrat dominiert, löst die Mahalla soziale Probleme und Konflikte. Obwohl sie im engeren Sinne keine religiöse Instanz ist, werden in letzter Zeit auch religiöse Traditionen weitergegeben. Zu den traditionellen Aufgaben der Mahalla zählt die Durchführung von religiösen Festen. Die Älteren, die sogenannten ›Weißbärte‹ und der Imam der Mahalla-Moschee verfügen über eine Art richterlicher Kompetenz. Präsident Karimov hat auf die besondere Rolle der Mahalla bei der Kindersozialisation hingewiesen und deutet die gestiegene Jugendkriminalität als Folge der ›mahallinischen Sowjets‹. Tatsächlich paßte die Mahalla auch ins sowjetische System sehr gut und diente in jener Zeit in erster Linie als Kontroll- und Propagandainstitution. So wurde aus der traditionellen Mahalla eine staatliche Einheit und zum Beispiel Plattenbausiedlungen in Taschkent einfach zu einer Mahalla erklärt.

Nach der Unabhängigkeit Usbekistans ist es ein staatliches Ziel, an der Rolle dieser Institution festzuhalten. Die Regierung nutzt die Mahalla auch für ihre politischen Ziele. So werden auf Mahalla-Ebene zum Beispiel politische Seminare abgehalten. Gleichzeitig ist die Mahalla auch – weil sie übersichtlich ist und auf den Sozialstrukturen vor Ort basiert – eine ideale Kontrollinstanz.

Herzlich Willkommen in der Qo'ngirot Mahalla: Willkommensschild einer Mahalla

Karakalpakstan

Karakalpakstan ist eine noch nicht sehr gut erschlossene, aber dennoch höchst interessante Region in Usbekistan. Neben architektonischen Sehenswürdigkeiten – durch Karakalpakstan, am Amudarja entlang, verlief eine Route der Seidenstraße – ist es vor allem der Aralsee, der das Interesse weckt.

Die Republik Karakalpakstan (Qoraqalpog'iston) ist eine autonome Republik innerhalb der Republik Usbekistan und liegt im Westen Usbekistans. Sie hat ihre eigenen Staatssymbole, ihre Verfassung und ihr eigenes Parlament – alles orientiert sich allerdings am usbekischen Vorbild. Staatsoberhaupt ist der Vorsitzende des Hohen Rates. Regierungsoberhaupt ist der Vorsitzende des Ministerkabinetts. Genau wie in Usbekistan ist die Währung der Sum, und auch die usbekischen Briefmarken haben hier Gültigkeit.

Offizielle Sprachen sind Karakalpakisch, das auch eine Turksprache und dem Kasachischen sehr ähnlich ist, und Usbekisch. Russisch wird überall gesprochen.

Geschichte

Die Karakalpaken (›Schwarzmützen‹, weil sie ursprünglich schwarze Kopfbedeckungen trugen), unterscheiden sich äußerlich von den Usbeken, sie sehen wesentlich ›mongolischer‹ aus als jene. Die Karakalpaken wurden einst von kasachischen Stämmen nach Süden vertrieben. Zwar versuchten sie schon im 18. Jahrhundert, sich gemeinsam mit Peter dem Großen gegen die Kasachen durchzusetzen, trotzdem mussten sie sich immer wieder deren regionalen Führern unterwerfen. 1873, mit Unterwerfung des Chanats von Chiwa, wurden auch die Karakalpaken ins russische

Wandbild aus den Zeiten, in denen noch im Aralsee gefischt wurde

Imperium integriert. 1924 wurde eine autonome karakalpakische Region innerhalb Kasachstans ausgerufen, diese wurde dann 1930 zunächst Teil der russisch-sowjetischen Föderation und nach kurzer völliger Unabhängigkeit 1936 Teil der Sowjetrepublik Usbekistan. Am 14. Dezember 1991 wurde Karakalpakstan als autonome Republik innerhalb Usbekistans ernannt.

Geographie

Karakalpakstan liegt zwischen den Wüsten Karakum und der Kizilkum. Zum Gebiet gehören das Ustyurt-Plateau und ein Teil des Aralsees. Die drei geografischen Großlandschaften der Region, Wüste, Steppe und Flussdelta, zeichnen sich durch unterschiedliche Flora und Fauna aus. Insgesamt erstreckt sich das Territorium über eine Fläche von 164 900 Quadratkilometern. Karakalpakstan ist damit doppelt so groß wie Österreich und nimmt 38 Prozent des Territoriums Usbekistans ein. Hier leben allerdings nur anderthalb Millionen Menschen. Das Klima ist extrem kontinental. Im Winter liegt Schnee, ein eisiger Wind fegt durch die Wüste, und es kann bis minus 45 Grad Celsius kalt werden. Im Sommer können die Temperaturen bis 50 Grad Celsius ansteigen. Durch die Aralseekatastrophe (s. S. 23) hat sich das Klima verändert. Die kalten Winde, aus Norden kommend, konnten früher durch das verdunstende Wasser des Aralsees abhalten werden, jetzt sind sie direkt spürbar.

Karakalpakstan ist reich an verschiedenen Mineralien, vor allem Marmor und Granit. Große Öl- und Erdgasvorkommen befinden sich auf dem Ustyurt-Plateau. Auch große Vorräte an Speisesalz sollen dort vorhanden sein. Ein anderer Wirtschaftszweig ist der Anbau, die Ernte und Verarbeitung von Heilpflanzen, besonders von Lakritz (succus liquiritiae inspissatus), dem Extrakt der Süßholzwurzel, der Hustenreiz lindert und schleimlösend ist.

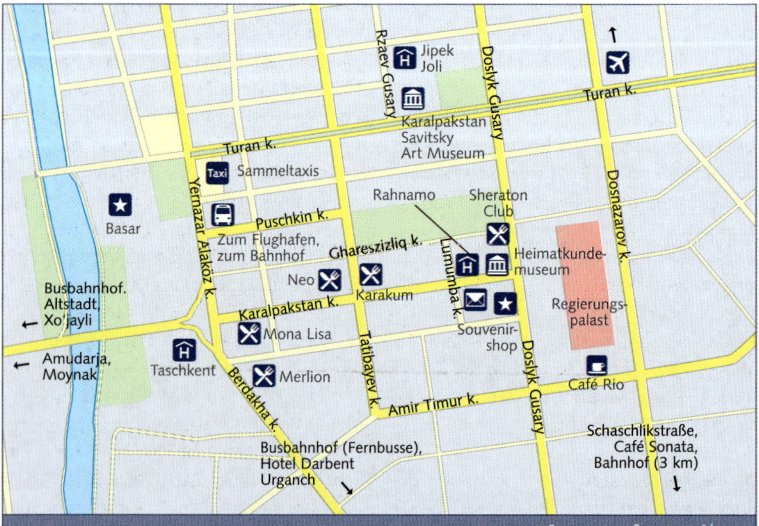

Nukus

Nukus

Administrativ ist die Republik in 15 Distrikte eingeteilt, die Hauptstadt Nukus (No'kis) befindet sich fast im geographischen Zentrum der Republik. Sie wurde am 1. April 1932 gegründet. Sie liegt am Amudarja zwischen der Kizilkum im Osten und der Karakum im Westen und hat knapp 200 000 Einwohner. Die Stadt ist ziemlich trist, typisch sowjetisch angelegt mit breiten Prospekten, Wohnsilos und großen Plätzen. Für Architekturinteressierte ist Nukus jedoch ein ausgezeichnetes Objekt zum Studium der sowjetischen Stadtplanung. Die Stadt wirkt wie eine Sowjet-Oase mitten in der Wüste. Dennoch kann man auch hier die Privatisierung spüren. In Nukus gibt es mehrere Sehenswürdigkeiten, für die der Weg lohnt, allen voran das Savitsky-Museum mit seiner Sammlung russischer Avangardisten. Aber auch der Markt von Nukus ist in seiner Größe und Warenvielfalt etwas Besonderes.

Igor Savitsky (1915–1984), ein Künstler aus Moskau, kam als Mitglied der Archäologischen Choresmien-Expedition der sowjetischen Akademie der Wissenschaften Mitte des 20. Jahrhunderts nach Choresmien. Zunächst war er als Expeditionszeichner tätig und entdeckte so seine Liebe zur Region. Insbesondere seine Chiwa-Bilder aus den 50er Jahren zeigen dies. Er siedelte nach Nukus über, begeisterte sich für die ethnographische angewandte Kunst und junge russische und örtliche Maler, deren Werke er aufkaufte. Es gelang ihm auch, zahlreiche Werke von unter Stalin verfolgten Künstlern zu erwerben und sie hier sozusagen in Sicherheit zu bringen.

■ Heimatmuseum

Das Heimatmuseum(Prospekt Doslyk Guzari Ecke Karakalpakstan k.), gibt einen guten Überblick über die Natur, Kultur und Geschichte der Region. Es ist eines der besten Heimatmuseen Usbekistans. 2009 feierte es sein 80-jähriges Bestehen. Das Gebäude ist zwischen 10 und 17 Uhr geöffnet. In der ersten Etage befinden sich die alten Räume des Savitsky-Museums, in denen ein Teil der Gemäldesammlung Savitskys hängt. Beide Museen erheben für westliche Ausländer ein Eintrittgeld von zwei Dollar. An der Kasse werden auch Souvenirs verkauft.

■ Karakalpakstan Art Museum

Das andere, große, Museum zu Ehren Savitskys, das Karakalpakstan Art Museum, ist über die Grenzen Usbekistans hinaus für seine exklusive Sammlung russischer Avantgardisten bekannt. Igor Savitsky nutzte die Freiheit als Direktor eines Museums in dem von Moskau entfernten Nukus, um hier bedeutende Werke sowjetischer Künstler zu sammeln, die sich nicht mit dem sozialistischem Realismus zufrieden gaben. Das neue Gebäude des Museums im Zentrum der Stadt wurde offiziell im Jahre 2003 eröffnet. Der Eintritt kostet mit englischsprachiger Führung 6 Dollar. Neben der bildenden Kunst gibt das Museum einen guten Überblick über die Geschichte, Ethnografie und das Kunsthandwerk der Völker der Region. Im Erdgeschoss des Museums befindet sich ein Souvenirladen. Doslyk Guzari, 127, Tel. 222 25 56, museum_savitsky@intal.uz, www.savitskycollection.org.

■ Mizdach Chan und Gjaur kala

In der Nähe der Stadt, etwa 30 Autominuten entfernt bei Xo'jayli, befindet sich eine Gräberstadt (Mizdach Chan aus dem 9. bis 11. Jahrhundert) und eine Festung (Gjaur Kala). Unweit der einstigen Hauptstadt Choresmiens Konya-Urgench (heute Turkmenistan) gelegen, mag dieser Komplex als Vorstadt für Konya-Urgench gedient haben. Die Festung ist nur erahnbar, die Gräberstadt ist ein Konglomerat aus mittelalterlichen und modernen Gräbern. Auf vielen Gräbern liegen meistens siebenstufige Leitern, eine schamanische, mongolische Tradition, die den Eingang von der einen in die andere Welt symbolisiert. Auch kann man hier die aufeinander geschichteten Steine sehen, ebenfalls meistens sieben, die bestimmte Wünsche ausdrücken. Archäologie ist lebendig, auf Schritt und Tritt kann man mittelalterliche Keramiken und sogar Glas finden.

Bemerkenswert ist das in der 80er Jahren restaurierte **Mausoleum Nazlymxan sulyu**, das halb unterirdisch ist und schlichte, aber vielfältige Verzierungen aufweist. An der ursprünglich im 9. Jahrhundert entstandenen **Halfa-Jerezheb-Medrese** kann man sehen, dass sich im Fundament eine Schilfdecke befindet, die das Gebäude vor Feuchtigkeit schützt und bei Erdbeben stabilisiert. Auf zwei sich unmittelbar daneben befindenden Gräbern sind Kreuze abgebildet.

Kamel vor der Festung Gjaur Kala

▲ Karte vordere Umschlagklappe

Anfahrt: Zur Gräberstädt bei Xo'jayli gelangt man von Nukus aus vom Avtovokzal in der Altstadt (Starij gorod, Avtovokzal) mit Marschrutkas oder Taxis (Marschrutkapreis pro Person: 30 Cent). Vom Busbahnhof im Norden (Severnij Avtovokzal) fahren Busse nach Xo'jayli (Preis pro Person: 20 Cent).

Am Busbahnhof in Xo'jayli angekommen, mietet man sich ein Taxi (Orientierung für Taxifahrer: Kladbišča Nazlymxan sulyu). Der Preis pro Taxi zum Friedhof hin und zurück sollte nicht mehr als 5 Dollar betragen. Die Taxifahrer warten, bis man wieder vom Gräberhügel zurückkommt. Beim Friedhof angekommen, geht man den Berg hinauf und sieht oben das Mausoleum Nazlymxan sulyu mit seiner blauen Kuppel. Auf dem gegenüberliegenden Hügel erkennt man die Ruine Gjaur kalas, die ebenfalls einen Spaziergang lohnt.

Moynak

Nukus ist der Ausgangspunkt, um nach Moynak und zum Aralsee zu fahren. Bis nach Moynak braucht man etwa drei Stunden. Man sollte frühmorgens losfahren, da mittags häufig Sandstürme aus der neu entstandenen Wüste Aralkum (Aral-Sand) in Moynak toben.

Unterwegs durchquert man das ehemalige Delta des Amudarja. Inzwischen Halbwüste, muss sich hier noch bis die 70er Jahre eine Art Dschungel befunden haben. Innerhalb des Deltas gib es kleine Inselchen, auf denen sich Siedlungen befanden. Khalmirat Doktor, der karakalpakische ›Fliegende Doktor‹, dessen Erinnerungen leider nur auf karakalpakisch vorliegen, hat auf seinen Flügen

Bus nach Moynak

zwischen diesen Siedlungen noch in den 60er Jahren viele Tiger gesehen. Auch Moynak war so eine Insel, als Mitte des 19. Jahrhunderts der russische General Butakov die Stadt mit einem Schiff besuchte.

Die Stadt Moynak ist eine der desperatesten Gegenden der Erde, sie liegt im Norden Karakalpakstans, 210 Kilometer nördlich von Nukus und war einst der Aralsee-Hafen. 1974 wurde die Strasse Nukus–Moynak gebaut, früher gab es von hier aus Flugverbindungen in die gesamte Sowjetunion. Man wundert sich, dass dort überhaupt noch Menschen leben. Dabei war die Stadt einst ein Erholungsort mit vielen Sanatorien, Wirtschaftshafen und wirtschaftliches Zentrum der Region. Hier wohnten nicht nur Karakalpaken, sondern auch Ukrainer, Polen und Russen. Bereits Mitte des 19. Jahrhunderts wurden vom zaristischen Russland Russen, Uralkasachen, Polen und andere unliebsame Personen nach Moynak verbannt. So sieht man bis heute Wohnhäuser, die an die ukrainische und russische Tradition erinnern, und einen russisch-orthodoxen Friedhof.

Den wirtschaftlichen Aufschwung erlebte die Stadt unter Stalin. Ende der 30er Jahre wurde die bekannte Fischkonservenfabrik eröffnet, in der 24 Stunden täglich in drei Schichten gearbeitet wurde, 20 000 Menschen waren beschäftigt. Sechs weitere Fischfabriken hatten je etwa 15 000 Beschäftigte.

In den 60er Jahren wurde Moynak eine Halbinsel, der Aralsee zog sich zurück, heute sind es etwa 80 Kilometer bis zum See.

Wenn man Moynak erreicht, sollte man zunächst zum für jede Stadt in der Sowjetunion obligatorischen **Denkmal des großen Vaterländischen Krieges** fahren, das unverfehlbar auf einer Anhöhe, dem ›Tigerschwanz‹, gelegen ist. Von hier wurden während des Zweiten Weltkrieges die auf dem Amudarja angekommenen Soldaten weiter nach Aralsk (heute Kasachstan) eingeschifft, von wo sie mit der Eisenbahn weiterfuhren. Man kann sich sehr gut vorstellen, wo die Schiffe eingelaufen sind, gelöscht wurden und wo sich der Hafen befand. Statt Meer sieht man mit Saxaul bepflanzten Sand zur Vorsorge gegen Sandstürme.

Schiffswrack bei Moynak

Zudem ist hier der einzig noch erhaltene **Schiffsfriedhof** zu sehen. Im Rahmen einer Aral-Konferenz im Frühsommer 2008 wurden die restlichen Schiffswracks hierher gebracht, um sie leichter besichtigen zu können. Die Anordnung wirkt daher etwas künstlich. Dafür stehen die Schiffsskelette nun unter Staatsschutz und werden nicht weiter abgebaut. Das Altmetall bringt Geld und so wurden die Schiffe nach und nach auseinandergenommen. Die sehenswertesten Exemplare sind hier versammelt. Von einem Friedhof, wie er früher hier existierte, kann jedoch nicht mehr die Rede sein.

Zum Denkmal gelangt man, indem man der Hauptstraße vom Basar aus in nördliche Richtung ca. drei Kilometer folgt. Nach dem Kino (Kinoteatr Berdax) biegt eine Straße rechts ab. Von dort aus sind es noch 200 Meter bis zur Hügelspitze. Die Taxipreise sind in Moynak einheitlich 20 Cent pro Person, unabhängig von der Länge der Strecke, so dass es sich empfiehlt, ein Taxi zu nehmen.

Dann kann man weiter zur **ehemaligen Konservenfabrik** fahren, von der nur noch wenig übrig ist. Auch die Menschen verlassen die Stadt, derzeit sollen noch 13 000 Menschen im Distrikt Moynak wohnen.

Sehenswert ist das kleine **Museum**, das sich im Stadtzentrum an der Hauptstraße im ›Haus der Kultur‹ befindet (öffnet unregelmäßig, jedoch nicht vor 10 Uhr; erkennbar an den Ornament mit drei Tulpen an der Außenfassade; Eintritt frei). Neben einem beeindruckenden Ruhmesalbum der Fischkonservenfabrik (politisch korrekt sind die Portraits unliebsamer kommunistischer Führer aus den Fotos ausgeschnitten), das den Sowjetenthusiasmus und bessere Zeiten beschwört, sind ethnografische Gegenstände ausgestellt. Sehr interessant sind die Gemälde vom Aralsee, insbesondere die des Malers Rafael Materosyan, der jetzt in Taschkent lebt und dessen Werk um den Aralsee und sein Verschwinden kreist.

Auf dem kleinen **Markt** werden geschossene Hasen und Fasane verkauft. Die Bevölkerung lebt vom Kleinhandel, der Viehzucht und staatlichen Hilfen. Obwohl die ökologische Katastrophe längst da ist, gibt es keine staatlichen Umsiedelungsprogramme. Einige Hilfs-

▲ Karte vordere Umschlagklappe

organisationen sind in der Region vor Ort und haben zum Beispiel Pumpen und Trinkwasseraufbereitungsanlagen installiert.

Fahrten an den Aralsee

Ein Erlebnis besonderer Art ist die Fahrt an das heutige Ufer des Aralsees. Mit Jeeps fährt man in einem zweitägigem Ausflug von Nukus über Moynak durch die Wüste Aralkum. Am ersten Tag wird das Ustyurt-Plateau erklommen. In der menschenleeren Steppe schlagen die Reisenden ihre Zelte um ein Lagerfeuer auf. Am Morgen des nächsten Tages erreicht man das Wasser des Sees, das für Mutige zu einem Bad einlädt. Über Moynak geht es wieder zurück nach Nukus.

In Karakalpakstan bieten mehrere Veranstalter Reisen an den Aralsee an. Sie kosten zwischen 400 und 450 Dollar. Darin enthalten sind die Miete eines Jeeps (maximal vier Fahrgäste) inklusive Fahrer sowie das Bezin für zwei Tage. Es lohnt sich, die Reise mit mehreren Personen zu buchen, um so Kosten zu sparen. Zusätzlich muss eine Gebühr für das Ausleihen von Zelten und Schlafsäcken einkalkuliert werden. Das Essen und die Getränke werden gemeinsam auf dem Basar gekauft und am Lagerfeuer zubereitet. Entscheidet man sich für einen professionellen Reiseführer, kommen noch 50 Dollar pro Tag hinzu. Dies ist jedoch zu empfehlen, da die Fahrer kein Englisch sprechen und keine touristischen Informationen parat haben. Zudem erschließt sich die Flora und Fauna der Region für die Laien besser mit professioneller Führung.

i Nukus

Vorwahl: aus dem Ausland 00998/61, aus Usbekistan 8/361.

Reiseveranstalter für Touren an den Aralsee:

Einer der erfahrensten Guides und Spezialist für Ökotourismus ist der promovierte Historiker **Oktyabr Dospanov**. Er bietet englischsprachige Führungen und Fahrten an den Aralsee und zu anderen Sehenswürdigkeiten Karakalpakstans an. Über ihn können auch Übernachtungen in privaten Gästehäusern in Moynak gebucht werden. Mobiltel. +998/61/351 13 65, oktyabrd@gmail.com.

Ein weiterer Veranstalter ist Tazabay Uteuliev. Seine Firma **Bes Qala** bietet ebenfalls Touren an den Aralsee und zu anderen Sehenswürdigkeiten Karakalpakstans an. Die Führungen sind auf englisch. Mobiltel. +998/61/352 51 39, www.kr.uz/besqala/, bqntravel2006@rambler.ru.

Der englischsprachige Guide und Taxifahrer **Omirbay Sarsenbaev** organisiert Ausflüge an den Aralsee und zu anderen Orten in Karakalpakstan. Mobiltel. +998/61/504 77 87, omish_87@mail.ru

Der Flughafen liegt 5 km nördlich des Stadtzentrums. Täglich gibt es von Taschkent zwei Flüge nach Nukus und zurück (ca. 120 Dollar). Man sollte rechtzeitig Tickets besorgen, denn die Flüge sind oft ausgebucht.

Die Zugfahrt nach Taschkent kostet 17 Dollar und geht zweimal in der Woche (Mo, Fr) über Uchquduq und Navoiy entlang der Wüste Kizilkum (ca. 20 Stunden).

Fahrt von Nukus nach Moynak:
Man kann sich am Taxistand des Bahnhofs (Ende der Kus Joli ko'chasi ehemals Kalinina Str.) ein Taxi nach Moynak nehmen, das für den gesamten Tag inklusive Fahrer etwa 50 Dollar kostet.
Es ist auch möglich zunächst mit einem Sammeltaxi nach Kungrad zu fahren (pro Person 4 Dollar; 1h 15 min.). Von dort fahren Marschrutkas (2 Dollar) und Sammeltaxis (3,50 Dollar) nach Moynak. Zweimal täglich fahren auch Busse vom südlich gelegenen Busbahnhof in Nukus nach Moynak.
Wenn man nicht in Moynak übernachten will, sollte man von Nukus aus morgens früh abfahren, da es bereits am späten Nachmittag schwierig wird, Moynak wieder zu verlassen. Ansonsten bietet sich das spartanische **Hotel Oybek in Moynak** an. Es kostet 10 Dollar pro Nacht. Der letzte Bus zurück nach Nukus verlässt um 15 Uhr den Basar in Moynak. Schon um 17 Uhr findet sich kaum noch Kundschaft für Sammeltaxis nach Kungrad.
Sollte man dennoch später zurückfahren müssen, so fragt man am Basar nach Taxis. Der Preis nach Kungrad kostet abends für das gesamte Taxi ca. 25 Dollar, da die Fahrer leer wieder zurückfahren müssen.
Fahrt nach Urganch:
Taxis und Busse fahren von Busbahnhof im Süden ab, der etwas außerhalb der Stadt liegt.
Sammeltaxis nach Urganch kosten 6 Dollar pro Person (1,5 h), Busse nach Urganch 2 Dollar (2,5 h).
Busse nach Taschkent:
Busse nach Taschkent fahren vom Hotel Nukus ab. Die anstrengende 24-Stunden-Fahrt kostet 8 Dollar.

Etwa 4 km außerhalb der Stadt an der Straße Richtung Buchara liegt das **Zwei-Sterne-Motel Darbent**. Mit Frühstück kostet das DZ 50 Dollar. .Es wird kaum von Touristen besucht.
Das bekannteste Hotel ist das **Jipek Joli**, welches sich nicht weit vom Savitsky-Museum befindet. Mit Frühstück kostet das Doppelzimmer 50 Dollar. N. Saraev k., 29, Tel. 222 11 00, 222 34 52, Fax 222 85 00, jipek_hotel@rambler.ru, www.ayimtour.com.
Das neue **Hotel Kizilkum**, etwas außerhalb des Zentrums gelegen, bietet besseren Service als das Jipek Joli. Zur Zeit können jedoch Touristen noch nicht aufgenommen werden, da das Hotel nur eine Lizenz für Personen mit Arbeitsvisa besitzt. Das Doppelzimmer mit Frühstück kostet 50 Dollar. Utepova k., Tel. 223 00 64, Fax 223 40 89, hotel_kizilkum@mail.ru, www.kizil-kum.kr.uz
Das alte sowjetische **Hotel Nukus**, in der Lumuba k. gelegen ist zwar weniger attraktiv, jedoch günstiger als das Jipek Joli. Das Doppelzimmer kostet 36 Dollar pro Nacht. Lumumba k. 4, Tel. 222 89 41, 222 33 41, aben@intal.uz.
Exklusive Übernachtungsmöglichkeiten bietet das 2010 eröffnete **4-Sterne-Hotel Rahnamo** in der Karakalpakstan k. neben dem Heimatkundemuseum. Das Doppelzimmer schlägt allerdings auch mit 220 Dollar zu Buche. Tel. 222 47 43, 222 34 06 (englischsprachige Rezeption), Fax 2226599.
Das 70er-Jahre-Hotelhochhaus **Taschkent** am Zentrumsrand ist in schlechten Zustand. Dafür hat man vom Balkon einen guten Ausblick über die Stadt und die Wüste. Die Zimmer ko-

▲ Karte vordere Umschlagklappe

sten zwischen 25 und 30 Dollar. Berdakh k. 59 südlich des Basars.

Das kaukasische Restaurant **Mona Liza** am westlichen Ende der Ghareszizsliq k. hat englischsprachige Bedienung, Tel. 2240632. Hier kann man im Garten speisen (Sonntag geschlossen).

Zu empfehlen ist das kleine **Café Rio** mit guter Küche aber gemäßigten Preisen. Amir Timur k., zwischen Präsidentskaya und Dosnasarov k.

Tanzen und gut essen kann man im **Restaurant Merlion**. Die Speisekarte ist auf Englisch (Orientierungspunkt: MTS).

Sehr gut essen kann man im **Restaurant Sheraton Club**. Die angenehme, stille Atmosphäre und die englische Speisekarte machen das Sheraton zur besten Adresse in Nukus. Allerdings ist es trotz seiner zentralen Lage schwer zu finden, da der Eingang des Restaurants nicht markiert ist. Öffnen Sie beherzt die erste Tür des Eckgebäudes an der Gharesizlik/Dosklyk Guzari Straße.

Ebenfalls tanzen und gut essen kann man im **Café Lotus** (Orientierungspunkt: 108-Povorot, neben dem MTS Gebäude).

In der unteren Etage des **Restaurants Neo** in der Gareszizliq k. befindet sich eine beliebte Kneipe mit gutem Bier, Dort wird ebenfalls warme Küche angeboten. Wer es lauter und ausgelassener mag, kann im ersten Stock speisen.

Gleich gegenüber befindet sich das **Restaurant Karakum**. Auch hier muss mit lauter Musik am Abend gerechnet werden, die zum Tanzen einlädt.

Gut Kaffee trinken kann man im **Restaurant Sonata**, wo es neben Schwarzwälder Kirschtorte und anderen Kuchenspezialitäten, Cappuccino, Pizzas, koreanische Gerichte und Sushi gibt, Dosnasarov k., in der Nähe des Bahnhofs.

Bekannt ist auch die **Schaschlikstraße**, der ›Broadway‹ von Nukus. Hier gibt es mehrere Schaschlikstände und Kneipen. Nördlich des Bahnhofs in einer Seitenstraße der Dosnasarov k.

Die bekannteste Disko ist das **Turkestan**, das sich nicht weit vom Broadway befindet.

In der Nähe des Broadway und 100 m westlich von der Disko Turkestan entfernt gibt es den **Nachtbasar Svetlana**, der rund um die Uhr geöffnet hat.

Bei Gulnara Embergenova kann man traditionell **karakalpakisches Kunsthandwerk** erwerben. Sie ist die Leiterin der Organisation ›Goldenes Erbe des Aral‹, die auch von der deutschen Entwicklungshilfe unterstützt wird.

Im Herbst 2009 eröffnete Gulnara einen Laden und Souvenirshop für ihre Arbeiten in Nukus. Der Verkaufsraum befindet sich in der letzten Etage eines Verwaltungsgebäudes in der Shamuratov k. 86. Die dort angebotenen Stikkereien und Stoffe sind qualitativ hochwertiger und günstiger als in den Museen. Die einmaligen Stücke werden in Handarbeit von Frauen aus Moynak gefertigt, Mobiltel. +998/61/3508163, ziko2009@mail.ru.

Ein Internetcafé befindet sich im Keller des Hotel Nukus.

Deutsche in Usbekistan

Im Jahre 2001 kamen 990 Aussiedler aus Usbekistan nach Deutschland, 2009 noch 44. Nach der (noch sowjetischen) Volkszählung lebten 1989 in Usbekistan 39 809 Menschen, in deren Paß als Nationalität ›deutsch‹ angegeben war. Nach usbekischen Angaben leben derzeit noch 16 000 Deutschstämmige in der Republik. Die beiden letzten Zahlen sollten allerdings im Kontext der politischen Gegebenheiten gesehen werden. In der Sowjetunion vermieden manche Familien es, ihre deutsche Nationalität zu erwähnen, nach der Unabhängigkeit dagegen wurde sie gerne betont. Unterhält man sich mit Usbeken, so kann man von vielen Gesprächspartnern hören, dass sie eigentlich auch Deutsche seien und Verwandte in Deutschland hätten. Es gibt also noch eine große deutsche Gemeinde, die aber nicht unbedingt deutschsprachig ist. Die meisten deutschstämmigen Familien kamen in den 40er Jahren nach Usbekistan, weil sie von Stalin aus der Wolga-Region deportiert worden waren.

In der Entwicklungszusammenarbeit werden vor allem Projekte, die mit der Aralseekatastrophe verbunden sind, und kleine und mittlere Unternehmen gefördert. Auch im Bereich Tourismus sind Experten des Deutschen Entwicklungsdienstes aktiv. Der deutsche Volkshochschulverband unterstützt ebenfalls die berufliche Aus- und Weiterbildung und hat Sonderprogramme im Tourismusbereich aufgelegt.

Der Deutsche Industrie- und Handelstag hat eine Repräsentanz der Deutschen Wirtschaft eröffnet, trotzdem sind die Rahmenbedingungen für Investoren scheinbar nicht attraktiv genug. Es gibt dennoch mehr als 80 deutsche Firmenvertretungen in Usbekistan (siehe auch www.taschkent.diplo.de).

Im kulturellen Bereich ist zuerst das Goethe-Institut Taschkent zu nennen, das Sprachkurse veranstaltet und kulturelle Veranstaltungen organisiert. Außerdem verfügt es über eine Bibliothek: Goethe-Institut Taschkent, Amir Timur ko'chasi 42 (in der Nähe des Oloy-Basars), 100000 Taschkent, Usbekistan, Tel. +998/71/234 23 90, Fax 234 19 66, info@taschkent.goethe.org. Die aktuellen Veranstaltungen findet man unter www.goethe.de/taschkent). Vom Goethe-Institut werden zwei deutsche Lesesäle betreut, einer in Taschkent in der Staatlichen Bibliothek für ausländische Literatur, Navoiy ko'chasi 13, Tel. 144 63 30, und ein weiterer in der Gebietsbibliothek in Samarkand, Universiteskij bulvar 21, Tel. 35 33 02.

Auch der Deutsche Akademische Austauschdienst (DAAD) ist vor Ort, www.daad.de. Über aktuelle Entwicklungen der bilateralen Beziehungen und Initiativen der Entwicklungszusammenarbeit informiert die Homepage der deutschen Botschaft in Usbekistan unter www.taschkent.diplo.de.

Im ›Gasthaus‹ in Taschkent

Sprachführer

Alphabet

usbekisch	kyrillisch	Aussprache
A a	А а	›a‹ in Vater
B b	Б б	›b‹ in Ball
D d	Д д	›d‹ in Dom
Ye ye	Е е	›jä‹ oder ›jeh‹
F f	Ф ф	›f‹ in Feder
G g	Г г	›g‹ in gut
H h	Ҳ ҳ	›h‹ in Hose
I i	И и	›i‹ in Mitte
J j	Ж ж	›dsch‹ in Dschungel
K k	К к	›k‹ in Karte
L l	Л л	›l‹ in Lampe
M m	М м	›m‹ in Mutter
N n	Н н	›n‹ in Nase
O o	О о	›o‹ offen: in Sommer
P p	П п	›p‹ in Post
Q q	Қ қ	›k‹ kehliger Knacklaut
R r	Р р	›r‹ rollendes R
S s	С с	›s‹ stimmlos in was
T t	Т т	›t‹ in Tante
U u	У у	›u‹ in Mut
V v	В в	›w‹ in Wasser
X x	Х х	›ch‹ in Loch
Y y	Й й	›j‹ in jede
Z z	З з	›s‹ stimmhaft in Rose
O‘ o‘	Ў ў	›o‹ in oben
G‘ g‘	Ғ ғ	›ga‹, guttural wie das r in Rad
Sh sh	Ш ш	›sch‹ stimmlos in Schule
Ch ch	Ч ч	›tsch‹ in deutsch

Begrüßungsformeln

deutsch	usbekisch	russisch
Guten Tag!	Assalomu alaykum!	Здравствуйте! [strástwuitje!]
Hallo!	Salom!	Привет! [privjét!]
Auf Wiedersehen!	Xayr!	До свидания! [do svidánja!]
Mann	erkak	мужчина [muschína]
Frau	ayol	женщина [schénschina]
Danke!	Rahmat!	Спасибо! [spasíba]
Bitte!	Marhamat!	Пожалуйста! [paschálsta]
ja	ha	да [da]
nein	yo'q	нет [njet]
Wie heißen Sie?	Ismingiz nima?	Как вас зовут? [kak was sawút?]
Ich heiße ...	Ismim ...	Меня зовут ... [minjá sawút ...]
Ich verstehe nicht.	Men tushunmadim.	Я не понимаю. [ja ni panimáju]
Sprechen Sie deutsch/englisch?	Siz nemischa/inglizcha gapirasizmi?	Вы говорите по-немецки/английски? [wüi gawarítje pa nemjétzki/anglíski?]
Ich möchte ...	Menga ... kerak.	Я хочу ... [ja chatschú ...

Zeitangaben

deutsch	usbekisch	russisch
Wie spät ist es?	Soat necha bo'ldi?	Который час? [katóri tschas?]
heute	bugun	сегодня [siwódnja]
morgen	ertaga	завтра [sáftra]
übermorgen	indinga	послезавтра [poslisáftra]

deutsch	usbekisch	russisch
Stunde	soat	час [tschas]
am Morgen	erta bilan	утром [útrom]
am Abend	kechqurun	вечером [wétscherom]
nachts	tunda	ночью [nótschju]
Woche	hafta	неделя [nidélja]

Wochentage

Montag	dushanba	понедельник [panidél-nik]
Dienstag	seshanba	вторник [ftórnik]
Mittwoch	chorshanba	среда [sredá]
Donnerstag	payshanba	четверг [tschetwérg]
Freitag	juma	пятница [pjátniza]
Samstag	shanba	суббота [subóta]
Sonntag	yakshanba	воскресенье [waskresén-je]
Monat	oy	месяц [mésiz]

Ortsangaben

wo?	qayerda?	где? [gdje]
nach rechts	o'ngga	направо [naprávva]
nach links	chapga	налево [naléwa]
geradeaus	to'g'riga	прямо [prjáma]
hier	bu yerda	здесь [sdjes]
dort	u yerda	там [tam]
Wo ist ...?	Qayerda ...?	Где находится ...? [gdje nachóditza]
Altstadt	eski shahar	старый город [stári gór-ad]
Bank	bank	банк [bank]
Brücke	ko'prik	мост [most]

deutsch	usbekisch	russisch
Eingang	kirish	вход [fchod]
Ausgang	chiqish	выход [wüichod]
Geschäft	magazin / do'kon	магазин [magasín]
Postamt	pochta	почта [pótschta]
Platz	maydon	площадь [plóschadch]
Straße	ko'cha	улица [úlitza]
Toilette	hojatxona	туалет [tualét]

Unterwegs

Reise	sayohat	путешествие [puteschéstwije]
Bahnhof	vokzal	вокзал [wacksál]
Zug	poezd	поезд [pójesd]
Fahrkarte	bilet	билет [biljétt]
Wieviel kostet ...?	... necha pul?	Сколько стоит ...? [skólka stóit]
Haltstelle	ostanovka	остановка [astanófka]
Abfahrt	jo'natish	отправление [atprawlénije]
Ankunft	kelish	прибытие [pribüitije]
Bus	avtobus	автобус [aftóbus]
Sammeltaxi	marshrutnoe taksi	маршрутное такси [marschrútnoe taxí]
Straßenbahn	tramvay	трамвай [tramwái]
Flugplatz	aeroport	аэропорт [aeropórt]

Essen, Trinken und Schlafen

Restaurant	restoran	ресторан [restarán]
Ich habe Hunger	Mening qornim och	Я хочу есть [ja chatschú jest]
Frühstück	nonushta	завтрак [sáftrak]

deutsch	usbekisch	russisch
Mittagessen	tushlik	обед [abjéd]
Abendessen	kechki ovqat	ужин [úschin]
Speisekarte	menyu	меню [menjú]
Vorspeise	suyuq ovqat	закуски [sakúski]
Suppe	sho'rva	суп [sup]
Fleisch	go'sht	мясо [mjása]
Obst	mevalar	фрукты [frúkti]
Aprikosen	o'riklar	абрикосы [abrikósi]
Honigmelone	qovun	дыня [dínja]
Wassermelone	tarvuz	арбуз [arbús]
Weintrauben	uzum	виноград [winagrád]
Gemüse	sabzavot	овощи [ówaschi]
Reis	guruch	рис [ris]
Salz	tuz	соль [sol]
Brot	non	хлеб [chleb]
Saft	sharbat	сок [sok]
Mineralwasser	mineral suvi	минеральная вода [minerálnaja wadá]
schwarzer /grüner Tee	qora/ko'k choy	чёрный/зелёный чай [tschórni/siljóni tschai]
Kaffee	kofe	кофе [kófe]
Wein	vino	вино [winó]
Bier	pivo	пиво [píva]
groß	katta	большой [balschój]
klein	kichik	маленький [málinki]
schön	chiroyli	красивый [krasíwi]
Hotel	mehmonxona	гостиница [gastíniza]
Hotelzimmer	nomer	номер [nómer]

Gesundheit

deutsch	usbekisch	russisch
Arzt	doktor	врач [wratsch]
Krankenhaus	kasalxona	больница [balníza]
Apotheke	dorixona	аптека [aptéka]
Medikamente	dori	лекарство [likárstwa]
Ich habe Durchfall.	Ichim ketayapti.	У меня понос. [u minjá panós]
Ich muß mich übergeben.	Qayt qilyapman.	У меня рвота. [u minjá rwatá]

Zahlen

eins	bir	один [adín]
zwei	ikki	два [dwa]
drei	uch	три [tri]
vier	to'rt	четыре [tschitírje]
fünf	besh	пять [pjat]
sechs	olti	шесть [schest]
sieben	yetti	семь [sjem]
acht	sakkiz	восемь [wósim]
neun	to'qqiz	девять [djéwit]
zehn	o'n	десять [djésit]
zwanzig	yigirma	двадцать [dwátzit]
dreißig	o'ttiz	тридцать [trítzit]
vierzig	qirq	сорок [sórak]
hundert	yuz	сто [sto]
tausend	ming	тысяча [tísitscha]

Reisetips von A bis Z

Anreise mit dem Flugzeug

Am einfachsten kommt man mit dem Flugzeug nach Usbekistan. Über die Airlines, die derzeit nach Usbekistan fliegen, kann man sich auf der Website des Taschkenter Flughafens unter www.airporttashkent.uz informieren. Hier ist auch ein Flugplan angegeben.

Uzbekistan Airways (O'zbekiston havo yo'llary) fliegt viermal wöchentlich ab Frankfurt mit einer Boeing 767. Die Flugzeit beträgt ab Frankfurt etwa sechs Stunden. Ein Ticket ist je nach Reisezeit und Tarif ab 600 Euro zu bekommen. In den Wintermonaten streicht Uzbekistan Airways häufig seine Flüge nach/ab Frankfurt. Die Adresse der Repräsentanz in Deutschland:
Uzbekistan Airways
Hebelstr. 11,
60318 Frankfurt am Main,
Tel. 069/13376-167, 168
Fax 1337 6169

Im Internet ist die Website von Uzbekistan Airways unter www.uzairways.uz zu finden. Hier sind auch die anderen internationalen Verbindungen zum Beispiel nach London, Amsterdam und – für Reisende in der Region interessant – nach Almaty, Bischkek oder Baku aufgeführt.

British Airways fliegt mit Zwischenstop in Jerevan dreimal wöchentlich ab London, www.britishairways.com,

Turkish Airlines fliegt ab Istanbul viermal wöchentlich nach Taschkent und verfügt über ein ausgedehntes europäisches Netz, www.turkishairlines.com.

In den letzten Jahren fliegt auch die Fluggesellschaft **AirBaltic** Taschkent von Berlin aus an (Umsteigen in Riga), www.airbaltic.com.

Einreise über Rußland: Verschiedene russische Fluggesellschaften, zum Beispiel Aeroflot (www.aeroflot.ru) Siberia Airlines (www.s7.ru), Pulkovo (www.pulkovo.ru) oder Transaero (www.transaero.ru) fliegen ab Moskau oder Sankt

Familie in Chiwa

Kamelreiten in Chiwa

Petersburg teilweise mehrfach täglich nach Taschkent. Die hier genannten Fluggesellschaften fliegen auch nach Deutschland, allerdings sind die Anschlussflüge zeitlich nicht immer ideal. Die deutschen Städte, die angeflogen werden, die Verbindungen, und auf welchem der Moskauer Flughäfen sie landen bzw. abfliegen, findet man im Internet. Preislich können diese Verbindungen eine Alternative sein, allerdings sollte man darauf achten, dass man den Flughafen nicht wechseln muss. In Moskau kann das Wechseln von Šeremet'evo I zu Šeremet'evo II eine nervenaufreibende Sache sein. In der Regel braucht man für den Transit in Russland kein Visum, man sollte sich dies aber im Vorfeld von der Fluggesellschaft bestätigen lassen.

Einreise über Kasachstan: Wer ganz Mittelasien bereisen will, für den bietet es sich an, über Kasachstan einzureisen, unter anderem bietet auch Lufthansa Direktflüge nach Almaty an.

Je nach Ankunftszeit kann sich die Einreise am Flughafen in Taschkent langwierig gestalten, da oft nur wenige Schalter der Passkontrolle geöffnet sind. Sobald diese passiert ist, erhält man sein Gepäck, füllt die Zollerklärungen (siehe auch S. 255) aus und passiert die Zollkontrolle.

Anreise mit dem Zug

Auch mit dem Zug kann man via Moskau nach Usbekistan kommen. Die Fahrtzeit auf der Strecke Moskau–Taschkent beträgt allerdings satte 72 Stunden. Die Züge fahren in Moskau vom Kazaner Bahnhof ab. Auch wenn man von Moskau aus einreist, benötigt man ein usbekisches Visum, das man sich ebenso wie die Transitvisa (je nach Streckenwahl) bereits in Deutschland besorgen sollte, da die zuständigen Botschaften in Moskau diese nicht immer ausstellen.

Anreise auf dem Landweg

Man kann im Prinzip auch über den Iran via Turkmenistan nach Usbekistan gelangen, ebenso über Kashgar via Kirgistan. Der Grenzübertritt ist jedoch langwierig, und es ist schwer zu sagen, wann die Grenzübergänge geöffnet oder geschlossen sind. Die Grenze zwischen Usbekistan und Turkmenistan ist in der Regel wieder geöffnet, die Grenze zur Tadschikistan, je nach politischer Lage, gelegentlich geschlossen.

Apotheken

Apotheken sind täglich zwischen 9 und 18 Uhr geöffnet, häufig auch länger. Fast alle Medikamente können rezeptfrei erstanden werden. Die bei uns gängigen Medikamente gegen Durchfall und Übelkeit sind verfügbar. Es empfiehlt sich trotzdem, vorsorgend einige Medikamente vor allem gegen Magen-Darm-Erkrankungen mitzubringen. Dies gilt auch für Spezialmedikamente, die man regelmäßig benötigt.

Ärztliche Versorgung

In fast jedem Hotel gibt es einen Arzt, der im Notfall zur Verfügung steht. Die Primärversorgung sollte kostenlos sein, ist es aber nicht immer. Die meistens noch in der Sowjetzeit ausgebildeten Ärzte verfügen über ausgezeichnete diagnostische Fähigkeiten und können die üblicherweise auftretenden Krankheiten gut behandeln. Aber Vorsicht, der Umgang mit Antibiotika ist lockerer als bei uns. Wer Allergien gegen Antibiotika hat, sollte darauf achten, welche Medikamente er einnimmt. Teilweise handelt es sich auch um Medikamente, die bei uns nicht zugelassen sind.

In Taschkent gibt es eine internationale Klinik, die auch über eine Zahnarztpraxis verfügt: **International Medical Clinic**, Sarakul ko'chasi 38, Tel. 2910142, 2910726, www.tashclinic.org. Für den englischsprachigen Service wählt man 2910142, nach Beginn der automatischen Ansage die 0.

Der Abschluß einer Reisekrankenversicherung, die auch einen Rücktransport ins Heimatland vorsieht, ist dringend zu empfehlen, da vor Ort entstandene Kosten von den gesetzlichen Krankenkassen nicht erstattet werden. Eine solche Versicherung kann für wenig Geld bei allen großen Versicherungsunternehmen abgeschlossen werden. Zu Gesundheitsgefahren siehe auch S. 259.

Ausrüstung und Gepäck

Erfreulich ist zunächst, dass fast alles, was vergessen wurde, in Usbekistan gekauft werden kann. Sinnvoll ist es, eine gewisse medizinische Grundausstattung dabei zu haben. Ein Adapter ist nicht nötig, da die Steckdosen mit den in Deutschland, Österreich und in der Schweiz gebräuchlichen identisch sind. Kaffeeliebhaber sollten an Instantkaffee und Milchpulver denken. Auch Ersatzbatterien für den Fotoapparat, Toilettenpapier, ein Taschenmesser und Ohropax gegen laute Restaurantmusik und ebensolche Nachbarn kann man von zu Hause mitbringen.

Autofahren

Als Tourist ist es nicht ratsam, ohne ortskundige Begleitung in Usbekistan Auto zu fahren, da Hinweisschilder größtenteils fehlen. Tankstellen sind überall vorhanden und auch Benzin gibt es, ebenso wie Gas, mit dem inzwischen viele Kraftfahrzeuge unterwegs sind und das nur die Hälfte des Benzins kostet.

Die Hauptstraßen sind in einem guten Zustand, die Nebenstrecken häufig unbefestigt.

Banken

Das Geldabheben mit Kreditkarte ist mit Komplikationen verbunden. Außerhalb Taschkents gibt es keine Automaten. In Taschkent selbst sind die Automaten häufig nicht mit Bargeld bestückt bzw.

funktionieren gerade nicht. An wenigen Automaten kann auch mit EC-Karte abgehoben werden (Asaka Bank in der Nähe des Mirabod-Basars; Hotel Intercontinental). Auch diese Automaten sind allerdings nicht immer zuverlässig. Das, was wir unter einer Bank verstehen, gibt es kaum in Usbekistan. Die Filialen der Nationalbank sind nur selten geöffnet (10 bis 12.30 Uhr) und arbeiten nach äußerst komplizierten Verfahren. Wer also ganz profan Geld wechseln möchte, kann das in einer der Wechselstuben in den Hotels tun.
Western Union bietet Swift-Überweisungen an. Dies kann man bei den größeren Banken in Taschkent machen, in Samarkand ist das bei der Xalq Banki in der Mustaqillik ko'chasi möglich.

Behinderte

In Usbekistan ist nichts behindertengerecht gebaut, und Behinderte nehmen am öffentlichen Leben nicht teil.

Botschaften Usbekistans

Botschaft der Republik Usbekistan
Perleberger Str. 62
10559 Berlin
Tel. 030/394098-0, Fax -21
www.uzbekistan.de
Konsularabteilung: Mo, Di, Mi, Fr von 9 bis 12 Uhr.
Konsulat der Republik Usbekistan
Jahnstraße 15
60318 Frankfurt/Main
Tel. 069/740554
Mo bis Fr, außer Do, von 9 bis 13 Uhr.
Botschaft der Republik Usbekistan
Porzellangasse 32/5
1090 Wien
Tel. 01/3153995
In der Schweiz hat Usbekistan bisher keine diplomatische Vertretung. Schweizer Staatsbürger können sich aber auch an die Botschaft in Deutschland wenden.

Botschaften in Taschkent

Botschaft der Bundesrepublik Deutschland
Sharif Rashidov ko'chasi 15
Taschkent
Tel. 00998/71/1208440 (Notfalldienst 00998/93/1815406)
Schweizer Botschaft
Murtasoev 6
Taschkent
Tel. 00998/71/2442591.
Österreich hat bisher keine diplomatische Vetretung in Taschkent.
Kasachische Botschaft
Chechov 23
Taschkent
Tel. 00998/71/1521554
E-Mail: kazembassy@kaz.uz
Kirgisische Botschaft
Samatova 30
Taschkent
Tel. 00998/71/1338941
E-Mail: krembas@globalnet.uz
Turkmenische Botschaft
Katta Mirabod 10
Taschkent
Tel. 00998/71/1205278
Russische Botschaft
Nukus 83
Taschkent
Tel. 00998/71/1203519

Camping

Es gibt in Usbekistan keine ausgewiesenen Campingplätze. Aus sowjetischen Zeiten existieren noch Wanderrouten durch das Ferganatal, auf deren Verlauf früher viel gezeltet wurde. Jetzt sind diese Routen grenzüberschreitend und deswegen wenig frequentiert.
Auch heute bieten Reiseveranstalter Berg- und Wandertouren an, wobei die

Unterkunft in Zelten erfolgt (siehe unter Reiseveranstalter).

Drogen

Drogenbesitz und Drogenhandel sind alles andere als ein Kavaliersdelikt in Usbekistan, beides wird streng bestraft. Auch wenn durch die verstärkten Kontrollen der Drogenhandel etwas eingedämmt wurde, werden immer noch regelmäßig Dealer und Junkies verhaftet. Man sollte sich auf keinen Fall in Usbekistan Drogen kaufen – auch kein Haschisch.

Einkaufen

Das Leben in Usbekistan ist billiger als bei uns. Inzwischen liegen Schwarzmarktkurs und offizieller Wechselkurs nicht mehr soweit auseinander. Deswegen gibt es so gut wie keinen Schwarzmarkthandel mehr.

Die Geschäfte sind häufig an sieben Tagen in der Woche, manchmal auch 24 Stunden geöffnet. In kleineren Städten haben die Geschäfte in der Regel montags bis samstags von 9 bis 19 Uhr geöffnet.

Eine weitere Möglichkeit, Einkäufe zu machen, sind die zahlreichen Basare. Wie überall im Orient lohnt es sich, auf den Märkten zu handeln. Die Grenzen dabei sind aber nicht so variabel wie etwa in der Türkei und Ägypten. Maximal 30 Prozent des genannten Preises können heruntergehandelt werden. Lebensmittel auf dem Markt sind sehr billig, Brot kostet 500 Sum, Mineralwasser 700. Unbedingt sollte man bei einem Basarbummel die verschiedenen köstlichen Süßigkeiten probieren.

Nur Souvenirgeschäfte sowie Hotel- und Gaststättenkellner nehmen Dollar oder Euro an. In allen anderen Geschäften, Teestuben etc. muss in Sum bezahlt werden.

Ein- und Ausreisebestimmungen

Neben der Beschaffung eines **gültigen Visums** ist vor der Einreise das Ausfüllen von zwei **Zollerklärungen** notwendig. Bei manchen Fluglinien werden diese bereits im Flugzeug verteilt. Hier müssen alle Währungen, die man mit sich führt, auf zwei identischen Formularen angegeben werden. Auch wertvollen

Seidenstoffe sind ein beliebtes Souvenir

Lagman – ein weit verbreitetes Gericht

Schmuck sowie Kameras und Computer sollte man eintragen. Ein Exemplar behält der Zoll bei der Einreise, das andere muss während des ganzen Aufenthaltes aufbewahrt werden und ist gemeinsam mit einem dritten Exemplar bei der Ausreise abzugeben. In das dritte Exemplar ist der aktuelle Geldbesitz zum Zeitpunkt der Ausreise einzutragen. Geldumtausch muss man sich nicht auf den Zollerklärungen bestätigen lassen – es muss also nicht über jeden ausgegebenen Dollar Rechenschaft abgelegt werden. Diese Zollerklärungen verursachen immer wieder große Unsicherheit bei den Reisenden.

Die **Einfuhr von Devisen** nach Usbekistan ist in unbeschränkter Höhe möglich. Bei der Ausfuhr ist eine Überschreitung der Summe der seinerzeit eingeführten ausländischen Devisen nur unter Vorlage einer Bestätigung der Zentralbank der Republik Usbekistan oder einer bevollmächtigten Bank möglich. Falsche Angaben werden in der Regel mit Geldstrafe geahndet.

Reisende müssen sich in Usbekistan innerhalb von 72 nach der Ankunft von der **Ausländerbehörde registrieren lassen** und zwar an jedem Ort, der bereist wird. Dies erledigt das Hotel bzw. die Pension, deswegen ist es erforderlich, den Pass an der Hotelrezeption abzugeben. Gewöhnlich ist er nach wenigen Stunden wieder verfügbar. Den kleinen ›Registrationstalon‹, der sich nach der Registrierung im Pass befindet, sollte man sorgfältig aufbewahren, da er bei der Ausreise vorzulegen ist.

Während des Aufenthaltes in Usbekistan sollte man für den Fall von Identitätskontrollen durch die usbekische Polizei stets den Reisepass dabeihaben. Kopien werden in der Regel nicht akzeptiert.

Allerdings sollte man keine Angst vor der Polizei haben. Sicheres und bestimmtes Auftreten wirkt immer, da die

Milizionäre kaum Vollmachten Ausländern gegenüber haben. Man sollte die Beamten immer bitten, sich auszuweisen, bevor man seinen eigenen Ausweis zeigt. Sollte es Probleme geben, kann man um ein Telefonat mit der Botschaft bitten (s. S. 254).

Eintritt

Selbst in der Altstadt in Taschkent wird inzwischen Eintritt verlangt. Auch wenn man den Eindruck hat, dass ein Bauwerk entweder religiös oder kommerziell genutzt wird, müssen Ausländer den gegenüber dem Einheimischenpreis mindestens doppelt, häufig vierfach so hohen Eintritt zahlen. Die Eintrittsgelder liegen zwischen einem und acht Dollar und müssen in Sum entrichtet werden. Hinzu kommt häufig noch eine Gebühr fürs Fotografieren.

Wer sich länger im Land aufhält und eine offizielle Registrierung dafür vorweisen kann, erhält sowohl bei Eintrittsgeldern als auch bei Hotelübernachtungen die einheimischen Preise.

Entfernungen

siehe Tabelle auf S. 11

Elektrizität

Wie in allen Ländern der ehemaligen Sowjetunion erfolgt die Stromversorung in Usbekistan mit 220 V Wechselstrom. Die Steckdosen sind mit den deutschen nahezu identisch. Ein Adapter ist nicht nötig.

Erdbeben

Usbekistan ist ein erdbebengefährdetes Gebiet, die unterirdischen Erdplatten sind häufig in Bewegung. Zwei große Erdbeben gab es in diesem Jahrhundert: 1966 in Taschkent und 1976 in Gasli. Hinzu kommen ständige kleinere Erdstöße. Über die Folgen der beiden Erdbeben wird wenig gesprochen. 1966 sind nach offiziellen sowjetischen Angaben weniger als 10 Personen gestorben, aber mehr als 200 000 obdachlos geworden. Da ein Großteil der Taschkenter Altstadt durch das Beben zerstört wurde, ist die Stadt zum großen Teil neu und erdbebensicher errichtet worden. Auch über die Opfer von Gasli gibt es keine genauen Angaben. Samarkand und Buchara waren bisher noch nie direkt von einem starken Beben betroffen, dennoch wird auch hier erdbebensicher gebaut.

Feiertage und Ferien

Staatliche Feiertage, an denen Ämter und Geschäfte geschlossen sind:

1. Januar: Neujahr.

8. März: Internationaler Frauentag; die sowjetische Tradition wird beibehalten: Frauen bekommen die ersten Frühlingsblumen oder Pralinen geschenkt.

9. Mai: Tag des Sieges; den Veteranen und den Opfern des Zweiten Weltkrieges wird gedacht.

1. September: Nationalfeiertag; auch Tag der Unabhängigkeit genannt. In Taschkent gibt es alljährlich große Feierlichkeiten auf dem Unabhängigkeitsplatz. Nicht nur am offiziellen Feiertag, sondern auch einige Tage vorher und nachher wird gefeiert. Die offiziellen Feierlichkeiten beginnen am Vorabend, und spätestens am Nachmittag sollte man, hält man sich in Taschkent auf, an dem Ort sein, an dem man die nächsten zwei Tage verbringen will. Am Nachmittag des 31. August finden nämlich die Generalproben an den einzelnen Veranstaltungsorten statt – damit verbunden werden sämtliche Straßen gesperrt. Nicht etwa, dass nur ein

Polizist dastände (der könnte schließlich mit einem Lächeln umgestimmt werden), nein, Traktoren und LKW riegeln die Straßen ab. Das Durchkommen wird schwierig und sogar unmöglich. Wer sich also um den 1. September räumlich verändern möchte, sollte dies langfristig planen. Nicht nur in der Metropole, auch in den anderen Städten wird gefeiert, auch hier werden die Straßen gesperrt. Aber meistens sind die diensthabenden Polizisten bereit, mitzufahren und den Weg zu zeigen. Ansonsten kann man sich ja der fröhlichen und lauten Party anschließen.

1. Oktober: Tag des Lehrers; Lehrer/innen und Lehrenden allgemein wird für ihre Arbeit gedankt.

8. Dezember: Tag der Verfassung; dieser Tag erinnert an die erste Verfassung des unabhängigen Usbekistan aus dem Jahre 1992.

Hinzu kommen **islamische Feiertage** wie der Geburtstag des Propheten und der Ramadan. Noch wird der Ramadan, der Monat in dem die Muslime tagsüber fasten, in Usbekistan nur von wenigen eingehalten. In den nächsten Jahren fällt der **Ramadan**, der sich nach dem Mondjahr richtet, auf folgende Daten: 2010: 11. August bis 10. September, 2011: 11. August bis 29. August, 2012: 21. Juli bis 19. August.

Einen Monat nach Ende des Ramadan gedenkt man am **Bayram** der verstorbenen Verwandten und besucht ihre Gräber.

Am **21. März** wird in Usbekistan seit 1999 wieder Navruz (›neuer Tag‹) gefeiert, das auf zoroastrische Traditionen zurückgeht. Während eines zwei Tage dauernden Festes wird der Frühling begrüßt.

Fotografieren und Filmen

Wer nicht digital fotografiert, sollte Filme mitbringen. Auch Speicherkarten und Ersatzbatterien für Digitalkameras sind nicht überall erhältlich und sollten deshalb im Reisegepäck sein. Batterien sind erheblich teurer als in Deutschland, Österreich und der Schweiz.

In der Wüste, aber auch in den Städten ist es recht staubig. Man sollte die Fotolinsen entsprechend schützen. Das intensive Sonnenlicht erfordert gerade

Töpferware aus Rishton

zur Mittagszeit spezielle Filter. Das schönste Fotolicht herrscht in den frühen Morgenstunden.
In vielen Sehenswürdigkeiten muss für eine Fotografiererlaubnis eine Gebühr entrichtet werden.
Wenn **Menschen** fotografiert werden sollen, gebietet es die Höflichkeit, zuerst um Erlaubnis zu fragen. Auf Grund der islamischen Kultur lassen sich ältere Menschen, besonders Frauen, nicht immer gerne fotografieren. Da viele Portraitierte gerne einen Abzug des Fotos hätten, hält der Profi selbstklebende Etiketten bereit, auf die die Adressen, meistens in kyrillischer Schrift, geschrieben werden können.
Bevor man in Moscheen fotografiert, sollte man um Erlaubnis fragen. Während eines Gebets darf nicht fotografiert werden.
Militärisch wichtige Gebäude (dazu gehören Flughäfen, Bahnhöfe, Brücken und Grenzübergänge) zu fotografieren, ist streng verboten und kann zu erheblichen Problemen führen. Auch ist es theoretisch verboten, aus dem Flugzeug heraus usbekisches Hoheitsgebiet zu fotografieren. Es ist ebenfalls nicht erlaubt, in der Taschkenter Metro zu fotografieren.

Gesundheit

Es besteht kein Sozialabkommen zwischen Deutschland und Usbekistan, deswegen sollte unbedingt eine private Auslandskrankenversicherung mit Rücktransport abgeschlossen werden, die es für wenig Geld bei allen Versicherungsunternehmen gibt. Die Primärversorgung ist bis jetzt meistens auch für Touristen noch kostenlos. Medikamente müssen jedoch selbst bezahlt werden. Die Privatkliniken, in denen Touristen behandelt werden können, sind teuer.
Es gibt für Usbekistan keine vorgeschriebenen Impfungen, dennoch sollte vor Abreise ein Arzt konsultiert werden. Das Auswärtige Amt gibt Informationsmaterial über empfohlene Imfungen heraus. Zu empfehlen ist es, alle Schutzimpfungen zu überprüfen und sich gegen Hepatitis A impfen zu lassen.

Gesundheitsgefahren

Eine der größten Gefahren ist im Sommer die **Dehydrierung**. Mindestens zwei Liter alkoholfreie Flüssigkeit pro Tag – am besten stilles Mineralwasser oder Tee – sind ein Muss. Auf längeren Busfahrten empfiehlt es sich, immer Mineralwasser im Gepäck zu haben.
Aber auch hier ist Vorsicht geboten: Wer viele Früchte gegessen hat, besonders Wassermelonen, möge besser auf Wasser verzichten und grünen Tee trinken.
Ohne **Durchfallerkrankung** einen Usbekistanurlaub zu überstehen ist schwierig – sogar Alexander der Große soll ihn gehabt haben, als er den Landstrich eroberte. Es gibt dennoch einige Methoden, um ihn wenigstens versuchsweise zu vermeiden. Es ist sinnvoll, sich gleich zu Beginn der Mahlzeit grünen Tee zu bestellen und in den ersten Tagen die Köstlichkeiten der usbekischen Küche nur vorsichtig zu genießen. Sobald erste Symptome einer Magen-Darm-Erkrankung auftreten, sollte man sofort entsprechende Mittel einnehmen und nicht zu früh den leckeren Früchten und gut aussehenden Teigtaschen erneut erliegen. Stattdessen sollten gesalzenes Weißbrot und schwarzer Tee auf der Speisekarte stehen, denn Nulldiät kann zu einer weiteren Schwächung des Körpers z. B. in Form eines Kreislaufkollapses führen. Eine bereits zu Hause begonnene Prophylaxe gegen Magen-

Darm-Krankheiten (z. B. mit ›Perenterol‹) kann sehr nützlich sein.
Nicht nur durch die ungewohnte Nahrung, sondern auch durch die **Hitze** werden der Körper und das Immunsystem geschwächt. Besonders wenn man bereits etwas angeschlagen ist, braucht man Ruhepausen – nicht jedes Minarett muss in der Mittagshitze bestiegen werden – um mit den ungewohnten Bedingungen klarzukommen. Ein Ruhetag wirkt oft Wunder.
Sonnenbrand ist eine weitere Gefahr – Sonnenschutzcreme und ein Sonnenhut sollten regelmäßig benutzt werden – auch wenn der Himmel bedeckt ist.
Im Herbst kommt eine weitere, kaum einschätzbare Gefährdung hinzu. Mit **chemischen Mitteln** werden die Baumwollpflanzen ›filatiert‹, d. h. die Blätter der Pflanze werden abgetötet, damit die Kapsel leichter zu ernten ist. Darüber, welche Gifte eingesetzt werden und ob und wie gesundheitsgefährdend sie sind, kann von der Autorin leider keine Auskunft gegeben werden. Tasache ist jedoch, dass nach dem Besuch von Baumwollfeldern im September häufig hohes Fieber und starke Übelkeit aufgetreten sind. Deswegen empfiehlt es sich, die Baumwollfelder kurz vor der Erntezeit nicht zu besuchen.
Auf eine für Usbekistan relative neue Gefahr muss noch hingewiesen werden: **AIDS**. UNAIDS weist auf die wachsende Zahl von HIV-Infizierten hin, man nennt die Zahl von etwa 30 000 und spricht von einer der ›jüngsten Epidemien‹.
Die **Tashkent International Medical Clinic** (siehe ›Ärztliche Versorgung‹) bietet westlichen medizinischen Standard.
In fast allen Hotels kann man sich übrigens äußerst günstig (eine Stunde kostet zwischen fünf und zehn Dollar) und sehr entspannend **massieren** lassen.

Gebietskontrollen

Zwischen den einzelnen Gebieten Usbekistans gibt es auch häufig Kontrollen, die Grenzkontrollen ähneln. Was als absurd erlebt wird – Touristen fühlen sich ja nie als Staatsfeinde – hat einen ernsten Hintergrund. Man demonstriert den ›Feinden‹ (sprich fanatischen Islamisten und Drogenschmugglern) der Republik, dass innerer Terror und Kriminalität unmöglich sind.
Die Kontrollen an den Posten der YPX (Yo'l patrul xizmati maskani = Straßenkontrolldienst einer Region) sind manchmal etwas ermüdend. Es werden Wagenpapiere, Pässe, Führerscheine und Kofferräume überprüft.

Grenzen und bewachte Brücken

Überquert man den Amudarja und Syrdarja, wird man sich über die die beachtliche Sicherung der Brücken wundern. Ganze Soldateneinheiten bewachen die strategisch günstigen Straßen. Auf der Brücke über den Syrdarja (auf dem Weg von Taschkent nach Samarkand) stehen sogar zwei bewachte Panzer unter Tarndächern. Gerne halten die Soldaten Individualtouristen an und kontrollieren Pässe, Visa und den Kofferraum. Fotografieren und Anhalten auf den Brücken, die mit Panzersperren gesichert sind, ist streng untersagt.
Die Stastsgrenzen zwischen den mittelasiatischen Republiken wirken glücklicherweise keineswegs furchteinflößend, eher wie Spielplätze: Vorrichtungen, um Busse von unten zu untersuchen, Treppen, um auch LKW-Dächer inspizieren zu können, Schlagbäume, die der Durchfahrende selbst hochziehen muss. Manchmal sind jedoch die Blüten, die die Grenzkontrollen hervorbringen, auch für Wohlgesonnene schwer nachzuvollziehen: Kehrt man glücklich von

Hotel in Samarkand

einem Tagestrip aus Turkmenistan zurück und glaubt, alle Visaprobleme hinter sich zu haben, kann es passieren, dass der usbekische Zöllner auf einer Zollerklärung beharrt. In Turkmenistan, zumal auf einem Tagesausflug, gäbe es überhaupt keine Möglichkeit, eine größere Summe Geld auszugeben und außerdem habe man bei der Ausreise aus Usbekistan auch keine Zollerklärung ausgefüllt, argumentiert der Tourist. Das alles ist Zeitverschwendung. Nicht fragen, sondern ausfüllen - auch wenn es sich um Vordrucke in usbekischer Sprache handelt. Was drin steht, ist gleichgültig, unterschreiben kann man auch mit Mickey Mouse, Hauptsache, man händigt dem netten Zöllner das Formular aus.

Hygiene

In Usbekistan herrschen nicht die strengen Hygienevorschriften, die wir kennen. Dies gilt insbesondere für billigere Hotels und Restaurants. Der Reisende sollte von sich aus einige - selbstverständliche - Grundregeln beachten. Dazu gehört das Händewaschen vor den Mahlzeiten, auf das hier extra hingewiesen wird, weil viele Speisen auf den Tisch kommen, die mit den Händen gegessen werden. Obst und Gemüse sollte man schälen.

Leitungswasser ist unbedenklich zum Zähneputzen, als Trinkwasser jedoch ungeeignet. Auf Eiswürfel in den Getränken sollte möglichst verzichtet werden, ebenso wie es problematisch ist, Tiefkühlprodukte zu essen. Auch bei Speiseeis ist Vorsicht geraten.

Informationen vor Reiseantritt

Es gibt nicht sonderlich viele Möglichkeiten, sich ausführlich über Usbekistan zu informieren. Eine Möglichkeit ist das Internet (siehe S. 281).

In Deutschland kann man sich an Central Asia Tours, Zeil 29–31, 60313 Frankfurt/Main, Tel. 069/46094685/86 wenden. Diese Firma ist eine Depen-

Handpuppen in Chiwa

dance der staatlichen Tourismusgesellschaft. Hier können auch Flüge und Hotels gebucht und Visa besorgt werden.Im Land gibt es nur wenige offizielle Informationsstellen, dennoch bekommt man alle nötigen Informationen in den Hotels oder bei den Reisebüros. Die Usbeken sind sehr hilfsbereit, und es ist erstaunlich, wie schnell auch auf informellem Wege alle nötigen Auskünfte beschafft werden können.
Sehr nützlich ist auch Google Earth, hier sind die meisten, auch kleineren usbekischen Städte gut zu sehen. Häufig sind die Sehenswürdigkeiten durch Fotos markiert.

Kleidung

Leichte Baumwollkleidung ist für Reisen in den Sommermonaten empfehlenswert. Lange Hosen und langärmlige Hemden und Pullover verhindern einen Sonnenbrand und respektieren die moslemische Weltanschauung. Allerdings wird in Usbekistan noch nicht so streng auf die richtige Kleidung geachtet, und viele Usbeken selbst sind freizügiger angezogen, als man es in westeuropäischen Breiten gewohnt ist. An religiösen Orten müssen jedoch Schultern und Beine bedeckt sein, Miniröcke und schulterfreie Tops sind unpassend. Sinnvoll ist es, um einen Sonnenbrand zu vermeiden, einen Hut zu tragen. Im Sommer ist die Sonnenstrahlung sehr intensiv – eine Sonnenbrille ist unbedingt erforderlich. Festes Schuhwerk kommt mit Hitze, Staub und Unebenheiten besser klar als leichte Schuhe. In Moscheen und vielen privaten Restaurants müssen die Schuhe ausgezogen werden – das bedeutet, man muss saubere Füße und/oder heile Socken haben.
Im Winter oder in den kälteren Monaten ab Ende Oktober gehören warme Stiefel und Wollpullover zur Grundausstattung sowie eine wetterfeste Jacke.
Bei Wüstenübernachtungen sollte man mit dem nächtlichen Temperatursturz rechnen. Auf Kälte, Wind und Schnee muss man eingestellt sein, wenn man die Berge in Richtung Kirgisistan oder Tadschikistan bereist.
Generell gilt auch in Usbekistan, dass man als Reisender eher zweckmäßig als aufsehenerregend angezogen sein sollte. Teuren Schmuck sollte man zu Hause lassen, da die Hotels nicht alle über einen Safe verfügen und es wenig Gelegenheiten gibt, ihn effektvoll in Szene zu setzen.

Klima und Reisezeiten

Das Klima lässt sich als kontinental bezeichnen. Starke jahreszeitliche Schwankungen sowohl der Temperaturen als auch der Niederschlagsmenge sind üblich. Die mittleren Temperaturen liegen im Januar bei –2 °C, im Juli bei 26 °C. Auch im Frühjahr ist es tagsüber, wenn man sich nicht gerade in den Bergen befindet, zwischen 20 und 30 °C warm, nachts liegen die Temperaturen zwischen 15 und 20 °C. Die besten Reisezeiten sind Frühling und Frühsommer (April und Mai) und der Herbst (September und Oktober).

Auch der Winter hat seine Vorteile. Es sind kaum Touristen unterwegs, die Hotelpreise sind deutlich niedriger als während der Saison, und wenn es auch draußen kalt ist, sind die Hotels und Wohnungen geheizt. Samarkand im Schnee, ein zugefrorener Amudarja, Schnee in der Kizilkum, 45 Grad minus in Karakalpakstan und Skifahren im Tienshan haben auch touristischen Erlebniswert.

Kriminalität

Usbekistan ist kein kriminelles Land, dennoch macht Gelegenheit Diebe. Auch wenn sich der Tourist nicht vor Raubüberfällen fürchten muss, sollte man seine Wertsachen eng am Körper tragen, die Handtasche nicht leichtfertig baumeln lassen und bei Gedränge auf seine Taschen achtgeben. Taschendiebstahl ist extrem selten in Usbekistan, aber mit vermehrtem Tourismus entwickelt sich auch dieses Gewerbe. Besonders in dem Gedränge auf den Basaren sollte man auf Wertsachen aufpassen.

Da nur selten individuelle Safes in den Hotels verfügbar sind, sollte man einen Geldgürtel oder einen Brustbeutel bei sich haben. Ein mit einem Nummernschloß verriegelbarer Koffer empfiehlt sich ebenso.

Die Mafia gibt es auch in Usbekistan, allerdings haben Touristen nichts von ihr zu befürchten. Auch Raubüberfälle auf Touristen gibt es bisher nicht. Die starke Polizeipräsenz, die sich nach dem Attentat auf den Präsidenten nochmals verstärkt hat, mag abschreckend wirken.

Auf den Märkten und in Geschäften wird man nicht übers Ohr gehauen. Die Waagen sind zwar meistens gezinkt, aber darunter haben auch die anderen Käufer zu leiden. Wechselgeld bekommt man in der Regel richtig herausgegeben.

Landkarten

Die Karte ›Zentralasien‹ aus dem Freytag & Bernd-Verlag kann nützlich sein, gut ist ›Central Asia‹ von Nelles. In Usbekistan sind gute Landkarten rar. Einfache Übersichtskarten sind in Buchläden und manchmal auch in Souvenirgeschäften zu bekommen. Aber da das Straßennetz in Usbekistan nicht sehr groß ist, kann man sich auch mit den handelsüblichen Karten orientieren. Für manche Regionen, etwa das Gebiet um Samarkand, gibt es sehr gute Detailkarten, die sich auch als Wanderkarten nutzen lassen. Allerdings stammen sie aus den 80er Jahren und werden derzeit nicht neu aufgelegt. Eine solche Karte zu erstehen ist reine Glückssache.

Von den größeren Städten gibt es Stadtpläne, die manchmal Aktualität vermissen lassen, denn auch sie stammen teilweise noch aus den 80er Jahren. Zwar stimmen die Straßennamen nicht mit den jetzt umbenannten Straßen überein, was aber in den meisten Fällen für die Orientierung nicht tragisch ist, da die Einheimischen sowieso die neuen Namen häufig noch gar nicht kennen.

Vom staatlichen Kartographieinstitut gibt es eine Touristenkarte (Uzbekistan. The Great Silk Road) aus dem Jahre 2007, die außer einer Landesübersicht auch relativ aktuelle Innenstadtpläne von Samarkand und Buchara enthält. Mit Glück erhält man sie in Touristeninformationstellen und Buchläden. Außerdem gibt es aktuelle topographische Karten (Siyosiy-ma'muriy ma'lumotnoma karta) der einzelnen Regierungsbezirke (O'zbekiston viloyatlari) in unterschiedlichen Maßstäben, sie sind teilweise noch auf kyrillisch, aber recht genau.

Maße und Gewichte

Die Maße und Gewichte entsprechen den deutschen – nur wenige Unterschiede gibt es: auf dem Markt sind die meisten Waagen gezinkt, Wodka und Getränke allgemein werden in Gramm angegeben und der Alkoholanteil nicht in Prozent, sondern in Grad.

Nahverkehr

Der öffentliche Nahverkehr funktioniert gut, ist für ausländische Verhältnisse äußerst billig (die Metro in Taschkent kostet 400 Sum) und meistens ziemlich stark ausgelastet. Wer mit den Trolleybussen fährt oder mit den alten Ikarusbussen eine Landpartie macht, der wird auf jeden Fall mit den Usbeken ins Gespräch kommen. Fahrpläne gibt es nicht, bezahlt wird meistens beim Aussteigen vorne beim Schaffner. Die Usbeken sind über den Linienverlauf der Busse und Straßenbahnen gut informiert, so dass man fragen kann, wohin es geht. Da die Haltestellen im innerstädtischen Bereich sehr kurz auf einander folgen, kann man notfalls auch mal eine Station zurücklaufen.

Die Metro in Taschkent ist überaus sehenswert und im Kapitel über Taschkent mit einem Metroplan ausführlich beschrieben.

Post

Die Post öffnet zwischen 8 und 9 Uhr und schließt zwischen 19 und 20 Uhr. Briefmarken bekommt man außer in den Postämtern auch in den Hotels. Manchmal verlangen die Verkäufer allerdings einen etwas höheren Preis.

Usbekistan gibt außergewöhnlich schöne Briefmarken heraus, die bei Sammlern sehr beliebt sind. Gute Chancen, verschiedene Motive zu bekommen, hat man kurioserweise nicht auf der Post, wo häufig sogar die Marken für Postkarten gänzlich ausverkauft sind, sondern im Hotel ›Afrosiyob‹ in Samarkand.

Die frankierten Karten und Briefe können in der Rezeption der Hotels abgeben werden oder in einen der blauen Briefkästen geworfen werden. Wer nicht ›Germany‹ schreiben möchte, kann ›Germania‹ oder ›ΦPΓ‹ schreiben. Genauso wird ›Austria‹ oder ›Switzerland‹ verstanden.

Zwischen neun und vierzehn Tagen benötigt eine Postkarte, bis sie Westeuropa erreicht. Obwohl die usbekische Post einen schlechten Ruf hat, konnte der bei eigenen Experimenten nicht bestätigt werden. Problematisch ist allerdings der umgekehrte Weg von Deutschland nach Usbekistan. Besonders Pakete werden geöffnet, und ihr Inhalt kommt stark dezimiert an.

Radio und Fernsehen

Neben den staatlichen Zeitungen und Fernsehkanälen gibt es in den größeren Hotels auch Satellitenfernsehen. Vor allem die englischsprachigen Nachrichtensender wie CNN und BBC World sind vertreten. Auch das Fernsehprogramm der Deutschen Welle kann empfangen werden. Einige russische Sender sind zu empfangen. Allerdings wird der Empfang in den Privathäusern, wo er nicht über einen Satelliten läuft, sondern über usbekische Sender, in den Abendstunden abgestellt. Bei erotischen Szenen wird Reklame gesendet – hier gelten äußerst konservative Vorstellungen.

Kunsthandwerk in Buchara

Das usbekische Fernsehen erinnert an sozialistische Zeiten: Folklore, Erträge der Baumwollernte und Erlasse des Präsidenten. Der Zugang zu Informationen ist in Usbekistan also nicht ganz einfach. Mit einem Weltempfänger kann man jedoch BBC und Voice of America, in manchen Regionen auch die Deutsche Welle empfangen.

Registrierung

Man sollte darauf achten, dass man zumindest einige Nächte in Hotels verbringt, die eine staatliche Lizenz haben und dem Besucher einen ›Registrationstalon‹, den man am besten in den Pass heftet, aushändigen. Bei Ausreise werden die Übernachtungsnachweise gelegentlich kontrolliert. Wenn man keinen Nachweis hat, kann man z.B. auf eine Nachtfahrt verweisen.

Reisen mit dem Taxi

Am einfachsten fährt man im Inland mit einem Taxi. Die Taxipreise sollten unbedingt vor Fahrtantritt - ausgehandelt werden und sind deswegen hier nur Richtwerte. **Taschkent–Samarkand** kostet, wenn man das Taxi allein haben möchte, 50 Dollar, ein Platz 12 Dollar. **Samarkand–Buchara** kostet etwa 10 Dollar. Die Taxifahrer kennen ihre Strecken sehr gut und fahren deswegen nicht immer gefahrenbewußt.

Am schnellsten, billigsten und einfachsten reist man mit den Sammeltaxis (Marschrutkas). Sie fahren in allen Städten von zentralen Plätzen los, immer dann, wenn ein Bus (Minibus, häufig der Marke ›Damas‹, weshalb die Sammeltaxis auch gelegentlich ›Damas‹ genannt werden) voll ist.

Es gibt aber auch PKW, die als Sammeltaxis fahren und mit vier Personen besetzt werden.

Die kleinen Daewoo-Minibusse, in denen man recht eng und sehr wackelig sitzt, sind häufig rasant unterwegs. Viele Fahrer sind Hasardeure, und schon oft kam es zu schweren Unfällen, weil die Minibusse einfach umgekippt sind.

Reisen mit dem Bus

Etwas langsamer und altmodischer geht es mit den Überlandlinienbussen voran. Sie fahren nicht so häufig, aber nach

Fahrplan, der auch einigermaßen eingehalten wird. Jede Stadt hat einen Busbahnhof, an dem man die Abfahrtszeiten erfahren kann.

Reisen mit der Eisenbahn

Die Züge sind oft überfüllt. In dem Gedränge lasse man sein Eigentum nie aus den Augen. Wenn man sich auf die Umstände eingelassen hat, kann man jedoch mit Wodka, Wassermelone, Sonnenblumenkernen und lustigen usbekischen Mitfahrern viel Spaß haben.

Die am besten frequentierte und einigermaßen erträgliche Strecke fährt der **Taschkent-Buchara-Express.** Jeweils um 19 Uhr verlassen die Nachtzüge die Bahnhöfe der beiden Städte und kommen gegen acht Uhr am folgenden Morgen an.

Täglich gibt es den sehr komfortablen **Expresszug ›Shark‹** von Taschkent über Samarkand (4 Stunden) nach Buchara (8 Stunden). Abfahrt in Taschkent 8.15 Uhr, Abfahrt in Buchara 8 Uhr).

Die **Zuglinie ›Registan‹** verbindet täglich Taschkent und Samarkand. Abfahrt in Taschkent 7 Uhr, Abfahrt in Samarkand 17 Uhr.

Der **Fahrkartenverkauf für Ausländer** befindet sich nicht in allen Städten direkt neben dem Bahnhof. Es lohnt, sich am Ausländerschalter anzustellen, da hier die Schlange wesentlich kürzer ist. Bevor man sich anstellt, sollte man sich aber vergewissern, dass an diesem Schalter die Fahrkarten für das gewünschte Reiseziel verkauft werden und dass bis zur nächsten Schalterpause noch mindestens eine Stunde Zeit ist. Für längere Strecken kann man die Fahrkarten und Platzreservierungen im voraus kaufen. Bequemer ist es, sich die Fahrkarten über eine **Reiseagentur** zu besorgen (siehe Infokästen zu den jeweiligen Städten).

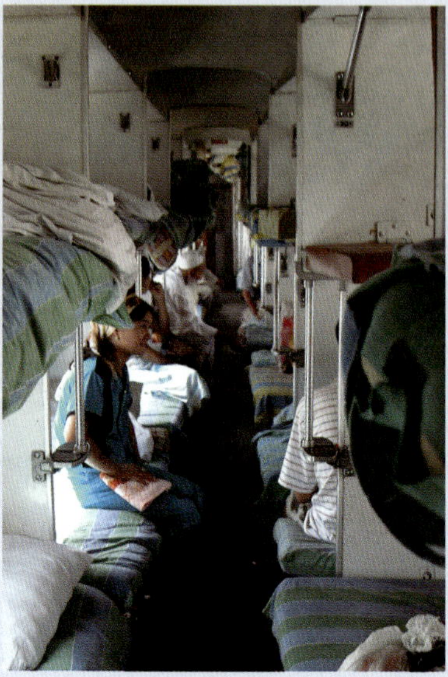

Unterwegs mit dem Zug

Es ist sinnvoll, einige **Zugnummern** zu wissen, um die Schnelligkeit der Züge einschätzen zu können: 1 bis 149 sind Schnellzüge (›скорый поезд‹), von denen einige sogar Express-Züge sind; 151 bis 169 kennzeichnen etwas langsamere Züge, die häufiger unterwegs halten; am langsamsten sind die Passagierzüge (›пассажирский поезд‹), die an jeder Ecke halten und die Nummern 171 bis 699 tragen.

Unter www.uzbekistan-railway.blogspot.com findet man aktuelle Fahrpläne und Streckenübersichten. Die Internetseiten der usbekischen Eisenbahn sind leider nur in usbekisch und russisch (www.uzrailway.uz). Die wichtigsten Verbindungen kann man sich auch unter www.bahn.de anzeigen lassen (nicht immer korrekt, kein Kartenverkauf möglich).

Da viele Züge Nachtzüge sind, eine kurze Information über die **Schlafwageneinteilung**: der ersten Klasse entspricht der ›weiche Wagon‹ (›мягкий вагон‹, mjagkij vagon oder lyuks), ein Zweibettschlafabteil. Wenn man einen Platz im ›купейный‹ (kupejnyj) bucht, landet man in einem Vierbettabteil, wobei keine Rücksicht auf Trennung der Geschlechter genommen wird. Wer dritter Klasse (›плацкартный‹, plackartnyj) reist, braucht einen guten Schlaf oder Ohropax, denn in einem großen Wagon sind die Bänke nebeneinander angebracht. Vierter Klasse (›общий‹ oder obščij) reisen nur Nachtmenschen oder Masochisten, denn hier gibt es zwar so etwas ähnliches wie Bänke, aber keine Möglichkeit, zu schlafen.

Reisen mit dem Flugzeug

Uzbekistan Airways (O'zbekiston havo yo'llary) fliegt regelmäßig von Taschkent fast alle anderen wichtigen und für Touristen interessanten Städte in Usbekistan an: Andijan, Buchara, Fergana, Karshi, Namagan, Samarkand, Termiz, Urganch. Außerdem gibt es tägliche Verbindungen in die Hauptstädte der benachbarten mittelasiatischen Republiken. Im Taschkenter Flughafen befindet sich das nationale Terminal direkt neben dem internationalen.

Es ist manchmal schwierig, kurzfristig **Flugtickets** zu bekommen. Deswegen sollte man sich die Tickets auf jeden Fall vorher, am einfachsten über einen usbekischen Reiseveranstalter, reservieren lassen. Die Repräsentanz von Uzbekistan Airways in Taschkent befindet sich gegenüber dem ›Grand Mir Hotel‹ (ehemaliges Hotel ›Rossija‹), Shota Rustaveli ko'chasi 9, Tel. 1533837, www.uzairways.com. Das Ticket-Büro befindet sich auf der Kuneav ko'chasi 9, Tel. 563837. Wenn man vor Ort in einem Büro von Uzbekistan Airways sein Ticket besorgt, muss man es in Sum bezahlen. Einfacher ist es, wenn man sein Ticket über BCD-Travel bucht: Turkestanskaya ko'chasi 8, Taschkent, Tel. 00998/71/1208899 (innerhalb Usbekistans Vorwahl 8/371), www.ticket.uz. Über BCD ist eine Online-Buchung möglich.

Alle **Flugverbindungen** mit Uzbekistan Airways und ein Flugplan sowie Auskünfte zu Tarifen sind zu finden unter: www.uzairways.com/services.aspx.

Die Preise sind nicht sonderlich hoch: So kostet etwa ein einfacher Flug von Taschkent nach Urganch 77 Dollar, von Taschkent nach Samarkand 50 Dollar und von Taschkent nach Fergana 48 Dollar.

Auf den **Inlandsflügen ist der Service** an Bord nicht sonderlich üppig, wer viel Hunger und Durst hat, sollte sein Handgepäck entsprechend ausstatten. Da es sich meistens um kleine Maschinen handelt, ist die Veränderung des Luftdrucks häufig außerordentlich schmerzhaft in den Ohren zu spüren. Dagegen helfen spezielle Ohrstöpsel, die zu Hause in Apotheken verkauft werden.

In der Regel werden auf Inlandsflügen keine Sitzplatznummern vorab vergeben, man kann sich dann auf einen beliebigen Platz setzen; diese Gewohnheit führt manchmal allerdings dazu, dass sich die Usbeken auch auf Flügen, auf denen Sitzplätze verteilt wurden, auf einen beliebigen Platz setzen. Da immer genügend Plätze vorhanden sind, sollte man sich in diesem Fall flexibel zeigen.

Fluggesellschaften in Taschkent: Turkish Airlines, Navoiy k. 11a, Tel. 1367 89/90, 1367989/92; Lufthansa, Amir Timur k. 107 a, Tel. 1207401, Fax 2376065; Aeroflot, Taras Shevchenko k. 31; 2815520, 2813454.

Reiserouten

Üblicherweise fliegt man von Taschkent nach Urganch, besucht Chiwa, fährt weiter nach Buchara und Samarkand, eventuell mit einem Ausflug nach Shaxrisabz, und fliegt dann von Taschkent zurück. Diese Reise dauert mindestens neun Tage.

Wenn man länger Zeit hat, sollte man von Taschkent nach Nukus fliegen, von dort nach Moynak und eventuell bis zum Aralsee fahren, von dort nach Chiwa, weiter nach Buchara und über Nurata (Jurtenübernachtung) nach Samarkand. Von hier kann man mehrere Ausflüge machen: nach Pendzhikent (Tadschikistan) und nach Shaxrisabz (Geburtsstadt Timurs). Wenn man sich für das nichttouristische Usbekistan und den Buddhismus interessiert, kann man nach Termiz weiterfahren. Hier sollte man mindestens zweimal übernachten, da viele Sehenswürdigkeiten weiter entfernt sind. Von Termiz kann man nach Taschkent fliegen. Von Taschkent aus sollte man einen Ausflug nach Chimgan machen und eventuell ins Ferganatal fahren und dort mindestens zwei Nächte bleiben. Für diese Route braucht man mindestens 17 Tage.

Reiseveranstalter

Inzwischen bieten eine ganze Reihe von Veranstaltern Pauschalreisen nach Usbekistan an. Einige bieten die klassischen Studienreisen, bei denen der Schwerpunkt auf den architektonischen Sehenswürdigkeiten liegt. Es gibt aber auch Veranstalter, die beispielsweise Trekkingtouren durch die Wüste oder Berg- und Wandertouren im Ferganatal oder im Tienshan-Gebirge anbieten. Nachstehend einige, auch lokale, Veranstalter:

Auf und Davon Reisen
Lebrechtstraße 35
51643 Gummersbach
Tel. 02261/50199-0
www.auf-und-davon-reisen.de
Mittelasien und Seidenstraße, Kulturreisen, Trekking.

Chili Reisen
Huenenburg 5
29303 Bergen
Tel. 05051/7564
www.chili-reisen.de
Seidenstraße in Turkmenistan und Usbekistan.

Central Asia Tours
Basaltstr 13a
60487 Frankfurt am Main
Tel. 069/9139807-7, 8, Fax -9
www.centralasia.de
Gruppen- und Individualreisen, auch Trekking und Wintersport.

DERTOUR
Emil-von-Behring-Straße 6
60424 Frankfurt am Main
Tel. 069/9588530-8, Fax -1
www.dertour.de
Gruppen- und Individualreisen.

Desert Team Wüstenreisen
Wippertstraße 2
79100 Freiburg i. Br.
Tel. 0761/8814189
www.desert-team.de
Gruppenreisen mit Kameltrekking.

Diamir Erlebnisreisen
Loschwitzer Str. 58
01309 Dresden
Tel. 0351/312077
www.diamir.de
Kulturrundreisen, Trekking.

GO EAST Reisen
Bahrenfelder Chaussee 53
22761 Hamburg
Tel. 040/8969090,
Fax 894940
www.go-east.de

Individualreisen, Visa- und Firmenservice.

GloboTrain
Neuengasse 30
CH 3001 Bern
Tel. 0041/31/3130003
www.globotrain.ch
Gruppen- und Individualreisen mit dem Zug.

igelreisen
Kolberger Straße 41
28201 Bremen
Tel. 0421/3094543
Internet: www.igelreisen.de
Individuell geplante Kleingruppenreisen

Kira Reisen
Mellingerstraße 6
CH–5400 Baden
Tel. 056/2001900, Fax 2227724
www.kiratravel.ch
Gruppen- und Individualreisen.

Knop Reisen
Hollerlander Weg 77
28355 Bremen
Tel. 0421/9885030, Fax 3509628
www.knop-reisen.de
Seidenstraße und zentralasiatische Republiken.

Kulturrreisen Gordion
Schillerstr. 13
71638 Ludwigsburg
Tel. 07141/488723-0, Fax -2
www.kulturreisen-gordion.de
Kleingruppen- und Individualreisen.

Lernidee Reisen
Eisenacher Straße 11
10777 Berlin
Tel. 030/7860000, Fax 7865596
www.lernideereisen.de
Erlebnis- und Studienreisen in Mittelasien.

Novinomad
www.novinomad.com
Kirgisischer Veranstalter für Kirgistan, Usbekistan, Kasachstan und Tadschikistan.

Usbekische Männer in traditioneller Kleidung

Olympia-Reisen
Siegburger Straße 49
53229 Bonn
Tel. 0228/400030, Fax 466932
www.olympiareisen.com
Gruppen- und Individualreisen.

Orient Voyages
Dagbitskaya k. 33
703020 Samarkand
Uzbekistan
Tel. 0998/662/359367, Fax 353571
www.tour-orient.com
Orient Voyages organisiert auch den Besuch von Buzkashi, einem poloähnlichen Reiterspiel, das zum Navruz-Fest veranstaltet wird.

Ost & Fern Reisedienst GmbH
An der Alster 40
20099 Hamburg
Tel. 040/284095 70, Fax 2802011
www.ostundfern.de
Gruppenreisen.

Sairam Tourism
Movarounahr k. 13a
100060 Tashkent
Uzbekistan

Tel. 0998/71/2337411,
Fax 1206937
www.sairamtour.com. Gruppen- und Individualreisen, Reiseleitung, Visaservice.

Studiosus Reisen München GmbH
Riessstraße 25
80992 München
Tel. 089/500600, Fax 50060100
www.studiosus.de.
Studienreisen.

Take Off Erlebnisreisen
Dorotheenstraße 65
22301 Hamburg
Tel. 040/42222-88, Fax -09
www.takeoffreisen.de
Kleingruppenreisen, Studienreisen.

TSA Travel Service Asia
Nelkenweg 5
91093 Hessdorf-Niederlindach
Tel. 09135/736078-0, Fax -11
www.tsa-reisen.de
Rundreisen in ganz Mittelasien, Spezialist für Individualreisen.

Uzbekistan Olympic-Tour
Almazar Street 15/1
700003 Taschkent
Tel. 00998/71/2394079
www.olympictour.uz
Trekking, Studienreisen,Sportveranstalt ungen.

Ventus Reisen GmbH
Krefelder Str. 8,
10555 Berlin
Tel. 030/3910033-2, -3
www.ventus.com.
Gruppen- und Individualreisen in Zentralasien.

Wikinger Reisen GmbH
Kölner Str. 20
58135 Hagen
Tel. 02331/9046
www.wikinger.de.
Seidenstraße in Usbekistan und Kirgistan.

Windrose Fernreisen
Fasanenstr. 33
10179 Berlin
Tel. 030/201721-0, Fax -17
www.windrose.de
Usbekistan-, Seidenstraßen- und Zentralasienreisen.

Souvenirs

Generell ist die Ausfuhr von Antiquitäten, d. h. von Gegenständen, die älter als 50 Jahre sind, verboten. Manchmal verführen die angebotenen Schätze aber dennoch zur Mitnahme. Man sollte sich allerdings des Risikos bewußt sein, alles am Zoll abgeben zu müssen – bislang sind die Kontrollen aber alles andere als streng.

Abzuraten ist vom Kauf größerer antiker Metallgegenstände, besonders von Kannen. Diese Gefäße werden vom Zoll sofort erkannt, und der Besitzer wird mit Schwierigkeiten zu rechnen haben. Daß dieser Gegenstand in Usbekistan bleibt, versteht sich wohl von selbst.

Sportmöglichkeiten

Gute Sportbedingungen gibt es hier noch nicht. Einige Hotels verfügen über Schwimmbäder, manche über Fitnesscenter. Langsam beginnt sich in Usbekistan ein Bergsteigertourismus zu entwickeln. Auch Bootstouren und Skifahren werden neuerdings angeboten (siehe auch unter ›Reiseveranstalter‹). In Taschkent gibt es einen Golfplatz.

Taxi

Offizielle Taxis kann man an den gelben Schildern erkennen. Taxameter sind entweder nicht vorhanden oder werden nicht eingeschaltet, deswegen ist es ratsam, den Preis auszuhandeln. In Taschkent kostet eine einfache Fahrt maximal zwei Dollar, in Samarkand einen Dollar.

Vom Flughafen in Taschkent zum Hotel werden in der Regel von den Taxifahrern zwischen 10 bis 20 Dollar verlangt. Der reguläre Preis liegt jedoch bei zwei bis drei Dollar pro Taxi. Mehr als 10 Dollar sollte man also auf keinen Fall zahlen. Wenn man kein Hotel vorgebucht hat, bieten die Taxifahrer auch Hotels an. Die Taxis vor den Hotels sind wesentlich teurer als die, die man auf der Straße anhalten kann.

Telefonieren

Am billigsten, aber auch am langwierigsten telefoniert man von der **Post** aus. Hier muss man alle Ferngespräche vorbestellen und häufig vorher angeben, wie lange man telefonieren will. Dann dauert es mindestens zehn Minuten, bis die Verbindung hergestellt ist. Eine löbliche Ausnahme ist die Post in Buchara, von der aus man ohne Probleme telefonieren kann, katastrophal sind die Zustände dagegen in Samarkand. Eine Minute nach Deutschland kostet umgerechnet etwa 1,5 Dollar.

Aus fast allen **Hotels** kann man ohne Probleme nach Deutschland, Österreich und in die Schweiz telefonieren, die Minute kostet ca. fünf Dollar. Die Verbindung gilt bereits wenige Sekunden, nachdem man gewählt hat, als erfolgreich und muss bezahlt werden. Die Vorwahl nach Deutschland, Österreich, die Schweiz ist 8/10/49 bzw. -43, -41. Manchmal haben die Hotels jedoch noch eigene Vorwahlen.

Mullahs in Taschkent

Telefonate innerhalb der Städte sind in der Anschlussgebühr enthalten, deswegen kann man, wenn man lokale Anrufe zu erledigen hat, überall fragen, ob man telefonieren kann. Ab und zu trifft man auf Telefonzellen, die jedoch selten funktionieren. Außerdem benötigt man entweder entsprechende Jetons oder Tijin-Münzen, die man schon lange nicht mehr erhält. Von den Telefonzellen kann man nur lokale Telefonate führen.

In vielen Geschäften können **Telefonkarten**, die im Festnetz und mit dem Handy für günstige Auslandsgespräche genutzt werden können, erworben werden.

Vorwahlen für Ferngespräche innerhalb Usbekistans: 8 (danach muss ein Wählton zu hören sein), dann für Taschkent 371, Samarkand 366, Buchara 365, Urganch 36222, Chiwa 362, Fergana 373, Kokand 37355, Andijon 3742, Shaxrisabz 37552, Termiz 37622. Von Deutschland, Österreich und der Schweiz nach Usbekistan wählt man die Länderkennzahl: 00998, dann die Vorwahl ohne 3 und die Rufnummer.

Telefonieren mit dem Handy

Innerhalb der Städte gibt es nahezu überall Empfang. Alle großen Mobilfunkanbieter haben inzwischen Roamingverträge mit usbekischen Mobilfunkunternehmen. Telefonieren nach Deutschland/Schweiz/Österreich ist allerdings sehr teuer, die Kosten für SMS halten sich dagegen im Rahmen. Die Telefonvorwahl nach Deutschland ist 0049 bzw. +49, dies gilt sinngemäß auch für Österreich (43) und die Schweiz (41).

Es ist auch möglich, sich eine **usbekische SIM-Karte** für das Handy anzuschaffen (das funktioniert natürlich nur, wenn das eigene Mobiltelefon nicht für Karten anderer Anbieter gesperrt ist). Die Karten sind bei den Anbietern direkt oder in Handygeschäften zu bekommen. Der zuverlässigste Anbieter ist UCell (Adresse in Taschkent: Vakhidova ko'chasi 118, auch sonntags geöffnet). Es werden Karten mit einem Guthaben von 3, 5, 10 und 20 US-Dollar angeboten. Für den Erwerb der SIM-Karte ist ein Pass mit einer gültigen Registrierung der Ausländerbehörde vorzulegen.

Toiletten

Obwohl sich vieles verbessert hat, sind die Toiletten, besonders die öffentlichen, teilweise in einem katastrophalen Zustand. Manchmal handelt es sich um Plumpsklos, die seit langem nicht gereinigt wurden. Entweder man hält die Luft an und schließt, soweit es ungefährlich ist, die Augen, oder man sucht sich ein Plätzchen in freier Natur. Letzteres ist nicht immer leicht zu finden, da die Vegetation nicht allzu üppig ist, Toilettenpapier sollte man immer dabeihaben.

Trampen

Ohne Probleme kann man in allen Städten Privatautos anhalten – allerdings wird man nicht kostenlos mitgenommen, sondern muss einen Obolus entrichten, der sich nach dem eigenen Ermessen richtet. Für eine Fahrt von zwei Kilometern zahlt man ungefähr 1000 Sum. Auch längere Strecken kann man

Toilette in der Wüste zwischen Buchara und Chiwa

so zurücklegen. Nur sollte man zumindest über rudimentäre Russischkenntnisse verfügen, um Missverständnisse über das Reiseziel auszuschließen. Häufig haben die Privatautos keine den westeuropäischen Standards entsprechende Sicherheitsausrüstung, sprich Gurte und Kopfstützen fehlen – ganz zu schweigen von Airbags und Seitenaufprallschutz. Dafür kann man bei so einer Fahrt allerdings viel über Land und Leute erfahren.

Trinkgeld

Auch in Usbekistan sind die Dienstleistungsberufe auf Trinkgelder angewiesen. Üblich sind 10 Prozent. Trinkgelder werden am liebsten in US-Dollar, in letzter Zeit auch Euro, genommen, deswegen sollten genügend kleine Dollarnoten bzw. Euro-Münzen im Portemonnaie sein.

In Restaurants sind Trinkgelder meist in Höhe von 10–20 Prozent in der Rechnung enthalten.

Unterkunft

Es ist empfehlenswert, die Unterkunft von Deutschland aus zu buchen, da sich in Usbekistan inzwischen die Spielregeln des Marktes durchgesetzt haben und die usbekischen Reiseveranstalter günstigere Preise bekommen als der Individualtourist bei einer Privatanfrage.

Sehr gute Angebote macht zum Beispiel die Samarkander Firma ›**Orient Voyages**‹ (ostar@tourorient.com), die in einigen Städten kleinere, gemütliche Hotels besitzt.

Auf **www.orexca.com** findet man eine große Auswahl an Hotels in unterschiedlichen Preisklassen in ganz Usbekistan. Dort sind detaillierte Beschreibungen der Hotels mit Fotos zu finden. Online-Buchung ist möglich und man bekommt in der Regel in ein bis zwei Tagen eine Buchungsbestätigung. Zwei Tage vor Anreise muss man das gebuchte Hotel häufig noch mal rückbestätigen.

Insgesamt hat sich die **Hotelsituation** in den größeren Städten sehr verbessert. Inzwischen gibt es in Taschkent, Chiwa, Buchara und Samarkand genügend Hotels, so dass man in der Regel auch ohne Vorausbuchung ein Zimmer bekommt. Akzeptable Hotels fehlen aber immer noch in vielen anderen Städten.

Es gibt sehr gute Hotels, die über luxuriöse Zimmer mit Satellitenfernsehen, Fitnessraum, mehrere Bars und Restaurants und ein Business-Center verfügen.

Privatunterkünfte sind häufig teurer als Mittelklassehotels. Der Low-Budget-Traveller wird genügend sehr billige Unterkünfte finden. Touristeninformationen und Reiseveranstalter vor Ort können bei der Zimmervermittlung helfen.

Die im Buch angegebenen Preise beziehen sich auf ein Doppelzimmer (mit Frühstück), sind aber lediglich Richtpreise, da sie sich je nach Saison verändern können.

Die wirklich guten Hotels mit westeuropäischem Management sind im internationalen Vergleich zu teuer. Das ›Intercontinental‹, das ›Dedeman Silkroad‹ und andere internationale Hotelketten haben inzwischen ihre Preise angesichts der Konkurrenz etwas gesenkt.

Putzkolonne in Samarkand

Wollamulett

Günstiger und trotzdem sehr gut sind die Hotels der staatlichen Tourismusgesellschaft Uzbektourism in Samarkand (›Afrosiyob‹) und Buchara (›New Buxoro‹). Hier hat man eine Klimaanlage und angenehme sanitäre Anlagen. Ein bißchen sind die ›staatssozialistischen‹ Einflüsse noch zu spüren, wenn man sich die Toilettenpapierrollen und die Seifenstücke anschaut.

Die italienische Hotelkette ›Domina‹ hat drei Hotels in Usbekistan übernommen, ebenso wie die anderen Hotels, die internationalen Ketten angehören, können auch diese über das Internet gebucht werden: www.dominahotels.com.

Sehr gut bis akzeptabel, aber teilweise auch teuer sind die Privathotels in Samarkand, Buchara und Chiwa.

In den letzten Jahren sind immer mehr **Privatpensionen** entstanden, die eine staatliche Lizenz haben und daher auch die ausländischen Reisenden registrieren können. Als Individualreisender sollte man diese Hotels den großen Uzbektourismus-Bunkern vorziehen, da man einen persönlichen Service erfährt, sie gut liegen und sie häufig viel für Usbekistan Typisches vermitteln.

Alle billigen Hotels und alle Hotels jenseits der breiten Touristenstraßen sollte man nur dann aufsuchen, wenn man mit kaputten Bädern, Kakerlaken und ohne Klimaanlage leben kann. Wer auf eigene Faust reist und auch kleinere Orte, zum Beispiel das Ferganatal oder Termiz, besucht, sollte sich auf nicht sonderlich saubere Hotels gefasst machen.

Versicherungen

Da es kein Sozialversicherungsabkommen zwischen Deutschland und Usbekistan gibt, sollte auf jeden Fall vor Reiseantritt eine Krankenversicherung mit Rücktransport abgeschlossen werden.

Visum

Die aktuellen Visa-Bestimmungen finden sich auf der Homepage der usbekischen Botschaft unter www.uzbekistan.de. Ein Visumantrag kann heruntergeladen werden.

Für **Gruppenreisende** wird in der Regel von Reiseveranstalter ein Gruppenvisum besorgt, das jedem Teilnehmer nach der Einreise nach Usbekistan in Kopie vorliegen muss.

Deutsche, österreichische und Schweizer **Individualtouristen** brauchen nach Angaben des Konsulats in Berlin keine Einladung und keinen Voucher eines Reiseveranstalters, um ein Touristenvisum zu bekommen.

Andere Staatsangehörige benötigen eine sogenannte ›Visumsunterstützung‹ eines usbekischen Reiseveranstalters. Dazu müssen Reiseroute und Hotelunterkünfte festgelegt werden. Man erhält einen Voucher, und der usbekische Reiseveranstalter schickt eine Bestätigung des Außenministeriums an die Botschaft.

Um das Visum zu erhalten, müssen die **Gebühr** entrichtet sein (Beleg), der **Pass**, ein ausgefüllter **Visumsantrag mit Passbild** und gegebenenfalls ein **frankierter Rückumschlag** vorliegen. Die Bearbeitungszeit beträgt eine Woche. Folgende **Gebühren** werden für ein einmaliges Visum erhoben: bei Aufenthalt bis zu sieben Tagen 60 Euro, bis zu 15 Tagen 70 Euro, bis zu 30 Tagen 80 Euro, bei letzterem kann eine mehrfache Einreise ohne Aufpreis beantragt werden (Bankverbindung Deutsche Bank Berlin, BLZ: 100 70 000, Konto: 435 060 901).

Die Bedingungen für **Geschäftsreisende** und **Reisende mit privater Einladung** sind ähnlich und können unter der oben angegebenen Web-Adresse abgerufen werden. Die Einreisebestimmungen für Bürger anderer Staaten können bei der Konsularabteilung erfragt werden.

Das Visum kann **per Post oder persönlich** beantragt werden bei der **Botschaft der Republik Usbekistan**, Konsularabteilung, in Berlin. Tel. 030/39409824 (62 Cent/min.), Fax 030/39409821 oder beim Generalkonsulat in Frankfurt am Main (siehe auch ›Botschaften‹). Die Konsularabteilung ist sehr hilfsbereit, auch wenn die Fristen nicht eingehalten wurden, war man kulant.

Am Flughafen in Taschkent werden keine Visa erteilt!

Der Reisepass muss bei Einreise noch mindestens drei Monate gültig sein. Den Pass sollte man als Individualtourist immer griffbereit haben, da in den Grenzgebieten oder an anderen strategisch wichtigen Punkten sowohl Überlandbusse als auch Privatautos kontrolliert werden. Diese Kontrollen sind in letzter Zeit so verschärft worden, dass sich die Fahrzeiten bis zu zwei Stunden verlängern können (siehe auch ›Grenzen und bewachte Brücken‹).

Zahlungsmittel

Das offizielle Zahlungsmittel ist der usbekische Sum (usbek. so'm/сўм; UZS), der 100 Tijin entspricht. Im Umlauf sind Banknoten zu 25, 50, 100, 200, 500 und 1000 Sum. Wegen des geringen Geldwertes sind jedoch nur Scheine ab 100 Sum gebräuchlich. Der 200-Sum-

Usbekische Sum

Bauern bei Samarkand

Schein und der 500-Sum-Schein sind mit besonders schönen Motiven ausgestattet, auf dem 50-Sum-Schein ist der Registan abgebildet. Gedruckt wird das Geld übrigens in der deutschen Bundesdruckerei. Seit 2003 ist der Sum konvertierbar, wird aber kaum außerhalb Usbekistans gehandelt.

Der **Wechselkurs** lag Anfang 2010 bei etwa 1700 Sum für 1 Dollar, für 1 Euro bei etwa 2200 Sum. Die Inflationsrate ist jedoch hoch, zum Vergleich: Ende 1999 bekam man für einen US-Dollar 180 Sum (aktuelle Wechselkurse unter www.oanda.com).

In **Wechselstuben**, die sich in den größeren Hotels befinden, kann Geld gewechselt werden. Außerhalb der Wechselstuben liegt der Kurs gelegentlich etwas höher. In der Regel bieten die Hotelbediensteten an, Geld zu wechseln. Zwar ist dies gesetzlich verboten, dennoch gängige Praxis und macht das touristische Leben in Usbekistan geringfügig günstiger. Außerdem haben die Banken und Wechselstuben häufig geschlossen und sind sehr bürokratisch. Es ist davon abzuraten, auf Flughäfen oder Basaren Geld zu wechseln. Da die offiziellen Wechselstuben in Hotels und Banken limitierte Öffnungszeiten haben und einen hohen bürokratischen Aufwand erfordern, ist es einfach praktischer, privat zu tauschen.

Es ist nicht unbedingt erforderlich, US-Dollar auf eine Usbekistanreise mitzunehmen, da auch der Euro mittlerweile überall akzeptiert wird. Allerdings ist unbedingt darauf zu achten, dass die Scheine neuwertig sind, d.h. weder Knicke noch Risse aufweisen, da sie sonst manchmal nicht angenommen werden. Auch sollte man keine 100-, 200- oder 500-Euro-Noten mitführen, da diese von den meisten Wechselstuben nicht akzeptiert werden. Theoretisch muss alles in Sum gezahlt werden, weshalb man auf jeden Fall Sum erwerben sollte. Da es in Usbekistan immer noch problematisch sein kann, schnell und unbürokratisch an größere Bargeldbeträge zu kommen, ist es ratsam, zumindest einen bestimmten Grundbetrag von zu Hause mitzubringen.

Kreditkarten werden nur selten akzeptiert, Traveller-Cheques sind mühsam einzulösen. Über die Western Union Bank können dringende Geldüberweisungen veranlaßt werden. Einige Banken bieten die Abhebung von Bargeld per Kreditkarte an (siehe dazu ›Banken‹).

In Taschkent gibt es **Geldautomaten** (zum Beispiel im Hotel ›Intercontinental‹ und im Hotel ›Dedeman‹). Allerdings sind die Automaten häufig außer Betrieb, nicht immer kann man US-Dollar abheben.

Zeitungen

Westliche Zeitungen kommen mit Verspätung nach Usbekistan und sind in den großen Hotels in Taschkent zu bekommen. Deswegen wird sich jeder deutschsprechende Usbeke über eine aus dem Flugzeug mitgebrachte Zeitschrift freuen.

Genau wie die anderen Medien ist in den usbekischen Zeitschriften der Informationsgehalt recht niedrig, hauptsächlich geht es um die Baumwollernte und neue Gesetze, die in voller Länge abgedruckt werden. Weder über Außen- noch Innenpolitik ist viel zu erfahren. In sogenannten ›kommerziellen‹ Zeitungen werden Klatsch und Tratsch, ›Lebenshilfe‹ und Kreuzworträtsel gedruckt. Viele Zeitungen erscheinen auf russisch, häufig sind auch Moskauer Ausgaben zu bekommen.

In den usbekischen Medien allgemein fehlt eine kritische Berichterstattung, einige Themen, wie Probleme in der Bildungs- oder Gesundheitspolitik, dürfen nicht aufgegriffen werden. Unabhängige regierungskritische Journalisten berichten von wiederholten Einschüchterungen bis hin zu körperlicher Gewalt.

Zeitzonen

Die usbekische Zeit ist der mitteleuropäischen Sommerzeit drei Stunden voraus, der mitteleuropäischen Zeit vier Stunden. In Usbekistan gibt es also keine Sommerzeit, und die Zeitdifferenz ändert sich entsprechend, wenn bei uns die Sommerzeit gültig ist.

Zollvorschriften

Es bestehen die international üblichen Ein- bzw. Ausfuhrverbote (Drogen, Waffen) sowie die international übliche Begrenzung der Einfuhr von Tabak und Alkohol. Die Ausfuhr von Antiquitäten (älter als 50 Jahre) ist verboten.

Holzwiege auf dem Chorsu-Basar in Taschkent

Usbekistan im Internet

www.uzbekistan.de Seite der usbekischen Botschaft in der Bundesrepublik Deutschland, die neben politischen Informationen auch allgemein landeskundliche Hinweise gibt.

www.taschkent.diplo.de Homepage der Deutschen Botschaft in Usbekistan mit einigen Reisehinweisen, sowie wichtigen Telefonnummern.

www.times.kg Englischsprachige Seite, die auch allgemeine Informationen über die gesamte Region bietet.

www.uzbekistan.com Viele aktuelle Seiten mit touristischen Informationen. Die vor allem englischsprachigen Seiten informieren auch über aktuelle politische Fragen und wirtschaftliche Daten.

www.soros.org Empfehlenswert sind auch die Seiten der George Soros Open Society Foundation. Hier finden sich Informationen über Wirtschaft, Politik und Kultur sowie Informationen über usbekische Medien, Menschenrechtsberichte etc.

www.irinnews.org Der Informationsdienst des UN-Büros für die Koordinierung humanitärer Angelegenheiten bietet Hintergrundinformationen über die politische und wirtschaftliche Lage des Landes.

www.search.uz Hier findet man Links zu Tourismus, Wirtschaft, Kultur und Hinweise auf Hotels und Sehenswürdigkeiten. Für einzelne Städte kann man auch Karten herunterladen.

www.uzbekistan.org Seiten der usbekischen Botschaft in Washington. Auch hier gibt es Informationen für Reisende, Visabestimmungen, aktuelle Agenturmeldungen über Usbekistan etc.

www.orexca.com Viele Informationen rund um das Reisen in Usbekistan.

Kunsthandwerk in der Medrese Abdul Xasim in Taschkent

Literaturtips

Allgemeines

Belenitzky, A.: Zentralasien, Genf, München 1968.

Hayit, Baymirza: Turkestan zwischen Russland und China, Amsterdam 1971.

Uhlig, Helmut: Die Seidenstraße. Antike Weltkulturen zwischen China und Rom. Bergisch Gladbach 1995.

Geschichte

Albaum, Lazar I., Brentjes Burchard: Herren der Steppe, Berlin 1976.

Barthold, Wassilij: Ulug Beg und seine Zeit. Leipzig 1935.

Humbly, Gavin: Fischer Weltgeschichte Zentralsien.

Nagel, Tilman: Timur der Eroberer und die islamische Welt des späten Mittelalters, München 1993.

Reiseberichte

Burnes, Alexander: Reise nach und in Bokhara von Indien aus durch Cabool, die Tartarey und Persien, Weimar 1935.

Clavijos Reise nach Samarkand 1403–1406, München 1993.

Maillart, Ella: Turkestan solo, Berlin 1934.

Inoue, Yasushi: Reise nach Samarkand, Frankfurt am Main 1998.

von der Pahlen, Graf C.: Im Auftrag des Zaren in Turkestan, Stuttgart 1968.

Richter, Hans-Werner: Durchs rote Turkestan. Eine Reise von Taschkent bis Samarkand, Frankfurt am Main 1990.

Vámbéry, Hermann (in manchen Ausgaben auch Armin): Man nannte mich Reschid Efendi. Reise in Mittelasien, Leipzig 1990.

Kunst

Pugatschenkowa, Galina: Die Kunst Mittelasiens, Leningrad 1988.

Scharf, Kurt (Hrsg.): Hafis, Rumi, Omar Chajjam. Die schönsten Gedichte aus dem klassischen Persien, München 1998.

Manche der angegebenen Bücher sind nur noch antiquarisch oder in Bibliotheken zu bekommen, als erste Anlaufadresse bietet sich das ›Zentralverzeichnis antiquarischer Bücher‹ im Internet an: www.zvab.com.

In Chiwa

Glossar

Ak/Kara/Kizil/Kok: Weiß/Schwarz/Rot/Grün.

Aksakal: wörtlich Weißbart, Älterer.

Aliden: die in zahlreiche Zweige aufgespaltene Nachkommenschaft von Ali b abi **Talib**, dem Vetter und Schwiegersohn des Propheten Mohammed.

Arba: zweirädriger, traditioneller Karren.

Aschariten: rationalistische theologische Strömung innerhalb des sunnitischen Islams, die in al-Aschari (gest. 935) ihren Gründer sieht.

Basmachi: wörtlich Banditen, Widerstandsbewegung gegen die Bolschewiken in den 20er Jahren.

Beg/Bek/Bai/Bey: reicher Mann, Großgrundbesitzer, Gebietsgouverneur.

Chan/Khan/Xon: innerasiatischer Herrschertitel.

Großchan: das nominelle Oberhaupt aller ihren Stammbaum auf Dschingis Chan zurückführenden Fürsten bzw. Chane.

Chapan, russ.: Chalat: langer usbekischer Kittel.

Darja: Fluss.

Derwische: Männer, die durch eine besondere Lebensführung bzw. besondere Riten Einblick in die ›Welt des Verborgenen‹ zu erlangen trachten; teils in Männerbünden zusammengefasst, bilden sie eine im dreizehnten Jahrhundert aufkommende Ausformung des Sufismus.

Emir: eigentl. Militärbefehlshaber; zum Teil wie ein Titel für Stammesfürsten verwendet.

Goldene Horde: aus dem um 1380 erfolgten Zusammenschluß von Blauer und Weißer Horde hervorgegangenes Reich, das die einst Dschingis Chans ältestem Sohn zugefallenen Gebiete von Südrußland bis zur Region östlich des Aralsees umfasste. Horde, tatarisch ›urdu‹ – Heerlager.

Ibn: arabisch, Sohn des ...

Ishan: Führer einer Sufi-Bruderschaft, Älterer.

Jasa: das schriftlich niedergelegte, auf Dschingis Chan zurückgeführte Gesetz der Mongolen.

Kalif: als ›Nachfolger des Propheten‹ Mohammed der dem Rang nach höchste islamische Herrscher.

Kishlak/Qishloq: ursprüngliche usbekische Siedlung, ähnlich einen Dorf, kirg. Aul.

Ko'cha: Strasse.

Kolchoz (russ.): landwirtschaftliche Genossenschaft.

Kosh Begi: Premierminister.

Qum: Wüste, Sand.

Maktab: traditionelle Islamschule.

Mawaraannahr (arabisch) Ma wara'a n-Nahr: wörtlich das Land hinter dem Fluss Oxus, Transoxanien, das Land jenseits des Flusses, d. h. nördlich des Amudarja.

Muriden: Schüler eines geistigen Lehrmeisters.

Namozgoh: öffentlicher Gebetsplatz.

Navruz: Neujahrsfest, Frühjahrsbeginn.

Oblast, Rajon (russ.): sowjetische administrative Regionen.

Paranja: traditionelle Frauenbekleidung (iranischer Chador).

Piala: Teeschale.

Pir: geistiger Lehrmeister.

Remont (russ.): in Renovierung.

Saijid: Nachfahre des Propheten Mohammed.

schiitischer Islam: islamische Glaubensrichtung, deren Geschichte eng mit derjenigen der Aliden verbunden ist; ihnen allein schreiben die Schiiten das Recht auf die Herrschaft über die Muslime zu. Manchen schiitischen Regierungen gelten von anderen Fürstengeschlechtern regierte islamische Staaten als ›Staaten der Unwahrheit‹. Es gibt außerdem schiitische Strömungen, die glauben, die Gemeindeoberhäupter (Imame) aus der Nachkommenschaft Ali ibn abi Talibs seien göttlicher Inspiration teilhaftig und daher Heilsvermittler.

Seldschuken: weitverzweigtes türkisches Herrschergeschlecht in Iran, Anatolien (Rumseldschuken von Konya) und Syrien (ca. 1040 bis Ende des 12. Jahrhunderts, in Konya bis etwa 1300).

Sufitum: islamische Frömmigkeitsbewegung mit mystischen, asketischen, zum Teil auch theosophischen Zügen.

Sultan: mit dem Aufkommen der Seldschuken entstehender islamischer Herrschertypus, der sich, faktisch vom Kalifat unabhängig, oft auf eine fremdbürtige Schicht von Miltärs stützt und seine Macht durch den Kalifen islamisch legitimieren lässt.

sunnitischer Islam: die Form des Islams, zu der sich die überwiegende Mehrheit der Muslime bekennt; das Sunnitentum findet seine Lebensmitte in der verehrenden Aneignung einer idealisierten Überlieferung vom Reden und Handeln des Propheten (Sunna) und in dem Bestreben, diese Überlieferung im alltäglichen Leben umzusetzen.

Susani: usbekische Wandteppiche, die sich durch besondere Farbenfreude auszeichnen.

Transoxanien: das Land zwischen Oxus/Amudarja und Jaxartes/Syrdarja.

Architektonische Fachbegriffe

Ark: Festung.

Ayvon/Liwan: hoher, überwölbter Raum, mit einer offenen Außenseite, die einen großen Bogeneingang bildet.

Chanaka: a) Pilgerherberge für Derwische, b) Gebäude zur Versammlung von Sufisten, c) geschlossener Raum in einem Viertel der Moschee.

Chorsu: wörtlich: vier Himmelsrichtungen. Auf einer Straßenkreuzung errichtetes Marktgebäude.

Chortak/Chortoq: überdachter Durchgang, Kuppelkonstruktion auf vier Bögen.

Chudshra: Studentenzelle in Medrese, Raum für einen reisenden Derwisch in einer Chanaka.

Cupola (russ.): Kuppel.

Dars-Khane: Unterrichtsräume

Darvaza: Tor.

Dichliz: Durchgangsraum, Vestibül

Girich: ›Knoten‹ – geometrisches Element, häufig in Pflanzenform.

Go'rxona, auch Gurchane: Grabraum im Mausoleum.

Guldasta: Eckturm oder -bastion.

Gumbaz: Kuppel.

Guzar: Stadtviertel, Quartal.

Hammam: Türkisches Bad.

Harem: wörtlich ›Verbotenes‹, Gemächer der Frauen.

Hauli: Haus mit Hof.

Hauz: Wasserbecken, viereckig, häufig im Innenhof eines architektonischen Komplexes.

Juma/Jummi: Haupt-, d.h. Freitagsmoschee.

Keshk: feudales Schloß, Palast.

Kosh-Prinzip: zwei Medresen, die mit den Eingangsportalen einander gegenüberliegend gebaut wurden.

Kufi-Schrift: geometrisierte arabische Schrift.

Kurnysh-Chane: Empfangssaal.

Kuzaga: kugelförmiges Element am Säulenfuß.

Madrasah/Medrese: öffentliche Schule, in der vorwiegend islamisches Recht gelehrt wird.

Masar: Friedhof, Wallfahrtsort, Mausoleum.

Mihrab: nach Mekka gewandte Nische in einer Moschee.

Minbar: Katheder, von dem herab der Imman in der Moschee spricht.

Minor: Minarett.

Pandschara: a) Gitter aus Holz oder Metall, b) Frauengewand, das den Schleier beinhaltet.

Pandus: Gang, Korridor.

Pascha: gestampftes Stroh-Lehm-Gemisch.

Pishtak: Portalbau.

Pylon: Torpfeiler, von zwei Eckpfeilern eingefasster Torbau.

Rabat: Vorstadt.

Registan: wörtl. ›Sandplatz‹, wichtiger Platz in der Stadt, auf dem Erlasse verkündet, Todesurteile vollstreckt und Volksvergnügen gefeiert wurden.

Sagana: Grabstein, Grabmal.

Saray: Palast.

Stalaktitendekor (Muqarnat): entstand im Mittelalter im ganzen Mittleren und Nahen Osten. Die Bausteine wurden in Form abgestufter Bogen gelegt, die wegen ihrer Ähnlichkeit mit geologischen Gebilden an Höhlendecken den Namen Stalaktiten erhielten. Treten aus Flächen der Kuppel oder Halbkuppel hervor, zum Beispiel in der Tillakori-Medrese in Samarkand.

Tambour: zylinderförmiges Bauglied zwischen Kuppel und Kuppelträger.

Tim/Tok: Basar mit einem Eingang/Kreuzungen.

Türbe: mit einem Kegeldach oder einer Kuppel gedeckter Grabbau.

Tympanon: Giebel-, Bogenfeld an Portal oder Fenster.

Viahara: buddhistisches Felsenkloster.

Zindan: Gefängnis.

Liste möglicher Schreibweisen

Ak/Oq
Aksakal/Oqsoqol
Anchor/Anhor
Babur/Bobur
Biruni/Beruniy
Chaihona/Choyxona/Chaichona
Chimgan/Chimyon
Chrivaq/Chorvoq
Darja/Daryo
Furkat/Furqat
Fargona/Farg'ona/Fergana
Kok/Ko'k
Havo Yo'llary/Havo Yo'llari
Imam/Imom
Imam al Buchari/Imom al Buxoriy
Ipak yuli/Ipak yo'li
Jahangir/Jahongir
Jummi/Jome'
Juli/yo'li
Kashkadarja/Qashqadaryo
Kara/Qora
Kara-Tepe/Qora-Tepe
Karshi/Qarshi
Kitab/Kitob
Kizil/Qizil
Kochasi/Ko'chasi
Kok/Ko'k
Kukon/Qo'qon
Kukeldash/Ko'kaldosh
Kyrk Kyz/Qirq Qiz
Margilan/Marg'ilon
Mukimi/Muqimiy
Mustakilliq/Mustaqillik/Mustalkillik
Maidon/Maydon
Nahshbandi/Naqshband
Namazgoch/Namozgoh
Navoij/Navoiy/Navoyi/Navoi
Ozbekiston/O'zbekiston

Oq Saray/Oq Saroy
Qishlak/Qishloq
Piala/Piyola
Registan/Registon
Serafshan/Zarafshon
Siab/Siyob
Sharisabz/Shahrisabz/Shaxrisabz
Sharaf Rashidov/Sharof Rashidov
Shark/Sharq
Sobir Rachimov/Rahimov/Raximov
Sum/So'm
Syrdarja/Sirdaryo
Tijin/Tiyin
Tachta/Taxta/Taxhta/Tahta
Vabkent/Vobkent
Xamid Olimjon/Hamid Olimjon
Xudayar/Xudoyor

Über die Autorin

Judith Peltz, geb. 1968, studierte Slavistik. Seit 1988 reist und arbeitet sie in den Ländern der ehemaligen Sowjetunion, zunächst als Studentin – einige Jahre lebte sie in Russland –, dann als Studienreiseleiterin und zuletzt im Rahmen der Entwicklungszusammenarbeit.

Danksagung

Ich danke Vincent C. und Hartmut Peltz für die Tolerierung meiner häufigen Abwesenheit und die unzähligen herzlichen und liebevollen Empfänge. Ohne ihre Unterstützung hätte ich dieses Buch nicht schreiben können.

Judith Peltz, im März 2010

Ortsregister

Personen- und Sachregister

Bildnachweis

Johann Maria Just/Grit Hofmann: Titel, 8, 12, 13, 19, 26, 28, 30, 33, 39, 40, 45, 46, 49, 55, 65, 66, 75, 80, 83, 84/85, 87, 89, 92 o., 95, 96, 97, 98, 102, 103, 104, 106, 109, 119, 122/123, 124, 125, 127, 128, 130, 131 o., 131 u., 133, 134, 136, 137, 138, 139, 140, 141, 143 o., 143 u., 144, 146, 149, 154, 164, 170/171, 172, 173, 174, 177, 178, 179, 182, 185, 188, 189, 190, 191, 192, 194, 195, 197 o., 197 u., 198, 212/213, 215, 216, 218 o., 218 u., 219, 220, 221, 222 o., 222 u., 224, 225, 226, 228, 229, 231, 251, 252, 255, 258, 260, 262, 265, 266, 269, 271, 272, 275, 277, 278, 279

Daniel Lepetit: 50, 52, 101, 112, 113 o., 113 u., 115, 116, 120, 121, 155, 158, 161, 162, 165 o., 165 u., 167, 168, 169 o., 169 u., 206, 207, 208, 209, 232, 234, 238

Konstantin Abert: 15/16, 21, 31, 32, 34, 79, 148, 186, 187, 276

Kathrin Abler: vordere Umschlagklappe 63, 92 u.

Jörg Heugel: 17, 18, 20, 25, 36, 42, 48, 51, 68, 69, 78, 94 u., 99, 150, 156, 160, 203, 223

Ulrike Pusch: hintere Umschlagklappe, 23, 35, 41, 60, 70, 76, 77, 82, 201, 211, 235, 239, 240

Sabine Maßmann: 94 o., 244, 256

Trescher Verlag

Der Spezialist für den Osten

Albanien
Auf den Spuren Skanderbegs, 17.95 €

Algerien
Kultur und Natur zwischen Mittelmeer und Sahara, 19.95 €

Armenien
3000 Jahre Kultur zwischen West und Ost, 19.95 €

Aserbaidschan
Unterwegs im Land des Feuers 18.95 €

Den Baikalsee entdecken
Die blaue Perle Sibiriens, 15.95 €

Bosnien und Herzegowina
Unterwegs zwischen Save und Adria, 16.95 €

Breslau
Niederschlesien und seine tausendjährige Hauptstadt, 14.95 €

China
Erkundungen im Reich der Mitte, 17.95 €

Donaukreuzfahrt
Von Passau bis zum Schwarzen Meer, 15.95 €

Flußkreuzfahrten auf dem Dnepr
Unterwegs zwischen Kiev und der Krim, 13.95 €

Flußkreuzfahrten auf dem Nil
Unterwegs zwischen Kairo und Abu Simbel, 15.95 €

Flußkreuzfahrten auf dem Yangzi
Von der Quelle bis zur Mündung, 15.95 €

www.trescher-verlag.de
Ausführliche Infos über alle unsere Bücher und Onlineshop

Volker Häring und Françoise Hauser
China-Handbuch
Erkundungen im Reich der Mitte
REISEFÜHRER
Trescher Verlag

Marion Wisotzki, Erna Käppeli, Ernst von Waldenfels
Mongolei
Unterwegs im Land der Nomaden
REISEFÜHRER
Trescher Verlag

Thomas Scholl
Kirgistan
Zu den Gipfeln von Tien-Schan und Pamir
Trescher Verlag
Trescher Verlag
Der Spezialist für den Osten

87654321

Kartenlegende

Bahnhof
Busbahnhof
Denkmal
Flughafen
Hotel
Internetcafé
Moschee
Museum
Post
Restaurant
Ruine/Ausgrabungsstätte
Sehenswürdigkeit
Theater
Tor
Touristeninformation
Turm

Autobahn
Autobahn im Bau
sonstige Straßen
243 Straßennummern
Eisenbahn
Grenzübergang
Staatsgrenze
Hauptstadt
Stadt/Ortschaft

Kartenregister

Stadtpläne und Übersichtskarten

Historische Karten

+998977072588
ELZOD
ELZOD.420@mail.ru
Tashkent state
OLMAZOR 16,59
D. Nazodor